JN066129

Brand
Incubation
Strategy

ブランドは，こうして生まれ育っていた

ブランド・インキュベーション戦略
第三の力を活かしたブランド価値協創

Strategy
Incubation
Brand

和田充夫

梅田悦史

圓丸哲麻

鈴木和宏

西原彰宏　著

有斐閣

目　　次

第**5**章　ブランド・インキュベーション・サードフォース
　　　　　の類型と機能―――――――――――――― 129

著 者 紹 介

和田　充夫（わだ みつお）　　　　　　　　担当：序章，第 **8** 章
慶應義塾大学名誉教授
主要著作：『ブランド・ロイヤルティ・マネジメント』同文舘出版，1984 年。
『ブランド価値共創』同文舘出版，2002 年。『マーケティング戦略（第 5 版）』
（恩藏直人・三浦俊彦と共著）有斐閣，2016 年。

梅田　悦史（うめだ えつふみ）　　　　　　　担当：序章，第 **7** 章
株式会社ユー&ミー顧問

圓丸　哲麻（えんまる てつま）　　　　担当：第 **3** 章，第 **5** 章，第 **6** 章
大阪市立大学大学院経営学研究科准教授
主要著作：「百貨店の同質化に関する研究──サービス品質評価尺度を用いた
探索的調査」『麗澤大学紀要』第 101 巻，2018 年。"Consumer Recognition
of Department Store Business Category in Japan：Comparing Consider-
ation of Store Image to the Shopping Center," *Journal of Global
Scholars of Marketing Science*，掲載巻・号未定（Decision on Manu-
script ID RGAM-2018-0006），2019.

鈴木　和宏（すずき かずひろ）　　　　担当：第 **1** 章，第 **4** 章，第 **6** 章
小樽商科大学商学部准教授
主要著作：「超高関与消費者群像の位置づけ──消費者行動研究における捉え
方」「超高関与消費者群像としての宝塚歌劇ファンの実像」和田充夫編著
『宝塚ファンから読み解く超高関与消費者へのマーケティング』有斐閣，
2015 年。「使用状況の認知構造がブランド・エクスペリエンスに与える影響
──使用状況の影響ルートと影響を与える使用状況の認知要素の検討」『商
学研究』第 64 巻第 5 号，2017 年。

西原　彰宏（にしはら あきひろ）　　　　　　担当：第 **2** 章，第 **6** 章
亜細亜大学経営学部准教授
主要著作：「消費者行動の新展開 2：顧客エンゲージメント──企業と顧客と
の関係性における新たな視点」永野光朗編『消費者行動の心理学──消費者
と企業のよりよい関係性（産業・組織心理学講座第 5 巻）』北大路書房，
2019 年。「デジタル時代におけるブランド構築──ブランド価値協創」（圓
丸哲麻・鈴木和宏と共著）『マーケティングジャーナル』第 39 巻第 3 号，
2020 年。

序章

マーケティングの歩みとブランド・インキュベーション

1　マーケティングの歩み

　2020 年，この年は明治元（1868）年から数えて 150 年余，昭和元（1926）年から数えて 94 年となる年である。明治元年直前の 19 世紀中葉にはすでにパリにボンマルシェ百貨店が，アメリカ・フィラデルフィアではワナメーカーという近代小売業の嚆矢とでもいうべき百貨店が誕生している。わが国では，これに遅れること約 50 年，1904 年に三越が「デパートメントストア宣言」を提示し，「これからは一つ屋根の下に多種多様の商品を取り揃え……」と唱え，いわゆるわが国初のフルライン小売業の開業を宣言したのである。まさにこの時期，欧米で近代小売業としての百貨店が相次いで誕生し，わが国においても，およそ半世紀後にその誕生をみたのである。

　それでは，この間におけるマーケティングという学問領域の進展はどうだったのだろうか。巷間，マーケティングという学問領域は，アメリカから唯一発祥した学問といわれている。確かにマ

ーケティングという言葉を発唱した学者は，A．W．ショウをはじめとして何人かは存在していたし，1902 年にはアメリカ・ミシガン大学の学報に「マーケティング」という言葉が載せられている。1905 年にはペンシルベニア大学で初めて「Marketing of products」という講座が開設されたのも事実である。しかし，マーケティングの実践という意味ではどうだったのだろうか。

　わが国について考えてみれば，明治・大正期および昭和前期は，まさに「富国強兵」の時代であり，もっぱら輸出産業が奨励され，相次ぐ大戦のなかにあって，国内消費市場はほとんど無視されていた。唯一「大正モダン」といって，1920 年代に消費市場が花開き，「モボ」「モガ」の流行によって国民の多くが活気づいていた。しかし，これも相次ぐ戦争によって消滅し，この時期にはほとんど消費市場は存在しないというところにまで至っている。今日，隆盛を極めている「百均ストア」の原型は，この時期の「高島屋十銭ストア」にあるが，これも 100 店舗も展開しないうちに戦争経済によって消滅してしまった。

　マーケティングという実践，あるいは学問が本格的に発動したのは，第二次世界大戦以降である。わが国では 1955 年に日本生産性本部が視察団をアメリカに派遣し，その帰国記者会見が羽田空港で行われたときに，団長の当時経団連会長であった石坂泰三が，「アメリカではマーケティングというものがあるらしい，わが国の企業もこれを積極的に取り入れたら良い」と発言したことが発端となっている。しかし，企業の側がこのマーケティングを理解し実践するのには，かなり時間を要している。

　時を同じくして，アメリカではペンシルベニア大学教授のロー・オルダーソンによって OBS（Organized Behavioral System）が提唱され，マーケティング戦略，戦略のシステム性が提唱された。

これを受けて，ウィリアム・レーザーとユージン・J. ケリーがマーケティング戦略のシステムズ・アプローチを提案し，いわゆる「マネジリアル・マーケティング」のマーケティング・ミックス論，あるいはジュローム・マッカーシーによる4P論が台頭してきたのである。

　1960年代以降，わが国のマーケティングは実践的に飛躍し，高度成長期の需要拡大策として消費市場を支えてきた。まさにマーケティング戦略が需要を拡大し，企業の成長をもたらすという図式である。今日でもケインズ流の有効需要論を唱え，ひたすら市場拡大をめざしている人びとには，この図式はいまだに有効なのである。しかし，時代は変わった。今日では，ケインズや池田勇人・田中角栄の論理は通じなくなった。このことについてわれわれは，深く自問自答しなければならない。

　先に示したマネジリアル・マーケティングの枠組みが永年にわたって通用した背景には，わが国の高度成長期の自然現象とでもいえる需要拡大がある。しかし，1991年のバブル経済崩壊以降，わが国の多くの消費市場がその規模を縮小している。要するに，今日，多くの市場が拡大しなくなったのである。もはや，量の拡大を前提としたマネジリアル・マーケティングの構図は通用しなくなったということである。市場に対する一方的な戦略投下では，需要の拡大はないということである。

　ここで登場したのが，「関係性マーケティング」の構図である。マーケティングの一方的な戦略投下では需要は拡大しない。では，どうしたら良いのだろうか。その答えが関係性マーケティングである。関係性マーケティングでは需要の潜在性を前提とはしない。すなわち戦略の市場適合ではなく，供給者と受容者との間の双方向的なコミュニケーションのもとでの相互作用によって需要は創

られるということである。

　しかし，関係性マーケティングにおける相互作用的な関係は，暗黙のうちに両者の一対一の関係，つまり，供給者と受容者の間のダイアドな関係を前提としている。流通システムにおける関係を論ずるときもしかりである。ここでわれわれはさらなる関係性拡張の構図から生まれ出る需要，あるいは新製品ブランド誕生の可能性を見出せると考えている。単純にいえば，関係性構図のさらなる拡張である。つまり，関係性拡張の構図は，新たに参加する第三の力との関係に関わってくる，第三者との関係を含めたトライアドという構図である。これこそがわれわれが本書で提唱する「ブランド・インキュベーション戦略」へのパラダイム・シフトである。

2　ブランド・インキュベーション戦略とは何か

　「ブランド・インキュベーション戦略」は，需要を個別商品ブランドに限定したうえで，供給者と受容者の間に入ってきてトライアドな関係を創り上げる第三の力を重要視するマーケティング・アプローチである。いわば拡張関係性マーケティング・アプローチということができるだろう。

　本書で重要視する「新しい第三の力」について，その意味合いを考えてみよう。今，生活を取り巻く環境に歴史的な変化が進んでいる。それはIT関連で第三次産業革命といわれる地球規模に広がるさまざまな革新であり，目をみはるスピードと大規模な変化に，驚きと戸惑いを感じるほどである。とくに技術的な進展は，世界共通のインフラストラクチャーの変化となり，政治，経済，市場など生活を囲むすべてに変化と革新をもたらしている。IT

技術の急速な進展は距離の喪失をもたらし，日常の活動，コミュニケーション，スピード，そして価値観，文化にさえも影響し大きな変貌をもたらして，人々の活動を根底から変えていることは誰もがそれぞれに経験し，驚きを実感しているだろう。

　今，製品市場で最も重要視されているのは「ブランド化」であり，その活動の核はコミュニケーションである。関係性もそれらの蓄積によって築き上げられている。永く続いた「マネジリアル・マーケティング」で強調された企業の一方的な顧客との良好な関係づくりから，「関係性マーケティング」で示された双方向的な共創関係が変わったが，さらに変化が起きているのである。つまり，供給者と受容者の間のダイアドな関係における一対一の関係性に大きな変化がもたらされ，供給者と受容者の関係に関わってくる第三の力との関係を含めたトライアドな構図が生まれている。それは市場に影響をもつ大きな力となっていて，さらなる変化の途上にある。

　その特徴的な内容の1つは，かつて想像もできなかった量の情報の収集と交換が可能になり，知識と判断が大きく広がったこと，2つめは，「一対一の関係」から「一対連合勢力」へ，集団的な影響力への変化と，オピニオン・リーダーともいえる新しい存在の活動が加わり，その力量を無視してマーケティングを語れなくなったことである。関係性のパワー・バランスの急激な変化と革新の到来である。そして，トライアドな関係を築いた「新たに参加する第三の力」は，かつてみえにくかったものが顕在化し，市場活動にさまざまな影響を及ぼし，あるときはブランド形成に寄与し，あるときには負の力となってブランド形成を阻害するような大きな影響をもたらしているのである。

　本書で提唱するブランド・インキュベーション・サードフォー

ス（BIT）というブランド形成に新たに参加する第三の力は，従来から議論の続く，二種の要素で複雑に連携する「人的要素」と「モノ・コト・場の要素」に分けられる。この点については本編で詳しく述べることにする。

3　ネット普及による大きな変化

　この急激なスピードと影響力の変化には，その大きな要因の1つである生活レベルでのインターネットの普及が挙げられる。わが国では，1995年頃から2005年にADSLの普及・光回線の登場し，大きく進展した。1999年にインターネット商用ADSLがスタートし，2005年，光ファイバー大容量ブロードバンド契約数がADSLを超えて本格的に高速で大容量の情報が送受信できるインターネット通信網が普及し，人口普及率は2007年には73%，2016年には83.5%（総務省「通信利用動向調査」）と，20年ほどの短期間で大変貌を遂げた。それに伴って利用法も大きく広がりつつある。1990年代半ばに「情報社会」という言葉が登場してから約20年あまりであるが，影響力が急激に増したのはここ10年ほどと驚くほどの短期間である。農業革命と工業革命に続く情報革命である「IT（情報技術）革命」は，それを起こしたインターネットが広く一般へ普及してからほぼ20年で起こった。その節目の年が2014年といわれ，ブラウザー（閲覧ソフト）を世に広め電子商取引（EC）の可能性を開いたアメリカのネット通販アマゾン・ドット・コムも，1994年に誕生した。それからまだたった25年ほどである。

　同じ頃，アメリカで不特定多数の人が交流できる機能をもつSNS（ソーシャル・ネットワーキング・サービス）が生まれた。その

機能はさらに SNS 通信方法の手軽さが加わり世界規模で飛躍的に広がった。日本国内ではその数年後から広がり出し，2009 年 1 月の SNS 会員数は 7134 万人（総務省『平成 22 年版情報通信白書』）となり，大幅に浸透した。情報交換型，社交型のコミュニティであり，常時途切れることなくコミュニケーションができる状況にある。SNS は，情報の拡散とハイパーリンクでの相互連携の進展のなかで，製品市場，購買活動での情報の収集，発信の革新をもたらした。誰もが過去に経験したことのない量の情報と，情報ネットワークを利用しての自由な意思表示が飛び交う状況にある。

　良い点は，かつてはみえなかった意思表示や，世界の膨大なデータなどの収集が可能になったことであり，逆に悪い点は，責任と信憑性に欠ける情報が混乱を生んでいることである。この変化は当然のように，製品開発や市場活動にも大きな影響と変化をもたらしている。そのような変化のなかで，マーケティング活動はかつてあった先見力が弱まっている。後追いと従来の視点だけでは解明できない事項に対して，いくら精度向上を行っても，対応は不足しているといえるだろう。

　本書の問題意識としては，①実活動で，あるいはマーケティング研究の考え方では変化に対応できていない現状，②ブランド化に至るまでの生成・形成過程については，深い議論がなされてこなかった点，③この 20 年ほどの第三次産業を中心とした IT 技術のもたらす歴史的変化などがある。時を同じくして，わが国では，市場の縮小と変化が続くなかで，「失われた 20 年」「新しいブランド製品の出にくい時代」といわれ，問題・課題の解明と解決が強く求められている。

　では，これからのブランド化は，「何を，どのようにし，どう

あるべき」なのだろうか。マーケティング活動の変遷，視点，思考，開発，活動プロセス，ブランド価値体系など幅広く踏まえたうえで，ブランド形成の起点となる製品開発の方法から，多くの問題・課題の見直しを進める必要がある。そして，到達した「価値あるブランド構築」に寄与するブランド・インキュベーション・コア（Brand Incubation Core：ブランド形成の主な要素・要因）と，その孵化・育成を進める「ブランド・インキュベーション戦略」。これが，これからのブランド形成活動の中枢となるのである。

第1章

ブランド・インキュベーション戦略
とは何か

▶ はじめに

　この章の目標は，ブランド・インキュベーション戦略の全体像と必要性を理解してもらうことである。そのために本章では，ブランド・インキュベーション戦略とはどのようなものであるのか，そして，なぜ必要であるのかについて解説する。以下では，まずブランド・インキュベーション戦略におけるブランドの捉え方を議論し（第1節），次にブランド・インキュベーション戦略の概要を説明する（第2節）。さらに，このブランド・インキュベーション戦略の必要性を実務的視点と学術的視点の双方から解説し（第3節），最後に本書の概要を示す（第4節）。

1　ブランドを生きものとして捉える

⬢ ブランドとは何か

　ブランドとは何であろうか。どのようにブランドを捉えて分析すれば，ブランド構築の真理に迫ることができ，より良い示唆を

提示することができるだろうか。ブランド・インキュベーション戦略を説明するうえで，まず，ブランドの捉え方について説明する必要がある。

　そもそもブランドの定義にはさまざまなものがある。学術領域で代表的な定義は，American Marketing Association（AMA）の「ある販売者の製品もしくはサービスを他の販売者のものとは異なるものとして識別する名前，用語，デザイン，シンボルまたはその他の特徴」という定義だろう。一方で，一般的な単語としてのブランドは若干意味が異なっている。辞書を引くと，ブランドとは「商標。銘柄。特に，名の通った銘柄」（『広辞苑』より）であると説明されている。つまり，学術領域では識別記号としてブランドを捉えることが多くあるが，一般的には「名が通った」とあるように，ある程度の認知や評判を伴うものであると捉えられている。本書ではブランドを「自らを他と識別するための名前，記号，そして『何か』」として捉え，単なる識別記号ではなく，ある種の価値[1]を有するものとして捉えている。また，ブランドにはプロダクト，サービス，組織，人，地域など多くの対象があるが，本書では消費者向けのプロダクトに関するブランドについて検討を行う。

　本書のブランドの定義は目新しいものではない。ただし，われわれはブランド構築の新たな展開を探求するために，ブランドを生きものとして捉える。市場で永く愛されるブランドは生きものと同様に，成長し，新陳代謝を行い，恒常性をもつからである。それぞれの特徴をみていこう。

　ブランドは生まれたときと比べて姿を変えたものが数多くある。今やプレミアム・ビールの定番ブランドであるサントリーの「ザ・プレミアム・モルツ」は，1986 年の発売時，「モルツ・ス

ーパープレミアム」として販売されていた。「モルツ・スーパープレミアム」は一部のファンには支持されたものの，販売量は伸び悩んでいた。定番化への軌道に乗ったのは，2003年にブランド・コンセプトを「ちょっといい日」である，日常の小さな「ハレ」のときに飲むビールとして再定義し，現在のブランド・ネームに変え，パッケージ・デザインを刷新してからである（大崎, 2014）。

　またブランドの変化は姿だけではない。ブランドの価値や意味にも時間とともに変化がみられる。たとえば，大塚製薬の「ポカリスエット」は，人間の体液に最も近い「アイソトニック飲料」であるため，大量に汗をかいた後に飲む飲料として市場に導入された。しかし，その後は酒を飲んだ翌日や寝起きなど，水分補給が必要なときに飲むものとして，順次，飲用シーンを拡張してきた（小川, 2009）。また，最近は部活動における水分補給から派生して，「エールと，ともに。」というTwitterを介したコミュニケーション政策が実施されており，がんばる人たちにエールを送る飲み物という象徴的なブランド価値を獲得しようとしている（大塚製薬　ポカリスエット　ウェブサイトより https://pocarisweat.jp/action/yell/〔2020年8月23日最終アクセス〕）。

　このように，ブランドやプロダクトが生まれたときから，その姿や価値や意味を時間の経過とともに変化させることは，しばしばみられることである。このような変化はあたかも，ブランドという生きものが時間の経過とともに成長しているかのようにもみえる。

　では，このような成長はどのようにして生じるのだろうか。ブランドやプロダクトは，成長する際に外部の主体から力を取り入れており，あたかも新陳代謝を行い成長しているかのようである。

たとえば，プロダクト・コンセプトには消費者の反応や関係各社の意見が取り込まれているし，また，ブランド価値が創られるコミュニケーションにも，外部の力が取り入れられている。

日清食品の「カップヌードル」は，海外のバイヤーが「チキンラーメン」を鍋で煮るのではなく，カップにお湯を注いで試食したのを見てプロダクトの開発を始めたのである。また近年の CM では時代に合わせたさまざまな有名人が起用されており，錦織圭選手や大坂なおみ選手，『魔女の宅急便』や『ONE PIECE』など，多様なパーソン・ブランドやアニメのブランドの力を取り入れながら，発売後 50 年近く経った今日でも色あせないブランドとして生存している（日清食品「カップヌードル」ウェブサイトより http://www.cupnoodle.jp/〔2020 年 8 月 23 日最終アクセス〕）。このように，ブランド（もしくはプロダクト）は外部の力を取り込みながら成長する。これはあたかも生きものが外部から栄養を取り入れているようであり，新陳代謝を行っているようにもみえる。

さらに，成長し成熟したブランドは，ときにブランド・アイデンティティやイメージに従って，その状態やあり方を保持しようとする恒常性のような力をもつことがある。有名な事例としては，1985 年におけるコカ・コーラ社の「ニュー・コーク」事件がこれに当てはまる。当時，コカ・コーラ社は，ブラインド・テストで優れた評価を得た新たなフレーバーのプロダクトを「ニュー・コーク」として市場に導入し，従来のフレーバーの「コカ・コーラ」を終売した。これを受けて消費者は大きく反発した。その結果，コカ・コーラ社は終売したフレーバーを「コカ・コーラ・クラッシック」として再販売することとなり，導入した「ニュー・コーク」はその後市場から姿を消すこととなった（日本コカ・コーラ ウェブサイトより https://www.cocacola.co.jp/stories/newcoke

〔2020 年 8 月 23 日最終アクセス〕)。この事例では，消費者にとって，「コカ・コーラ」というブランドにはあるべき姿が共有されており，その姿はブランドを保有するコカ・コーラ社の行動をも規定したことが示されている。このように，成長を遂げ成熟したブランドは，ブランドと関連する消費者や企業などの外部主体を巻き込み，ブランド価値に基づいた恒常性をもつことがある。

☻ 生まれて成長する存在としてのブランド

　以上のように，市場において永く存続する優れたブランドには成長があり，新陳代謝があり，恒常性がある。これらは生きものと共通する特徴である。そこで，本書では優れたブランドを生きもののように，生まれて（孵化して）成長する存在として分析することで，ブランド構築のあり方に関する新たな視点を提供する。

　ブランドを生きものにたとえるアイディアは，本書が初めてではない。ブランド・パーソナリティはブランドを人的特性に当てはめて検討したものであるし，ブランド・リレーションシップは消費者とブランドとの関係性を人と人との関係性のように捉えることで，ブランドと消費者の関係性に対する理解を深めてきた。ただし，これらの理論は，主としてブランドと消費者のみの関係性に注目したものである。

　しかし，ブランドの実態を観察してみると，ブランドがもつ生きもののような特徴は，ブランドと消費者のみの関係性（相互作用）だけでは実現しない。ブランドは，消費者に限らず，広く外部の人びとや物事と相互作用することで力を得て，新陳代謝を行いながら成長する存在である。そして，ときにブランドは生きもののようにアイデンティティをもち，それにそってあるべき姿を，人びとを巻き込み，保とうとする恒常性をもつ存在でもある。

本書では今までの研究とは異なり，ブランドがもつ生きものの
ような特徴である時間経過に伴う変化（成長），外部主体との相
互作用（新陳代謝），ブランドをあるべき姿に保持しようとする力
（恒常性）などに注目し考究することで，ブランド構築に貢献で
きる新たな視点を提供する。これこそが，ブランド・インキュベ
ーションという視点であり，これを体系立てて実践することがブ
ランド・インキュベーション戦略である。では，ブランド・イン
キュベーション戦略の全体像と特徴をみていこう。

2 ブランド・インキュベーション戦略の全体像と特徴

☼ ブランド・インキュベーション戦略とは

本書で提唱する「ブランド・インキュベーション」（以下，BI）
とは，ブランドが孵化・育成されることである。具体的には，ブ
ランド・コンセプトなどのブランド価値の源泉やブランド価値が
生み出され，価値あるブランドに成長することである。そもそも
「インキュベーション」（incubation）とは「孵化」という意味で
あるが，本書では孵化させた後の育成も含めている。

孵化には市場導入前のプロダクト・コンセプトやブランド・コ
ンセプトの構想と開発から，導入後においてブランドとしてその
価値が一部の人びとに認められるまでが含まれる。たとえば，先
述した「カップヌードル」における「カップに湯を注ぐと即席ラ
ーメンができる」というプロダクト・コンセプトの着想は，BI
における孵化の一部であるといえる。

また，ブランドとしての価値が孵化した後から，その価値を強
化していくプロセスを本書では育成と呼ぶ。生きものと違い，ブ

ランドの成長は決して勝手に生じるものではなく，何らかの外部
主体との相互作用の結果生じるものである。たとえば，先に挙げ
た「ポカリスエット」の Twitter を介したコミュニケーション政
策は，大塚製薬や Twitter 利用者による相互作用にあたる。その
結果，がんばる人たちにエールを送る飲み物という象徴的なブラ
ンド価値が「ポカリスエット」に付与されたとしたら，それはブ
ランドの育成となる。育成は，世の中に広くブランドが浸透し尊
重されるような状態になることが目標となる。

　そして本書が提唱する「ブランド・インキュベーション戦略」
(Brand Incubation Strategy；BI 戦略) とは，BI 達成のために行わ
れる供給主体のマーケティング戦略である。ここでの「供給主
体」とは，プロダクトやブランドを保有する企業のことである。
よって，BI 戦略はプロダクトやブランドを保有する企業により，
ブランドの孵化・育成を達成するために行われるマーケティング
戦略とも表すことができる。BI 戦略では卵が無事孵り，さらに
は，生まれた雛が立派な成体となるよう育成する親鳥のように，
供給主体がブランドの一連の成長プロセスを終始支援し成長を促
すマーケティング戦略である。そして BI 戦略の究極的な目標は，
広く永く愛されるブランドに育てあげることである。

　また，BI 戦略には大きな特徴が 3 つある。①「ブランド・イ
ンキュベーション・サードフォース」という力を新たに活用する
こと，②プロダクトやブランドに関わる人びとや組織のブランド
育成意図を高めること，③プロダクトやブランドの成長段階に合
わせて施策を行うことである。BI 戦略はこれら 3 つが一体化さ
れている点に新規性がある（図 1-1）。なお，①と②の特徴をあわ
せて「ブランド価値協創」と呼ぶ（詳しくは第 2 章参照）。①〜③
の特徴を順にそれぞれ説明していこう。

図 1-1　ブランド・インキュベーション戦略の新規性

$$\underbrace{新規性＝\underset{(BIT)}{\underset{(BIT)}{第三の}外部の力}×育成意図}×\underset{(BI過程)}{成長段階}$$

ブランド価値協創

☺ 特徴①：ブランド・インキュベーション・サードフォースの活用

　まず1つめの特徴を説明しよう。ブランド・インキュベーションでは，ブランドの孵化・育成に寄与する主体を大きく分けて3つに分類している。1つめの主体は「供給主体」である。繰り返しになるが，供給主体はプロダクトやブランドを保有する企業を指す。2つめの主体は「消費主体」である。消費主体はブランドを消費する個人や集団である。3つめの主体は「ブランド・インキュベーション・サードパーティ」（BITP：Brand Incubation Third-Party）および「ブランド・インキュベーション・シング＆フィールド」（BITF：Brand Incubation Things and Fields）である。BITP はブランドの孵化・育成に寄与する第三の人的要素であり，BITF はブランドの孵化・育成に寄与するモノ，コト，場である。これらの3つの主体が相互作用しながらブランドを孵化・育成する方法を，BI 戦略では検討する（図 1-2 参照）。

　そして本書では，これら3つの主体がブランドの孵化・育成に寄与する力にそれぞれ名前を付けている（図 1-2 参照）。「ブランド・インキュベーション・ファーストフォース」（BIF：Brand Incubation First-force）は，供給主体によるブランドの孵化・育成に寄与する第一の力である。「ブランド・インキュベーション・セカンドフォース」（BIS：Brand Incubation Second-force）は，消費主体によるブランドの孵化・育成に寄与する第二の力である。

図 1-2 ブランド・インキュベーションの構造

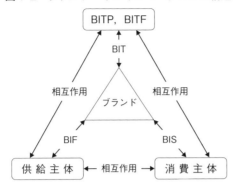

そして、「ブランド・インキュベーション・サードフォース」（BIT：Brand Incubation Third-force）は BITP および BITF によるブランドの孵化・育成に寄与する第三の力である。具体的には、供給主体や消費主体以外の人、組織、モノ、コト、場による力のことである（図 1-3 参照）。

では、BIT にはどのようなものがあるだろうか。先ほど述べたとおり、BIT の発生源には人的要素である BITP と、モノ、コト、場である BITF がある。

BITP による BIT の例としては、プロダクトの開発では部材メーカーや協力企業や競合企業が BITP となり、BIT が生じることがある。新製品開発のきっかけが同業他社による成功や攻勢にあることや、開発が部材メーカーや技術を有する企業と協業しながらなされることは多々ある。たとえば任天堂の「ファミリーコンピュータ」は、アメリカのアタリ社の家庭用ゲーム機のヒットと、国内の玩具流通業者の家庭用ゲーム機への関心の高まりを受けて開発が決定された。開発プロセスではアメリカのコレコ社の家庭用ゲーム機を意識しており、リコーとともに LSI を開発していた

（日経トレンディネット「『TGS2008スペシャル』任天堂「ファミコン」はこうして生まれた」https://trendy.nikkeibp.co.jp/article/special/20080922/1018969/?i_cid＝nbptrn_pc_cl〔2019年5月25日最終アクセス〕）。

　また，流通業者もBITPであり，その力であるBITは非常に大きなものである。供給主体がいくらブランド価値を育てようとしても，直接的な消費者との接点をもつ流通業者がブランドの世界観に合わない売り方をすれば，ブランド価値の構築は難しい。これはブランド価値が相対的に重要となるファッション業界や自動車業界で，多くの供給主体が自社ブランドを専門的に扱う小売店のみと取引していることからも明らかであるだろう。このようなBITPとなりうる主体は膨大に存在する。その他にも，提携企業，デザイナー，業界団体，地域住民などもBITPとなることがある。

　また，BITF（モノ，コト，場）もBITの発生源である。たとえば，プロダクトが生産される国や地域は，BITFとなることがしばしばある。いわゆる「原産地効果」と呼ばれるものであり，産地はそのブランドのイメージに影響がある。

　その他には，経済，政治，法律，社会，文化，流行，出来事，技術革新など，マーケティング環境に関わるものが含まれることがある。最近の法律の例であれば，2018年7月に食品衛生法が改正され，無菌充填された豆腐は常温保存が可能となり，賞味期限も大幅に伸びた（『朝日新聞』〔2018年10月11日〕「常温保存の豆腐，販売OKに　非常用でも重宝？」https://www.asahi.com/articles/ASLB54394LB5PLFA002.html〔2020年8月24日最終アクセス〕）。これを受けて，最近は森永乳業などが常温で約6カ月も保存が効く豆腐を新発売している。このように，法改正はブランドのプロダクト開発のきっかけや新たなブランド価値を付与するきっかけとなる

図1-3　フォースとその発生源

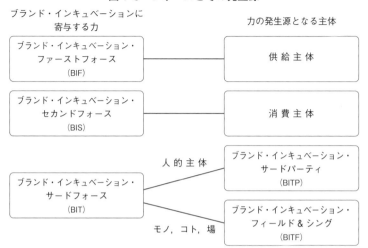

ため，BITF となりうる。

　以上のように BITP や BITF，そしてこれらの力である BIT は膨大に存在し，確実にブランドの孵化・育成に作用しており，ブランドの孵化・育成に無視できない大きな力をもっている。よって，BI 戦略では，供給主体の力（BIF）や消費主体の力（BIS）に加え，BIT を活用しながらブランドを育成する方法を検討する。BIT の発生源は人的主体である BITP と，モノ，コト，場による主体である BITF であり，供給主体は BITP と BITF に対する働きかけを通じて BIT のマネジメントを行う。これが BI 戦略の１つめの特徴である。なお，BIT の詳細については第５章にて解説する。

　では，BIT を含め BI に寄与する力はどのように発生するのであろうか。３つの主体は，主体間の相互作用をしながらそれぞれの力（BIF，BIS，BIT）を発揮する。たとえば，先の「ファミリーコンピュータ」では，リコー（BITP）は任天堂（供給主体）と LSI

を共同開発するという相互作用を通じて，プロダクト開発に寄与していた（BIT の発生）。また，モノ，コト，場である BITF についても，主体間の相互作用が存在する。先に挙げた森永乳業の豆腐の開発では，食品衛生法（BITF）は改正されることで森永乳業（供給主体）に対し作用し，これを森永乳業が受けて改正に対応（作用）することで，プロダクト開発に寄与した（BIT の発生）。このように供給主体，消費主体，BITP および BITF は相互作用しながら，ブランドの孵化・育成に寄与しているため，図 1-2 では 3 つの主体間の関係性は相互作用として両矢印で描かれている。

　このような 3 つの主体による関係（相互作用）はトライアド関係と呼ばれる。BI の構造（図 1-2）は，より厳密にいえばそれぞれの主体は複数存在しうるため，ネットワーク構造をもつ関係性となる。今までの関係性マーケティングは供給主体と消費主体によるダイアド関係における価値共創を中心的に検討してきた。しかし本書では，トライアド関係を基盤としたネットワーク構造での「価値協創」を検討する。価値共創と価値協創の違いについては，第 2 章で詳しく解説することにしよう。

🜨 特徴②：育成意図の醸成

　BI 戦略の 2 つめの特徴は，プロダクトやブランドに接する人びとのブランドの育成意図を高め，BI への参加を促すことである。本書における育成意図とは，孵化・育成行動につながる，ブランドを孵化・育成しようという考えや思惑および意欲のことである。つまり，育成意図とは BI へと駆り立てる原動力であり，ブランドを「孵化させたい」「育てたい」というブランドに対する想いである。BI 戦略では，ブランドに接する人びとにブランドに対するこの想いをもって BI に寄与してもらうことを狙う。

　では，なぜBI戦略では育成意図が必要なのだろうか。その理由は，BITPや消費主体は供給主体の外にある自律的な存在であるため，ブランド構築に寄与させる強制力がないからである。BIに加わる強制力や義務がないのであれば，ブランドを育てたいと思ってもらわなければ育てようとはしないだろう。また，BITPや消費主体の育成意図を高めることで，店頭やメディアにおけるブランドの扱いが変わったり，消費主体が参加型のプロモーションに協力したり，不幸にもブランドが危機に遭遇した際に支援してもらえたりするなど，さまざまな育成行動を導くことが可能となる。

　たとえば，本書第6章で取り上げる石屋製菓の「白い恋人」は不祥事が発生した際，石屋製菓のこれまでの経営やブランドに共感した北海道内の土産店や関係各社，そして地域住民に支援されることでみごとな復帰を実現した（石水，2017）。不祥事を起こさなかったとしても，本章第3節にて言及するように，近年はブランドを取り巻く環境の変化が激化しており，順風満帆だと思ったブランドが危機に陥ることは可能性としてありうる。

　そして育成意図が必要なさらに大きな理由は，ブランドが持続的であるために（恒常性をもつために）必要だからである。一般的に，ブランドは育つとともにブランドに関わる人びとの数も種類も増加する。だからこそブランド構築では，ブランドに接する多くの人びとにそのブランド価値や世界観を大切にしながら接して（育てて）もらわなければならない。ブランドが世の中に浸透したものの，立場が異なるさまざまな主体が自身の利害に基づき統制なく関わることで，ブランド崩壊の危機に立たされる事例は数多く存在する。近年であれば，日本の農産物ブランドや和牛ブランドの海外流出が記憶に新しい。また，独自の世界観やコンセプ

トを掲げ急拡大した外食チェーンが持続性がなく，しばしばすぐに赤字に陥り縮小していることも例として挙げられるだろう。持続的なブランドを育てるためには，ブランドに接する人びとの想いはある程度一体的であるとともに，人びとの行動は一貫性と継続性をもつ必要がある。その基底はブランドを大切に育てたいという想いであり，これに基づく育成意図となるだろう。

　また，育成意図を醸成することは供給主体内においても重要である。近年は他のマーケティングの専門誌や書籍でも，従業員に向けたマーケティングやブランディングに関する言及がみられる（たとえば宣伝会議，2017）。プロダクトやブランドに対する供給主体内の理解を深めるだけではなく，従業員の育成意図をも高めることで，供給主体内においてより良い協力体制が構築され，ブランド育成が行われるようになる。供給主体内の育成意図が低ければ，極端な例ではあるが，近年，増加している従業員の不祥事動画の流出といったブランド価値の棄損行為につながる。また，ブランドに接する人びとの育成意図を高めるためには，プロダクトやブランドが有する価値を認めて受け入れなければならない。とくに，プロダクトやブランドの価値を受け入れた人びとを本書では「受容者」と呼んでいる。受容者は，供給主体でも消費主体でも BITP でもなりうる。

　もちろん，育成意図を伴わない BI も存在する。たまたまとった行動が，結果的に孵化・育成に影響を与えることがある。また，ブランドの孵化・育成に寄与するモノ，コト，場（BITF）はそもそも意思をもたない。本書では育成意図を伴わないこれらの力の活用も当然重視するが，育成意図をもちうる主体であれば，上記で理由を述べてきたとおり，可能な限り育成意図をもってもらうべきだと考える。

🕒 特徴③：ブランドの成長段階に合わせた施策

　BI戦略の3つめの特徴は，ブランドの育成段階に合わせて施策を行うことである。ブランドには生きもののようにブランド横断的に共通する成長段階があるとわれわれは考えている。本書ではブランドが孵化・育成されるプロセスを「ブランド・インキュベーション・プロセス」（BIプロセス）と呼ぶ。BIプロセスは受精化期，孵化期，成体化期，普遍化期，普遍期の5段階に分けられる。BIプロセスの詳細については第3章にて議論するが，先に特徴だけを述べておこう。

　BIプロセスの最も大きな特徴は，ブランドの孵化にある。一見，BIプロセスはプロダクト・ライフサイクル（PLC）と類似しているように思えるかもしれない。しかし，両者は異なる。PLCはプロダクトの導入から始まり，一方で，BIプロセスは市場導入前の受精化期から始まる。これは，PLCがプロダクトを対象としている一方で，BIプロセスがブランドを対象としているためである。ブランドを対象とした場合，誕生のストーリーや歴史性はブランドの世界観となり価値となりうる。よって，ブランドの礎となるプロダクトとそのコンセプトがどのようにつくられたのかは，BIにおいて非常に重要なポイントとなる。したがってブランドを検討対象とする以上，ブランドの起源となる要素・要因から普遍期に至るまでを一貫して検討する必要があるのである。

　また，PLCの導入期より前は製品開発論がすでに多くの事項を解明しており，BIプロセスで改めて検討する必要はないと思われるかもしれない。しかし，ブランドの孵化と製品開発は2つの点で異なる。1つめは，製品開発はプロダクトの仕様や品質などを重視し開発するが，ブランドの孵化では世界観やブランド要素

（ネーム，ロゴなど）も重視し，ブランド・コンセプトの構想・開発を行う点である。BIではプロダクトの仕様や品質に加え，ブランド・コンセプトがどのように創られるのかを明らかにする。

2つめは何をもって終わりとするのかの違いがある。製品開発は市場にプロダクトが導入された時点で終了である。一方，BIにおけるブランドの孵化とは，プロダクトが市場導入された後に，そのブランド価値を受け入れる人びと（受容者）が生まれて初めて完了するものである。たとえば，製品開発は小売店にプロダクトが並べば終了である。一方で，ブランドの孵化は，たとえば小売店に並んだプロダクトが一部の消費主体に支持され，これを受けて他の小売店から引き合いが来るなど，プロダクトにブランド価値を見出し受容する主体が出現して初めて終了となる。

このようにBIプロセスは，PLCや製品開発論とは異なり，独自の視点でブランドの成長を新たに区分し，あるべき姿を検討している。

そして，それぞれのBIプロセスで行うべきBI戦略の施策は当然異なる。ブランドの育成段階がどこにあるのかを特定し，各BIプロセスでブランドの成長を促すために必要とされる供給主体の力（BIF），消費主体の力（BIS），BITPとBITFの力（BIT）を引き出すことが，BI戦略の特徴となる。

以上，①BITの活用，②育成意図の醸成，③成長段階（BIプロセス）に合わせた施策という3つの特徴を説明してきた。これらの特徴は，生きものの特徴である新陳代謝，恒常性，成長という特徴と関連している。新陳代謝としては供給主体と消費主体に加えてBITという外部のエネルギーに，恒常性としてはブランドの持続性と一貫性をもたらす育成意図に，成長としてはブランドの

孵化・育成プロセスにそれぞれ注目している。

　では，なぜこのような特徴をもつ BI 戦略が必要なのだろうか。次節ではマーケティング環境の変化から，ブランド論の問題点を指摘することで，この疑問に答えたい。

3　マーケティング環境の変化と新たな課題の出現

　本節ではマーケティング環境の変化を①供給主体における変化，②消費主体における変化に分けて概観する。そのうえで，③新たに生まれた課題とその対応策として BI 戦略が必要であることを示す。

✤ 供給主体における環境の変化

　現在の競争環境は永く愛されるブランドを育てることが難しい環境である。一説によると，新ブランドのうち定番化するブランドの割合は 0.5% である（恩藏ほか，2011）。このような状況は，たとえばプロダクト・ライフサイクル（PLC）の短期化として，記事や書籍や報告書などにおいてたびたび指摘されている。周知のとおり PLC は，プロダクトが生まれてから死ぬまでの寿命を意味し，導入期，成長期，成熟期，衰退期に分けられている。以下では，この寿命の長さを PLC と便宜的に呼ぶことにする。PLC の実態ついて，消費財のみを捉えた二次データは見当たらなかった。そこで，消費財に加え産業財も含まれるデータではあるが，経済産業省が 2015 年に国内の製造業を対象に行った PLC に関する調査結果を代理指標として確認しよう。この調査結果は『2016 年版ものづくり白書』（経済産業省ほか，2016）に記載されている。

　2015 年時点の主要プロダクトの PLC は，業界ごとに異なるが，

10 年未満と答えた企業は 6 割強から 8 割程度であった。ここでの PLC は主要プロダクトが売れ続ける期間で測定しているため，10 年を超えて売れ続けるプロダクトやブランドを新たに創ることは大半の企業にとって難しいことがうかがえる（経済産業省ほか，2016，125 頁）。さらに，同調査では 2015 年とその 10 年前（2005 年）の PLC の長さを比較するよう質問している（同，126 頁）。いずれの業界もおおむね 6 割〜7 割程度の企業は，PLC の長さが変わらないと答えている。しかし，短くなったと答えた企業は 1.5 割〜3 割強であり，一方で，長くなったと答えた企業は 0.1 割〜1.5 割であった。どの業界も PLC が長くなったと答えた企業よりも短くなったと答えた企業が多く，PLC はどの業界も短期化している可能性があることがうかがえる。

　では，なぜ PLC は短縮化しているのだろうか。技術革新や情報流通の迅速化などさまざまな理由が考えられるが，ブランド論の進展を狙う本書としては①コモディティ化への対応が必要であったこと，そして，②その対応策がニーズの変化に脆い可能性があることに注目したい。それぞれ説明していこう。

　周知のとおりコモディティ化とは，プロダクトが同質化し価格競争に陥りやすくなる市場傾向を指す。日本においては，2000年代中盤からマーケティング関連の文献では指摘が増えてきた（鈴木，2012）。コモディティ化の要因には，市場の成熟化や供給主体間の技術水準の均一化などがある。技術の水準の同質化が起こると，プロダクトの機能は競合他社にさらに模倣されやすくなり，機能的価値による差別化は難しくなる。そこで脱コモディティ化をめざすために，いわゆる「コト消費」のようなブランドを介した意義ある経験（経験価値）を提供し，デザイン性などの五感に訴えかける価値（感覚価値）やストーリー性などの世界観や

象徴性や意味性（観念価値）により差別化を成し遂げることが提案されている（青木，2011）。感覚価値や観念価値はあわせて「感性的価値」とも呼ばれている（同前書）。たとえば，「チロルチョコ」は株式会社サカモトの「DECO チョコ®」を通じてオリジナル・パッケージの作成が可能となっている（「DECO チョコ」ウェブサイトより https://decocho.com/〔2020 年 8 月 24 日最終アクセス〕）。カスタマイズされたパッケージのチロルチョコは結婚式や誕生日のプチギフトとして消費（贈答）されることで，駄菓子というコモディティではなく，ハレの日（特別な日）を演出するという感性的価値を有するブランドとなっている。

　しかし一般的に感性的価値は模倣が難しい反面，構築も難しい。まず，感性的価値は価値の源泉が特定しにくい。たとえば，「美しい」という感性的価値は全体的な感覚であり，全体を構成する要素にその原因を還元しきれない。そのため，一部の要素を獲得するだけでは実現できない価値である。また，美しいと思うものは，個人の好みが大きく影響していて，人により異なる。よって，供給主体内で意見を調整し感性的価値に経営資源を投入することは，客観性が高い機能的価値に比べて難しい（楠木，2006）。さらに，歴史性といった感性的価値は，短期間で構築することは不可能であり，市場に永らく存続し続けることで初めて生じる価値である。このような理由で，感性的価値は構築が相対的に難しいといわれている。

　感性的価値を形成する経験価値もまた，相対的に構築が難しい。経験価値とは，ブランド関連刺激に消費主体が反応して生じる個人的な出来事であり，ブランドと関連するあらゆる顧客接点において生じるものであるとされている（Schmitt, 1999）。経験価値ではモノ自体ではなく，モノから生まれるコト（消費経験）に着

目しており，モノからコトにブランド価値の源泉が変わると，影響を与えるブランド以外の要因が増加する。

　たとえばコーヒーのモノとしてのブランド価値であれば，コーヒーの供給主体に加えて，せいぜいコーヒー豆を製造・販売している企業や原産国や生産者が，ブランド価値に作用していると捉えられるだろう。しかし，コーヒーの消費経験を経験価値として捉えると，上記の主体に加え，コーヒーを飲む場所であるカフェやサービス・エンカウンター，他の来店客，店舗が入っている建物の運営会社，店舗内備品のメーカーなどがコーヒーの消費経験に影響を与えることが考えられる。このように，経験価値は考慮やコントロールをしなければならない外部主体が増加する。よって，脱コモディティ化に資する感性的価値や経験価値は構築が難しいと考えられる。

　では，構築が困難な感性的価値や経験価値を何とか構築できたとしよう。それでもなお，市場に永く愛されるブランドとなるためには不十分である。なぜならば，感性的価値（とくに感覚価値）や経験価値は，時代とともに好まれるあり方が変化するため，時代の変化に弱いという弱点があるためである。たとえば，現在センスが良いとされるデザインは数年後も通用するかどうかはわからない。たとえば，美しいとされる化粧のあり方も数年で変化している（鈴木，2017）。時代とともにあるべき姿が変わる価値は，競争の焦点が一意に定まらないのでコモディティ化の対応策としては重要である（楠木・阿久津，2006）。しかし，コモディティ化の対応策として提示された感性的価値や経験価値はニーズの変化に弱い可能性があるため，市場の変化に合わせて絶えず調整していかなければならない価値でもあるだろう。

　PLC の短期化の話に戻ろう。PLC の短期化は，前述のデータに

加えて，『中小企業白書 2005 年版』でも指摘されている（中小企業庁，2005）。したがって，PLC の短期化は少なくとも 2000 年代中盤頃から消費財市場でも生じていた可能性がある。一方で，2000 年代中盤から，コモディティ化とその対応策として感性的価値や経験価値の重要性が指摘されたため，供給主体はこれらの対応策をある程度認知し実行している可能性がある。前述の経済産業省などの調査では，製造業の大企業の 148 社のうち「ライフサイクルを長期化するためのブランド戦略，差別化戦略」や「マーケティングの強化」に取り組んでいると答えた企業は，どちらも 4.5 割程度，中小企業は 3396 社のうちどちらも 3 割程度であった（経済産業省ほか，2016，127 頁）。しかし，PLC の短期化は 2015 年になっても課題として残ったままである（同前書）。なぜだろうか。

　前述の調査では PLC の短縮化の理由についても聞いており，PLC が短くなっている理由のうち最も問題視している理由を尋ねている。ニーズの変化が速いと答えた企業が 5 割強存在し，技術革新の速さと答えた企業が 2 割程度存在した。

　つまり，感性的価値や経験価値を構築するだけでは，永く愛されるブランドを創ることは今や困難なのである。コモディティ化の対応策である感性的価値や経験価値は，コモディティ化の要因の 1 つである他社の模倣には対応できるものの，構築が難しくニーズの変化に弱い。供給主体は構築する困難さを乗り越えたとしても，維持する困難さも乗り越えなければならない。しかし，ニーズの変化が速くなったことにより，今日ではせっかく構築した感性的価値や経験価値も維持することが難しい市場環境となっている。したがって，コモディティ化の対応策を実行したとしても，PLC の短期化はこれだけでは防ぐことが難しいという課題がある

図 1-4　供給主体における環境変化により生じるブランド・
　　　　　マネジメントの課題

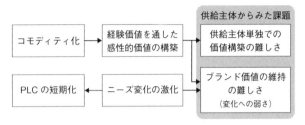

のである。

　さらにこれらの変化は大規模化しているようである。経済産業
省が 2017 年に製造業に対して行った，今後 5 年間の「ビジネス
環境」の変化に関するアンケート調査によると，変化があると答
えた企業は 9 割強であり，全体のうち 5 割程度が「大規模な変化
が見込まれる」「これまでよりは大きな変化が見込まれる」と回
答している（経済産業省ほか，2018，50 頁）。残念ながら具体的な
変化の内容については公表されていないが，「ビジネス環境」を
マーケティング環境の一部と捉えると，マーケティング環境の変
化もますます激化しつつあることが示唆されている。構築された
感性的価値を維持することは，より困難になりつつある。

　以上をまとめると，PLC の短期化はニーズの変化が速く大きく
なることが原因である。コモディティ化の対応策である，感性的
価値や経験価値を構築することがまず必要であるが，これらは供
給主体が単独で構築することが難しく，また，変化に弱い可能性
がある。したがって，変化に対する対応方法を考える必要性があ
るだろう（図 1-4 参照）。では続いて，ニーズがどのように変化し
ているのかについて，消費主体の変化をみていこう。

❷ 消費主体における変化

　消費主体の変化において重要なのは，ライフスタイルが大きく変わったことである。とくに生活環境（消費主体を取り巻く外的要因），生活意識（生活を方向づける価値観など）に大きな変化がみられる[2]。その結果，消費主体はブランドに，感性的価値や経験価値をより求めるようになり，加えて，ブランドを取り巻く主体と良好な関係性を構築・保持することを求めるようになっている。もう少し詳しく説明しよう。

　生活環境の大きな変化としては，序章でも指摘したとおり，経済成長の停滞と情報通信技術（ICT）の進展がある。前者については，周知のとおり，高度経済成長期やバブル期のような大きな成長は1990年代中盤以降生じていない。そのため，現在の消費主体は今後の暮らし向きについて，悪くはならないが，良くなるとも思っていないようである（博報堂生活総合研究所，2019）。また，ICTの急速な進展は，1990年代後半から始まる情報通信と情報端末の技術革新によりもたらされ，消費主体は情報探索や双方向コミュニケーションをより積極的に行うようになった。その結果，消費主体は供給主体との情報格差を縮小させ，同時に，他の消費主体とのコミュニケーションを行いやすくなった。その結果，「一対連合勢力」のような，1つのブランドに対し集団的な消費者行動が行われるようになっている（本書5頁参照）。これら2つの生活環境の変化はそれぞれ，消費主体の価値意識を次のように変化させている。

　1つめの生活環境の変化である経済成長の停滞は，消費主体に対し物質的な豊かさにおいて幸福を求めることに限界があることを感じさせている（間々田，2016）。そこで，近年の消費主体は，

精神的な豊かさを求め，「コト消費」といわれるように，プロダクトの利便性やモノの所有ではなく，ブランドの消費から得られるポジティブな経験に価値を見出すようになっている。これらは「第三の消費文化」と呼ばれ，1990 年代後半から消費における文化的価値（本書の感性的価値，感覚価値，観念価値，経験価値）や，社会的配慮を追求する消費文化の台頭が具体的な変化として指摘されている（同前書）。

　このような生活意識の変化は，各種の調査より確認できる。感性的価値や経験価値の重視を示唆するものとして，たとえば，消費者庁は若年層において自分の外見を磨く費用やコト消費に対する支出が，他の年齢層よりも多いことを調査から指摘している（消費者庁，2017b）。また，ある調査会社が 2016 年に実施した調査では，「何を所有するかより，何を体験するかの方が大切だ」という意見に同意する消費主体は全年齢層で 2.5 割程度存在する一方，同意しない消費主体は 0.5 割未満であった（GfK Japan「GfK グローバル意識調査：「お金 vs 時間」，「所有 vs 体験」── グローバルの消費者は，時間と体験をより重視」https://www.gfk.com/jp/insights/press-release/1725attitudesaroundmaterialism/〔2020 年 8 月 25 日最終アクセス〕）。以上のように，自己表現に資する感性的価値や体験からもたらされる経験価値は，消費者にとって今やより重要となっているといえるだろう。

　社会的配慮の追求については，供給主体の社会的責任やエシカル消費に関する消費主体のアンケート調査からうかがえる。2016 年の第一生命株式会社の調査では，社会的責任や社会貢献は重要であると考える消費主体は 8 割以上存在し，社会的責任を果たしていない供給主体のプロダクトは購買したくないと考える消費主体は 7 割程度存在し，環境配慮や社会貢献をしている供給主体の

プロダクトを積極的に購入したいと考える消費主体は6割程度存在した（第一生命保険，2016）。

　2つめの生活環境の変化であるICTの進展は，消費主体間の相互作用を容易に行える状況をもたらし，集団的な消費者行動を重視し実行することを促している。総務省の調査（総務省情報通信政策研究所，2018）では，平日におけるソーシャル・メディアの利用率は全年代で4割弱であるが，10代は6割，20代は6.5割，30代は4.5割となっており，さらに年々増加している。また，総務省の報告書（総務省，2016）ではインターネット上のクチコミを重視する消費主体が多く存在することを示している。同報告書では，クチコミを参考にする人はどの世代も6割以上存在し，レビューに基づいて購入したことがある人はどの世代も8割〜9割存在し，レビューを書き込んだことがあると答えた人は，年代によっては5割〜7割弱であった。消費者庁による報告では，15〜25歳のみを対象としたデータではあるが，SNSの情報がきっかけで購買を行った経験について，友人からの情報と公式アカウントによる情報はそれぞれ2.5割程度，芸能人や有名人による情報は2割程度の人が「ある」と回答した（消費者庁，2017a）。さらに，第一生命保険の調査では，年代によっては，身近な人の情報のほうが専門家や供給主体よりも信頼できると回答した人が多かった（第一生命保険，2016）。

　このようなネットを介したクチコミの大きな影響については，多くの調査で読み取れる。現代の消費主体は，プロダクトやブランドの評価は他者の消費経験に基づくクチコミを重視して行われ，集団的な消費者行動が行われる状況下にあるといえる。なお，集団的な消費者行動は評価や購買以外においてもしばしば行われる。たとえば，同じブランドを愛する消費主体個人がSNSを通じて広

図 1-5　消費主体の変化とブランドに求められること

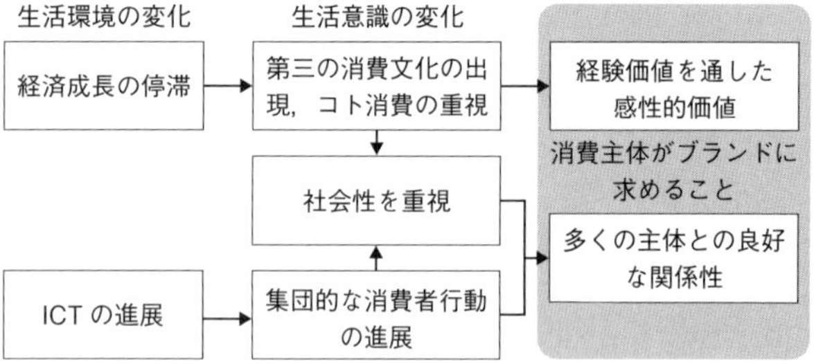

くつながることで，リアルで集団となり一緒に行動を起こしている。具体例としては，解散前に SMAP のファンが共同で新聞に支援広告を掲載したことは記憶に新しい（新井・山川，2018）。これも集団的な消費者行動の 1 つであるとみなすことができる。このようなブランドにとって良い集団的な消費者行動を得るためには，ブランドが社会において広く良好な関係性を構築し保持し続ける必要がある。一方でそれと同時に，ブランドや従業員の不祥事があれば，その事実は瞬く間に広がり「炎上」する。以前より，ブランドが社会やその構成員と良好な関係性が構築できているか否か，つまり社会性があるか否かが重視される時代になったのである。

　以上，消費主体における変化から，今日の消費主体がブランドに求めることをまとめよう。まず，第三の消費文化やコト消費の台頭により，ブランドには経験価値を通した感性的価値が求められる。これは供給主体の環境変化からも必要な価値である。また，集団的な消費者行動の進展やブランドの社会性が重視されることにより，ブランドはブランドを取り巻く多くの主体（人，組織，モノ，コト，場）と良好な関係性を築いていかなければならない時代になったのである。以上をまとめると，図 1-5 のとおりとなる。

図1-6　環境変化を踏まえた新たなブランド・マネジメントの方向性

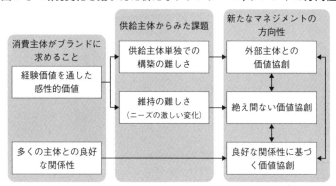

ブランド・マネジメントの新たな課題と方向性

　これまでの議論をまとめ，新たなブランド・マネジメント課題を抽出しよう。現在のマーケティング環境は，永く愛されるブランドを創ることが難しい環境である。その理由は構築が難しい感性的価値や経験価値が必要であり，そのうえ，市場の変化が速く大きくなり激化しているからである。また，消費主体の価値意識の変化が生じるとともに他者とつながることで，供給主体やブランドは社会的な存在として，ブランドを取り巻く主体と良好な関係性をより広く築く必要性が出てきたのである。

　以上の議論より抽出される新たなブランド・マネジメントの方向性とは，①外部主体との価値協創をすること，②絶え間ない価値協創を行うこと，③良好な関係性に基づく価値協創を行うことである（図1-6参照）。これらの課題は互いに関連しているため，すべての課題に同時に取り組まなければならない。

　①外部主体との価値協創は，供給主体の外部主体（消費主体，ブランド・インキュベーション・サードパーティ〔BITP〕，ブランド・

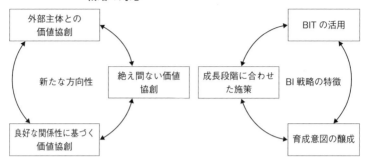

図1-7　新たな方向性とブランド・インキュベーション・
　　　　戦略の対応

インキュベーション・シング＆フィールド〔BITF〕）と協力してブラ
ンド価値を創ることである。供給主体単独で消費主体に求められ
る価値を構築することが難しければ，外部主体と協力して創る他
ない。よって，供給主体の力であるBIF，消費主体の力である
BISに加え，BITを活用することが現在のブランド・マネジメン
トでは重要となる。当然，BISやBITを活用するためには外部主
体の育成意図が必要であり，また，BITは成長段階に合わせて活
用すべきである。

　②絶え間ない価値協創とは，市場やニーズの激しい変化への対
応策として，ブランドを取り巻く外部主体と頻繁に相互作用しな
がら，ブランド価値の創造的適応を随時行うことである。そうす
ることで維持することの難しいブランド価値を維持・強化し，ブ
ランドが成長し長期存続することを狙う。ブランドが市場におい
て普遍的な価値をもつものとして，時代を超えて支持されるまで
の成長段階を明らかにし，その段階ごとに合わせた施策を行うこ
とで，変化を生き抜くブランドの育て方を提示する。当然ここで
も，BIFやBISに加えBITの活用が必要であるため，育成意図の

36

醸成も必要となる。

　③良好な関係性に基づく価値協創とは，ブランドを取り巻く外部主体に，BI に積極的に加わりたいと思わせる関係性を構築して，皆でブランドを孵化・育成することである。ここでは，3 主体（供給主体，消費主体，BITP）が育成意図をもってインキュベーションを行うことが理想である。育成意図を醸成しておくことで，急激な変化によりブランドが窮地に陥った際に，広く支援が受けられる状態をつくっておくことも必要であるだろう。よって，良好な関係性の構築において，その焦点は育成意図の醸成となる。

　ブランド・マネジメントの新たな方向性は，BI 戦略の特徴（本章第 2 節）と合致している（図 1-7）。以上より，今日のマーケティング環境においてブランドを構築し維持するためには，BI 戦略の究明と実行が必須であるといえるだろう[3]。

⚉ 研究における課題

　BI 戦略の 3 つの特徴である「BIT の活用」「成長段階に合わせた施策」「育成意図の醸成」は，ブランド・マネジメントの新たな方向性と合っていることを説明した。しかし，この方向性に対して，ブランドに関する学術的研究はまだ十分な対応ができていない。BIT を暗示的に検討した研究はある程度存在するが，既存研究は下記のいずれかの問題を有しているのが現状である。

　(1)　ブランドを中心として BIT を捉えていない。

　(2)　ブランド価値に対する作用を明示していない。

　(3)　ブランドの成長プロセスを捉えていない。

　(4)　日本国内の複数事例に基づく研究ではない。

　それぞれの研究課題について説明しよう。(1)「ブランドを中心として BIT を捉えていない」は，既存のブランド論が BIT の源泉

についてステークホルダーを中心的に検討しているということを指す。ステークホルダーとは供給主体の利害関係者や企業活動により影響を被る関係者であるため，必然的に供給主体を中心に据えており，ブランドを中心とした関係性を分析対象としていないものが多い。ブランド価値の構築を目的とするならば，供給主体ではなく，ブランドを中心として検討すべきだろう。

　(2)「ブランド価値に対する作用を明示していない」については，BITがどのようなブランド価値に作用したのかを十分に検討していないことを指す。ブランド価値とは何であるのかを定義し，特定したうえで分析を行っていない。具体的に何にどのように作用するかについて明らかとならなければ，どのようなときにどのようなBITを活用するのかを判断することはできないだろう。

　(3)「ブランドの成長プロセスを捉えていない」は，短期的もしくは一時点での検討であることを指す。先に述べたように，われわれは持続的なブランドを孵化・育成する方法を検討しなければならない。そのためには，市場導入前からブランドはどのような成長プロセスをたどるのかをモデル化し，成長プロセスごとに行うべき施策を検討すべきであろう。ダイナミックな相互作用によりブランド価値が創られることは指摘されてはいるものの，ブランドが生まれる前段階から現在に至るまでを検討した研究は非常に少ない。

　(4)「日本国内の複数事例に基づく研究ではない」は，多くの研究が海外の研究であり，日本の事例を扱っていないことを指す。やはり国内でのインプリケーションを考えると，複数の国内ブランドを用いて検討をすべきであろう。

　本書では，これらの学術的な課題にも対応している。なお，ブランド研究の流れと課題については，第2章で詳述する。

4　課題に対する本書の対応と意義

　以上，本章ではブランド・インキュベーション戦略（BI 戦略）の概要と特徴，その実務的・学術的な必要性を述べてきた。実務に求められる方向性と，学術上の課題に対する本書での具体的な対応策を図示すると，図 1-8 のとおりとなる。

　BI 戦略の特徴は，①BIT を活用する協創体制を構築すること（BIT の活用），②育成意図を醸成すること（育成意図の醸成），③成長段階に合わせた施策を行うこと（BI プロセスに合わせた施策）である。これらは，国内におけるブランド構築実務への貢献を大前提として提案する。また一方で，前節で述べたとおり，BIT によ

図 1-8　本書の検討内容と実務的・学術的な意義

BI 戦略の特徴と実行（現在のブランド構築に必要な要素）	BI 戦略を提唱するための検証・検討事項（ギャップへの対応）	現在のブランド研究で不足している項目（ブランド研究の課題）
①BIT を活用する協創体制の構築⇒【第 7 章】	・ブランド価値の類型化と構築例⇒【第 4 章，第 6 章】 ・BIT, BITP, BITF の特定と類型化⇒【第 5 章】	1. ブランドを中心とした BIT の検討がなされていない 2. BIT によるブランド価値への作用が不明瞭
②育成意図の醸成⇒【第 7 章】	・育成意図を醸成する関係性やブランドの特徴に関する検討⇒【第 2 章，第 4 章，第 6 章】	
③成長段階に合わせた施策⇒【第 7 章】	・複数事例による成長段階の区分の検討⇒【第 3 章】 ・成長区分ごとに重要な BIF, FIS, BIT の検討⇒【第 5 章，第 6 章】	3. 成長過程を考慮した検討の不足
大前提：国内のブランド構築実務への貢献	・国内事例に基づく検討⇒【第 6 章を中心に随所で検討】	4. 日本における複数のブランドによる検討の不足

るブランド研究では検討が不足している課題が大きく分けて4つあった。これらについても，本書では同時に対応する。以下では，各特徴を提案するために，本書で検討する事項を示しておこう。

「①BITの活用」に対しては，まずブランド価値の定義と類型化を行う。そのうえで，ブランドやその価値への影響から，活用すべきBIT，協創体制に組み込むべきBITP（人的要素），そして協創体制で活用すべきBITF（モノ，コト，場）を特定化し類型化する。そうすることで，ブランドの孵化・育成（BI）への効果の観点から，供給主体がアプローチすべきBITPやBITFを明らかにする。また，BITのみならずブランド・インキュベーション・ファーストフォース（BIF），ブランド・インキュベーション・セカンドフォース（BIS）についても必要となるものを検討する。

「②育成意図の醸成」に関しては，ブランドと3主体間（供給主体，消費主体，BITP）の関係性や，ブランドの特徴を明らかにする。そのために，定性調査と定量調査を行う。分析結果から，供給主体がどのようにすればブランドに接する人びとの育成意図を高め，協創体制が構築できるのかを提示する。

「③BIプロセスに合わせた施策」に関しては，まず複数のブランドの成長プロセスを段階に区分しBIプロセスを明らかにする。そのうえで，BIプロセスごとに必要なBIF，BIS，BITを事例分析により明らかにする。そうすることで，ブランドの成長段階に合わせた施策を，供給主体が実行できることを狙う。

そして，本書は前提として国内の実務家に向けている。よって，ほとんどすべての検討・検証は国内事例やデータに基づき行う。

次章では，ブランド論の変遷のなかで，共創と協創に関してより詳細に議論し，今日におけるブランドの関係性についてあるべき姿を示したい。

40

注 ──●
1　ブランドが有する価値（ブランド価値）は第 4 章にて検討する。
2　ライフスタイル（生活行動）は生活環境，生活構造，生活意識から影響を受け
　て形成されるという。詳しくは，青木・新倉・佐々木・松下（2012）を参照のこ
　と。本書はとくに生活環境と生活意識の変化に注目する。
3　BI 戦略の中心的な特徴である協創体制の構築に関しては，政府も促進している
　ようである。経済産業省は 2017 年から「Connected Industry」というコンセプ
　トを掲げ，データに基づく製造業の企業間連携による需要創造や価値創造を促進
　している（『2017 年版ものづくり白書』『2018 年版ものづくり白書』）。また 2018
　年には，製造業において脱自前主義が重要であることを述べている（『2018 年版
　ものづくり白書』）。このような企業間連携や社外経営資源の活用といった意味で
　の協創体制の構築は，今後も重要な戦略上の目標となりつづけるだろう。

参 考 文 献 ──────────────────────────────●
青木幸弘編著（2011）『価値共創時代のブランド戦略──脱コモディティ化への挑
　戦』ミネルヴァ書房
青木幸弘・新倉貴士・佐々木壮太郎・松下光司（2012）『消費者行動論──マーケ
　ティングとブランド構築への応用』有斐閣
新井範子・山川悟（2018）『応援される会社──熱いファンがつく仕組みづくり』
　光文社新書
石水創（2017）『「白い恋人」奇跡の復活物語』宝島社
大崎孝徳（2014）『「高く売る」戦略──プレミアム商品"こだわり"の源を探る』
　同文舘出版
小川孔輔（2009）『マーケティング入門』日本経済新聞出版社
恩藏直人・ADK　R3 プロジェクト（2011）『R3 コミュニケーション──消費者との
　「協働」による新しいコミュニケーションの可能性』宣伝会議
楠木建（2006）「次元の見えない差別化──脱コモディティ化の戦略を考える」
　『一橋ビジネスレビュー』53(4)，6-24 頁
楠木建・阿久津聡（2006）「カテゴリー・イノベーション──脱コモディティ化の
　理論」『組織科学』39(3)，4-18 頁
経済産業省・厚生労働省・文部科学省編（2016）『2016 年版ものづくり白書』
経済産業省・厚生労働省・文部科学省編（2018）『2018 年版ものづくり白書』
消費者庁（2017a）『平成 28 年度消費生活に関する意識調査結果報告書──SNS の
　利用及び消費者教育等に関する調査』https://www.caa.go.jp/policies/
　policy/consumer_research/research_report/survey_001/pdf/information_
　isikicyousa_170726_0003.pdf（2020 年 8 月 25 日最終アクセス）
消費者庁（2017b）『平成 29 年版消費者白書』

鈴木和宏（2012）「消費財市場におけるコモディティ化の一考察——定義と要因を中心に」『関西学院商学研究』66, 159-187 頁

鈴木節子（2017）「日本女性の化粧の変遷 100 年」資生堂ウェブサイト https://hma.shiseidogroup.jp/info/p20170110_1824/（2020 年 8 月 25 日最終アクセス）

宣伝会議（2017）『100 万社のマーケティング——小さな組織にこそ必要なインナーブランディング』9 月号

総務省（2016）『情報通信白書平成 28 年版』http://www.soumu.go.jp/johotsusintokei/whitepaper/h28.html（2020 年 8 月 25 日最終アクセス）

総務省情報通信政策研究所（2018）『平成 29 年情報通信メディアの利用時間と情報行動に関する調査報告書(概要)』http://www.soumu.go.jp/main_content/000564529.pdf（2020 年 8 月 25 日最終アクセス）

第一生命保険株式会社（2016）「関東・関西在住の 20～69 歳の男女 2,000 名に聞いた『企業と消費者のコミュニケーション』——消費者における『情報のフィードバック』と『企業の CSR 活動を見る目』」http://group.dai-ichi-life.co.jp/dlri/pdf/ldi/2015/news1603.pdf（2020 年 8 月 25 日最終アクセス）

中小企業庁（2005）『中小企業白書 2005 年版——日本社会の構造変化と中小企業者の活力』http://www.chusho.meti.go.jp/pamflet/hakusyo/h17/hakusho/index.html（2020 年 8 月 25 日最終アクセス）

博報堂生活総合研究所（2019）『生活者の平成 30 年史——データでよむ価値観の変化』日本経済新聞出版社

間々田孝夫（2016）『21 世紀の消費——無謀，絶望，そして希望』ミネルヴァ書房

Schmitt, B. H. (1999) *Experiential Marketing: How to Get Customers to Sense, Feel, Think, Act, and Relate to Your Company and Brands*, The Free Press.（嶋村和恵・広瀬盛一訳（2000）『経験価値マーケティング——消費者が「何か」を感じるプラス α の魅力』ダイヤモンド社）

第2章

ブランド価値共創から
ブランド価値協創へ

▶ はじめに

　本書における問題意識は，「ブランドはどのように生まれ育つのか」，そして「どのようにブランドを生み，価値あるブランドへと育てられるのか」である。われわれは，こうした問題意識のもと，供給主体がブランドをインキュベーション（孵化・育成）する方法として「ブランド・インキュベーション戦略」（Brand Incubation Strategy；BI 戦略）を提唱している。

　本章では，BI 戦略を進めるうえで重要となる「ブランド価値協創」（Collaborative Creation of Brand Value）を提示する。ブランド価値協創とは，供給主体や消費主体に BITP（Brand Incubation Third-Party）を新たに加え，3 主体（ブランド・インキュベータ）でブランド価値を協力創造することである。

　ここで，ブランド価値の協力創造とは，ブランドのインキュベーションを目的として，あるいは，インキュベーション達成後においてもブランドの存続を目的として，各主体がそれぞれの立場から行動しブランド価値に寄与することである。供給主体がブランド・インキュベーションを実現し，その後もブランドを生き永

らえさせるには，消費主体やBITPを加えたブランド価値協創の体制を構築・維持することが重要となる。

　ブランド価値構築における新たな力（フォース）となるBITには，人的要素であるBITP（Brand Incubation Third-Party）と，モノ・コト・場の要素であるBITF（Brand Incubation Things and Fields）の2つがある（第1章および第5章参照）。本章では，BITのなかでも，BITPに焦点を合わせながら，ブランド価値協創を提示する。このBITPは，供給主体や消費主体と同様にインキュベータとしてブランド価値に寄与する主体である。一方のBITFは，ブランド価値に寄与するモノ・コト・場であり，3主体のそれぞれがブランド価値への寄与の際に活かすことができる。

　本章では，これまでのブランド構築についてマーケティング研究およびブランド研究に依拠しながら示し，さらに，ブランド構築の新たな視点であるブランド価値協創とその位置づけを示す。

1　これまでのブランド構築の変遷とブランド価値協創

　ブランド構築は，これまでの供給主体によるブランド価値説得から，供給主体と消費主体によるブランド価値共創へと発展してきた[1]。この2つのブランド構築に寄与する力は，供給主体による第一の力（ファースト・フォース）に加え，消費主体による第二の力（セカンド・フォース）である。そして，本書が提示するブランド価値協創は，この2つに加え，新たに第三の力（サード・フォース）のうちのBITPを活かしてブランド構築を行うことである。図2-1では，これまでのブランド構築とともに，ブランド価値協創の図を示している。

　(1)ブランド価値説得によるブランド構築では，供給主体が掲げ

図 2-1　ブランド価値構築の変遷とブランド価値協創

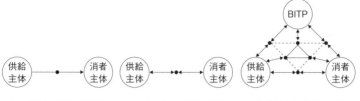

(1)ブランド価値説得　　(2)ブランド価値共創　　(3)ブランド価値協創

出所：西原・圓丸・鈴木（2020）26 頁を一部修正。

るブランド価値を消費主体へ説得し，消費主体がそれを受容することでブランドが構築される。そのため，ブランド価値説得の図は，供給主体と消費主体との間にブランドがあり，供給主体側から一方向の矢印が消費主体に対して向けられている図となる。

　続く(2)ブランド価値共創によるブランド構築では，供給主体と消費主体のインタラクション（相互作用）により，ブランド価値が共同創造されることでブランドが構築される。そのため，ブランド価値共創の図は，真ん中にブランドがあり，ブランドを介した供給主体と消費主体間，および各主体とブランド間でインタラクション（相互作用）が行われるという図となる。このブランド価値共創の段階においては，供給主体と消費主体の両方がブランドに価値を付与することが想定される。供給主体は消費主体による意味の付与（価値づけ）を期待し，ブランド価値構築に消費主体を組み込み，消費主体との価値共創を志向する。

　最後に，本書が提唱する(3)ブランド価値協創によるブランド構築では，ブランド構築の担い手として新たに BITP（Brand Incubation Third-Party）を加えた 3 主体によってブランド価値が協力創造され，ブランドが構築される。そのため，ブランド価値協創の図は，ブランドを中心に 3 主体がトライアド関係で示され，ブ

表 2-1　ブランド構築の変遷とブランド価値協創

	ブランド価値説得	ブランド価値共創	ブランド価値協創
マーケティング・パラダイム	マネジリアル・マーケティング	関係性マーケティング	関係性マーケティング
ブランド価値の構築主体	供給主体	供給主体と消費主体	供給主体と消費主体とBITP
関 係 性	単発での取引	経済的関係	社会的関係
重 要 概 念	市場シェア	ロイヤルティ	エンゲージメント
成 果 指 標	売上と市場シェア	顧客生涯価値と顧客シェア	社会的関係行動
対象となる消費主体の行動時点	購　買	購買前・購買時・購買後	購買前・購買時・購買後購買外

出所：西原・圓丸・鈴木（2020）26 頁を一部修正。

ランドを介した 3 主体間および各主体とブランド間のインタラクション（相互作用）が示された図となる。

　さらに，ブランド価値協創の図では，各主体にとってのブランド，各主体間の関係のなかで知覚されるブランドが黒点によって示される。これは，ブランドそのものが複数存在するということではない。主体および主体間における関係性の違いからブランドの捉え方が異なるということである。そして，中央の実線で描かれた三角形が 3 主体のそれぞれの立場から捉えたブランドに対する認識の共通部分であり，その外側の点線で描かれた三角形が主体間の関係のなかで知覚されるブランドを加えた，ブランド（に対する認識）の全体像である。

　ブランド価値協創以前のブランド価値は，基本的に消費主体にとってのブランド価値を対象としてきた。しかし，ブランド価値協創の図で示唆されるように，消費主体のみならず，供給主体はもちろん，BITP も含めた 3 主体それぞれにとってのブランド価値が存在すると考えられる。この点に関しては，第 5 節にて詳述

する。

　以上の 3 つのブランド構築における主な内容を表 2-1 において示している。詳細は後述するが，ブランド構築における理論的枠組みは，ブランド価値説得がマネジリアル・マーケティングである。そして，ブランド価値共創とブランド価値協創の理論的枠組みは，どちらも関係性マーケティング（リレーションシップ・マーケティング）である。しかしながら両者は，ブランド価値共創がロイヤルティをベースとした経済的関係を重視してきたことに対し，ブランド価値協創では後述するエンゲージメントをベースとした社会的関係を重視する点で大きく異なる。

　以下では，これまでの 2 つのブランド構築をマーケティング研究およびブランド研究を依拠しながらそれぞれ第 2 節および第 3 節にて詳述したうえで，第 4 節においてブランド価値協創を提示する。

2　供給主体によるブランド価値説得

✺ マス・マーケティングからマネジリアル・マーケティングへ

　20 世紀初頭のアメリカにおけるマーケティングの黎明期，あるいはわが国の戦後期において実践されていたマーケティングとは，市場全体ないし大衆を対象としたマス・マーケティングであった。この時代において，ブランド構築と呼べるものといえば，このマス・マーケティングによるものである。ここでは，ブランド構築を意図せずにマス・マーケティングが行われ，その結果，ブランドが構築される。

　マス・マーケティングでは，市場全体を対象に，画一的で標準

化されたプロダクトを大量生産し，プロダクト名（ブランド・ネーム）を付与し，比較的安価な価格をつけ，ブランドの知名度を高めるためにテレビなどを中心としたマス・メディアを通じて全国広告を行う。加えて，全国流通させるため，流通カバー率および店頭シェアを高める取り組みが行われた。

マス・マーケティングにおけるブランド構築の主体は，プロダクトを製造・販売するメーカー（供給主体）である。供給主体はマス・マーケティングの展開を通じて，当該市場における影響力や流通支配力などのパワーや市場シェアを獲得し，これらを通じて結果としてブランド構築を実現する。

その際，ブランド構築に寄与するマーケティング・ミックスの1つであるコミュニケーションにおいて，とくにテレビ広告が大きな影響力を誇っていた。こうしたテレビ広告や新聞広告などを通じたマス広告を行い，消費主体のブランドに対する認知度向上や好意および選好形成，そして，購買へと導くことで，市場シェア拡大が図られた。

市場シェアの拡大およびその最大化を目標に，市場全体を対象としたマス・マーケティングが行われたが，その後，市場の成熟化や消費者ニーズの多様化などに伴い，市場全体ではなく特定の部分市場，あるいは部分市場ごとに対応するマネジリアル・マーケティングが確立した。このマネジリアル・マーケティングにおいても，マス・マーケティング同様に市場シェアを高めることが目的の1つであった。

こうしたブランド構築の成果は，マクロ的には当該ブランドの売上や市場シェアなどで示される。一方，ミクロ的な成果は消費主体によるブランドの反復購買を指す行動的ブランド・ロイヤルティや，消費主体のブランドに対する選好などの心理的側面を指

す認知的ブランド・ロイヤルティの獲得からも把握することができる。ただし，企業による消費主体のブランドに対するロイヤルティの把握は，日記式パネル調査や消費主体への質問調査などを通じたものであったため，顧客の一部の把握にすぎず，すべての顧客を対象とするのは難しい。そのため，多くの場合はマクロ的なブランドの売上や市場シェアにより，マーケティング活動あるいはブランド構築の成果が測られてきた。

　マネジリアル・マーケティングでは，供給主体と消費主体による 1 回 1 回の取引（transaction）や経済的交換がベースであり，供給主体がプロダクトを販売・提供し，消費主体がそれを購買・享受するという間柄である。マス・マーケティングやマネジリアル・マーケティングにおいても，供給主体によるブランド構築では，ブランド価値はあくまで供給主体が創り出すものという暗黙的な仮定がある。そのブランド価値の構築方法とは，供給主体が消費主体に対してブランド価値説得を行うことである。すなわち，供給主体が自らブランド価値を定め，消費主体に対して説得的コミュニケーションを行い，その説得したブランド価値が消費主体に受容されて初めてブランド価値が構築されたといえる。このとき，消費主体はあくまでそのブランド価値を受容するという立場である。

　そのため，ブランド価値説得によるブランド価値構築においては，ブランドの供給主体と消費主体は，主体（創出する側）と客体（受容する側）が明確に分かれている。ブランド価値とは，供給主体が説得したブランド価値を消費主体が受容するかどうかであり，消費主体が新たに価値をブランドに対して付与するといったことは想定していない。

⊕ ブランド論の展開

　ブランド論に目を向ければ，Aaker (1991) による「ブランド・エクイティ」(brand equity) 概念の提示以降，企業の資産としてブランドを捉える視点が注目された。マーケティング活動の結果として，消費主体のブランド知識や前述の認知的ないし行動的ロイヤルティなどが形成される，あるいは，消費主体にとって価値あるブランドとして受容されるというものである。

　Keller (1998) による顧客ベースのブランド・エクイティをはじめとするブランド・エクイティの議論も，企業のマーケティング活動の結果として消費主体にそのブランド価値が受け止められるかどうかといった消費主体側のブランド（価値）の受容や，その結果もたらされるマーケティング諸施策に対する消費主体の反応を取り上げたものであり，いわば消費主体によるブランドの評価論である。

　このブランド・エクイティの議論においても，ブランド価値は供給主体が創り，消費主体へ価値説得を行い，消費主体が受容することでもって構築されるものである。そのため，ブランド価値は，消費主体に受容されて初めて形成されることとなる。Keller (1998) による顧客ベースのブランド・エクイティ論に従えば，ブランド・エクイティないしブランド価値は，消費主体のブランド認知やブランド・イメージに依存する。この点が，ブランド資産は無形の資産であり，また消費主体の頭の中にあるといわれる所以である。

　しかし，消費主体の認知するブランド・イメージやブランド価値には主観が入り込み，供給主体側が理想とするブランド・アイデンティティがそのまま消費主体の認識するブランド・イメージ

とはならない。そのため，供給主体が掲げる理想としてのブランド・アイデンティティと消費主体が思い浮かべるブランド・イメージの間には齟齬（そご）が生じる。

その結果，供給主体が行うブランド価値説得を通じたブランド構築においては，その齟齬をいかに解消するか，いかに消費主体のブランド・イメージを供給主体側の理想とするブランド・アイデンティティに近づけるかが重要な課題となる。消費主体による主観はノイズとしてみなされ，極論をいえば，供給主体のブランド価値説得によるブランド構築において，消費主体側は供給主体によるブランド価値の創造に，受容者として以外に関わる余地はない。

以上が，供給主体によるブランド価値説得をもとにしたブランド構築である。

3　消費主体とのブランド価値共創

関係性マーケティングへのパラダイム・シフト

現在，これまでのマネジリアル・マーケティングから関係性マーケティング（リレーションシップ・マーケティング）へとマーケティング・パラダイムがシフトしてきている。このパラダイム・シフトは，アメリカのマーケティング協会（AMA）における2004年のマーケティングの定義にも見て取ることができる[2]。

マネジリアル・マーケティングでは，供給主体と消費主体間における単発での取引がベースとなっていた。一方で関係性マーケティングは，供給主体と消費主体間における長期継続的な取引やその基盤となる関係性（relationship）の構築を志向するもので

ある。2つめのブランド構築である「ブランド価値共創」（co-creation of brand value）は，この関係性マーケティングが理論的枠組みとなっている。

　この関係性は，多くの場合，消費主体による購買や，消費主体との取引を前提とした関係性を想定してきた。たとえば，供給主体と消費主体間，ブランドと消費主体間の関係性を表す重要な概念の1つにロイヤルティがある。ブランド・ロイヤルティは消費主体による特定ブランドの反復的購買を指し，経済的関係がベースとなっている。また，供給主体は個人の消費主体（顧客）を識別し，自社ブランドの購買金額の累計や特定期間の購買金額などからLTV（顧客生涯価値；Life Time Value）を算出することで優良顧客を識別する。

　関係性マーケティングでは，LTVはもちろん，個人の生涯ないし一定期間において購入した特定の製品カテゴリーの購入金額に対する自社製品・サービスの割合を指す，顧客シェアなどが重要となる。供給主体は，顧客シェアやLTVを高めるため，既存顧客の維持，優良顧客に対する優遇策としてロイヤルティ・プログラムなどの施策を行っている。このように，これまでの供給主体と消費主体との関係性は，消費主体による購買や，消費主体との取引をベースとした経済的関係が想定されてきた。

　ブランド論においても，消費主体がブランドを介して供給主体と，あるいは消費主体が直接ブランドと築くリレーションシップに関わるブランド・リレーションシップ研究（Fournier and Yao, 1997; Fournier, 1998）が行われている。加えて，Keller（2003）が提示するブランド・ビルディング・ブロックでは，ブランド・エクイティを構築するために，4段階にわたる6つのブロックを積み上げていく必要性が示されている。その最後の第4段階は，

ブランド・リレーションシップとして，消費主体と強固な関係性を築くことが最終目標となっている。このように，ブランド価値共創におけるブランド構築においては，ブランドと消費主体，あるいは，ブランドを介した供給主体と消費主体との間の関係性を築くことが重要となる。

✤ ブランド価値共創への進展

　これまでのマネジリアル・マーケティングから関係性マーケティングへのパラダイム・シフトを背景として，ブランド価値の構築主体として供給主体に加えて消費主体が加わり，そのブランド構築において供給主体と消費主体が価値をともに創造するといった価値共創 (co-creation of value, value co-creation) へと進展してきた。この価値共創が注目された環境要因としては，インターネットの普及・進展により情報源と情報の種類が増し，供給主体と消費主体間における情報格差や情報の非対称性が解消され，個人の消費主体のクチコミがかつてないほどのスピードとリーチをもって発信可能となり，消費主体のパワーが相対的に強まったことが考えられる。

　この価値共創に関わる研究は，2000年代に入り盛んになったが，その視点は大きく2つに分かれる (cf. 南・西岡 2014)。1つは，オープン・イノベーションに代表されるように，企業の製品開発プロセスに消費主体も加わって，共同開発者として企業と一緒に開発したり，ソーシャル・メディアなどを通じて消費主体の声を製品開発に活かしたりといったように，企業と消費主体とのインタラクション（相互作用）による価値の共同創造という視点である。

　2つめは，サービス・ドミナント・ロジック (SDL) などに代表

されるように，プロダクトの価値の創造は供給主体の生産・製造場面でなされるのではなく，消費主体がプロダクトを消費・使用する場面で創造されるという視点である。そのため，プロダクトやブランドの価値において，消費主体が使用・消費することでもって実現・創造される使用価値が着目されている。

　本書で取り上げるブランド価値共創とは，前者の価値共創であり，供給主体が消費主体とともにブランド価値を創り出すことである。そのため，ブランド価値を創造するためには，企業と消費主体の双方による共創が重要となる。第 2 節で述べたブランド価値説得では，ブランド価値は供給主体のみが創るという視点であったのに対し，ブランド価値共創においては消費主体も交えてブランド価値を共創するという点で視点を異にする。

　ブランド価値共創においては，供給主体と消費主体がブランド価値を共創するという視点となるため，本来的に与益者（創出する側）と受益者（受容する側）の区別はない。ブランド価値共創では，供給主体が理想とするブランド・アイデンティティを一方的に消費主体に対して説得するのではなく，供給主体と消費主体，あるいは消費主体とブランドによるインタラクション（相互作用）のなかで価値が共創されるというブランド構築の 1 つのあり方である。

4　ブランド・インキュベーション・サードパーティ　を交えたブランド価値協創へ

❀ ブランド価値協創の考え方

　マーケティングにおいて，供給主体や消費主体以外の組織や個人に対する注目がなされてきた。たとえば，ソーシャル・マーケ

ティングなどにみられるように，供給主体は社会の一員であり，社会に対しても価値を提供する必要があるという認識のなかで，CSV（Creating Shared Value；共通価値の創造）に注目が集まっている。また，アメリカのマーケティング協会における 2007 年のマーケティングの定義にも示されているように[3]，マーケティングの目標対象が消費主体を超えて広がりをみせている。

　本書が提示する「ブランド価値協創」（collaborative creation of brand value）とは，ブランド価値を創る主体（インキュベータ）である供給主体と消費主体に BITP を新たに加え，3 主体によってブランド価値を協力創造することである。このブランド価値協創では，ブランド価値共創と同様に，関係性マーケティングが理論的枠組みとなっている[4]。

　ブランド価値協創において新たに加わるブランド・インキュベーション・サードパーティ（BITP）とは，ブランドを供給する企業（供給主体）や消費主体以外のブランド構築に寄与する第三の人的・組織的な主体（third-party）である（第5章参照）。具体的には提携企業，販売店（取扱店），デザイナー，業界団体，イメージ・キャラクターとなる有名人，インフルエンサー，ファンやその組織など，ブランド構築に寄与する主体が含まれる。

　ブランド価値協創における（主体間および主体とブランド間の）関係性は，第3節で取り上げた経済的関係よりも，社会的関係が重要となる。これまでの関係性マーケティングやブランド価値共創では，多くの場合，供給主体と消費主体，ブランドと消費主体（あるいは，ブランドを介した供給主体と消費主体）の関係性は，取引をベースとした経済的な関係性をベースとしてきた。前節で取り上げたブランド・ロイヤルティは，行動面に着目すると消費主体によるブランドの反復購買を指し，基本的には消費主体との取

引をベースとした経済的関係を示す概念といえる。すなわち，ブランドの反復購買という行動面から捉えた行動的ブランド・ロイヤルティ（ブランド・ロイヤルティ行動）は，消費主体による反復的な経済的関係行動ということができる（図 2-2 参照）。

　一方，ブランド価値協創において重要となる社会的関係性は，主体間の購買（ないし取引）といった経済的関係とともに築かれる場合や，購買外においても築かれる場合がある。前者における社会的関係性は，供給主体と販売店間で取引を行う際に利害を超えた取引が行われたり，関係が構築されることである。たとえば，供給主体のブランドに対する想いや熱意に共感することで，販売店が通常より多く発注したり，店頭で大々的に陳列したり，消費主体に対してブランドの世界観や供給主体の想いを伝達したりすることなどである。このように，経済的関係をベースにしながらも，特定の主体が供給主体やブランドに肩入れし，経済的関係を超えた社会的関係のもとで振る舞うことである。

　後者における購買外での関係性とは，たとえば消費主体が購買に関係なく供給主体ないしブランドの情報を調べたり，供給主体が主催するイベントに参加したりと，両者が継続的にコミュニケーションを行うことなどである。あるいは，BITP である販売店が，ブランドの開発者やブランド・マネジャーと消費主体を引き合わせるイベントを開いて，両主体を取り持つ行動を起こすことなどである。このように，主体間がさまざまな行動により継続的にコミュニケーションを行うことによって育まれる関係性である。

⊕ ブランド・エンゲージメント行動

　主体間および主体とブランド間の社会的関係性を指す重要な概念が「エンゲージメント」（engagement）である。このエンゲージ

図 2-2　ブランド・エンゲージメントの枠組み

社会的関係　　　　　　　　社会的関係

出所：西原（2019）182 頁を一部修正。

メントは，ブランド価値協創において，3 主体によるブランド価値の協力創造を説明するうえでも重要な概念となる。

　エンゲージメントは，主体間の関係性や，主体と対象間の関係性を表す概念であり，社会的関係性をベースとした主体による継続的な社会的関係行動であり，行動面だけでなく心理面からも捉えられるべき概念である[5]。ブランドを対象として行動面に着目したブランド・エンゲージメント行動（行動的ブランド・エンゲージメント）は，主体によるブランドに関わる継続的な社会的関係行動であり，主体間のブランドを介した継続的な社会的関係行動と，主体によるブランドに対する継続的な社会的関係行動の大きく 2 つの行動がある（図 2-2 参照）。

　図 2-2 では，供給主体と特定の主体（消費主体あるいは BITP），そして，他の主体（消費主体あるいは BITP）のそれぞれの間にブランドがあり，社会的関係が築かれていることが示されている。このように，ブランド・エンゲージメントの枠組みでは，ブランド価値共創やブランド・ロイヤルティで想定されている供給主体と消費主体のみの関係にとどまらず，供給主体は特定の主体（消費主体あるいは BITP）を介して他の主体（消費主体あるいは BITP）とも結びついており，これらの主体はすべてブランドによってつながっている。もちろん，供給主体は，図中の他の主体と直接的に関係を有することもある。こうしたブランドを介した主体間の関係性を，ブランドを中心とした 3 主体間，そして各主体とブラン

ドの関係図として示したのが，図 2-1 における(3)ブランド価値協創の図である。

　ブランド・エンゲージメント行動（行動的ブランド・エンゲージメント）は，主体によるブランドに関わる継続的に行われるさまざまな行動となる。たとえば，取引内外で行われる供給主体やブランドに関する情報収集や双方向コミュニケーション，ブランドに関わるイベントへの参加や主催，インターネット上でのブランドに関わる画像やクチコミの投稿などである。そのため，供給主体から捉えた成果指標としては，供給主体およびブランドに対する BITP および消費主体の社会的関係行動の総体や社会的関係の質ということになる。つまり，ブランド・エンゲージメントにおける成果指標は，売上や LTV などの経済的な指標とは異なるため，必ずしも，こうした経済的指標とは関連しない，あるいは関連がみえづらい可能性がある。

　しかしながら，こうしたブランドを中心とした 3 主体における社会的関係性の構築は，これまでの経済的関係のみで捉えられてきた関係に対して，社会的関係という新たな関係へと拡張される。たとえば，消費主体による他の消費主体に向けた特定ブランドの推奨において，それがポイントや金銭的なインセンティブによる推奨なのか，ブランドに対する共感・共鳴などによる推奨なのかによって，他の消費主体の受け取り方も大きく異なるであろう。あるいは，販売店のような流通 BITP においても，消費主体へ売りたい商品を売り込もうとする場合と，売上に直結するかどうかは別としてブランドのファンをつくる取り組みを行う場合では大きく異なる。こうした点では，これまでの経済的関係行動のなかでプラス・アルファとして社会的関係行動が加わることもあれば，単に社会的関係行動のみが行われることもあるだろう。

　ブランド・エンゲージメント行動は，図 2-1 の(3)ブランド価値協創の図に示されているように，ブランドを中心とした 3 主体のトライアド関係を維持することにつながる。ただし，ブランド・エンゲージメント行動には，ブランド価値に寄与する行動もあれば，寄与しない行動もある。たとえば，特定の主体によるブランドに対するクチコミ発信は，他の主体に対するブランド選好にポジティブな影響をもたらすことでブランド価値へ貢献するかもしれない。しかし，消費主体の購買（BITP においては取引）を前提としないブランドの情報探索や供給主体に対してコミュニケーションを行うこと自体は，ブランド価値に直接的に寄与するわけではない。

☻ ブランド・インキュベーション行動

　ブランド・インキュベーション（孵化・育成；BI）という視点から捉えると，ブランド・エンゲージメント行動のなかでも直接的にブランド価値へ寄与する BI 行動が重要となる。BI 行動とは，主体によるブランド価値に寄与する行動である。第 6 章で取り上げる事例において，BITP による BI 行動としては，プロダクト開発におけるアイディアの提示・提供，新たな使用用途の開発，消費主体のファン化への取り組み，ブランド構築に対するディレクションなど，さまざまな行動がみられた。消費主体による BI 行動としては，供給主体へ使用評価のフィードバックを行ったり，供給主体や他の主体（BITP や他の消費主体）が主催するブランドのイベントに参加したり，他の顧客へ推奨したり，ソーシャル・メディアへブランドに関わる画像やクチコミを投稿するなどが挙げられる。3 主体による BI 行動が継続的に行われることで，ブランド価値協創体制が構築・維持されるとともに，ブランド価値

が醸成される。

　BI 行動は，BI に対する意図（孵化・育成意図）の有無にかかわらず，ブランド価値に寄与する。理想的には，供給主体が BITP や消費主体の BI 意図を高めたうえで，これらの主体の BI 行動を誘発することである。このような BI 意図の形成については第 3 章および第 5 章にて後述する。

　また一方で，第 6 章の事例にみられるように，BI 意図を有しない BI 行動を活用している事例も散見される。たとえば，ブランドに関わる画像投稿の例でも，自身が楽しむための画像投稿と，（自身が楽しむためかどうかは別として）世の中にブランドを広めたいという意図を有した画像投稿などに分かれるだろう。このようにブランドに対する BI 意図を伴わない行動もまた，BI に影響をもたらす。たとえば，ユーザー・イメージなどがその典型であり，消費主体によるプロダクトやサービスの使用や消費がブランド価値に作用することがある。その他，消費主体によってプロダクトひいてはブランドの意味づけや解釈がなされ，ブランドにそうした意味や解釈が付与されることでブランド価値が生まれるという視点がある。この意味では，消費主体によるブランド価値の付与である。そのため，供給主体は，主体による BI 意図を有しない BI 行動をも活用する必要がある。

　ブランド価値協創では，供給主体・消費主体・BITP の 3 主体がブランド価値を協力創造するため，その体制構築が重要となる。このブランド価値協創の体制構築の事例については，第 6 章にて詳述する。第 3 節で取り上げたように消費主体とのブランド価値共創がこれまで注目されてきたが，第 6 章におけるブランド・インキュベーション・ストーリーを踏まえると，BITP を交えたブランド価値協創においては，消費主体以上に BITP がブランド構

築に多大なる影響を及ぼしている。

5　3主体の力を活かしたブランド構築に向けて

　3主体によるブランド・インキュベーション行動を誘発する要因を，以下では，主体間および主体とブランド間の関係から整理する。図2-3では，3主体（ブランド・インキュベータ）とブランドとの関係図を示している。図2-3における3つの図は，図2-1のブランド価値協創の図をベースに，各主体とブランドとの関係という観点から示した図となる。

　(1)「私のブランド」(My Brand) では，3主体のそれぞれとブランドとの関係が示されている。たとえば，消費主体であればそのブランドとのインタラクション（相互作用）を矢印で示しており，この消費主体とブランド間においては，初めての接触からこれまでの購買および使用経験を通じて形成される心理的・感情的結びつき（bonds：絆）が形成される。一方，供給主体であれば，プロダクトやブランド・コンセプトの開発から市場導入，そしてさまざまな施策立案や実行に関わるブランド・マネジャーや組織が，ブランドに対する想いやそこでの経験を通じて，ブランドとの関

図2-3　3主体（ブランド・インキュベータ）とブランドとの関係図

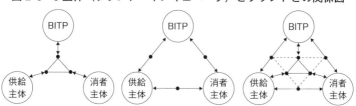

(1) 私のブランド
　(My Brand)

(2) 私とあなたのブランド
　(Me and Your Brand)

(3) 私とみんなのブランド
　(Me and Our Brand)

係を強固なものとしていく。また，BITP であれば同様に，取引関係ないし非取引関係など，その関係のなかでインタラクション（相互作用）が行われる。

(2)「私とあなたのブランド」(Me and Your Brand) の図では，第3節で前述した価値共創がこれまでの供給主体と消費主体の間だけでなく，両主体それぞれと BITP との間でも同様に価値共創が行われることが示されている。「私のブランド」(My Brand) とは異なり，「私とあなたのブランド」では，ブランドは自分だけのものではなく，主体間の関係性のなかで意味合いが異なる。ここでの特徴は，ブランド価値共創と同様にブランドを介して主体間で価値共創やコミュニケーションが行われることを明示した点である。

(3)「私とみんなのブランド」(Me and Our Brand) は，先の2つの図があわさった図となる。各主体にとっては，自身のブランド（「私のブランド」）と他の主体との関係におけるブランド（「私とあなたのブランド」）において，同じブランドでも意味合いにおいて異同がある。加えて，他の主体間におけるブランドの意味合いもあわさることで，ブランドはどの主体にとっても自分にとってのブランドとは異なる顔や意味，世界観を有することとなる。第3章において述べる BI における普遍化とは，自身だけのブランドのみならず，他者のブランド，および，みんなのブランド（「私とみんなのブランド」）となることといえるだろう。

以上のように，3主体（ブランド・インキュベータ）とブランドとの関係は，各主体とブランドとの関係のなかで捉える場合，主体間の関係性のなかで捉える場合，そして，それらがあわさった全体的な視点で捉える場合で，ブランドの意味合いや価値も異なることが示唆される。そして，「私のブランド」(My Brand) とい

った自分自身との関連性をもつことや,「私とあなたのブランド」(Me and Your Brand) のように自身とさまざまな他の主体との関係を通じてブランドが自身に位置づけられること, さらに,「私とみんなのブランド」(Me and Our Brand) として捉えることで自身にとってのブランドであるとともにみんなのブランドであることを認識すること, 以上のことなどによって, 自身のブランドに対するインキュベーション意図が形成されると考えられる。

▶ おわりに

　本章では, 新たなブランド構築の指針となるブランド価値協創の提唱を行った。本章で提示したブランド価値協創とは, これまで見過ごされていたり, ノイズとしてみなされてきたブランドの構築に寄与する第三の主体 (BITP) を交え, 3主体によるブランド価値を協力創造することである。これからのブランド構築においては, ブランド価値共創から一歩進んだブランド価値協創へと進展させる必要がある。

　供給主体やブランドを取り巻くさまざまな主体との関係性が重要となるが, これまでの関係性が主にブランド・ロイヤルティを中心とした経済的関係であったことに対して, ブランド価値協創によってブランド価値を構築する際には3主体のブランドに対する社会的な関係をベースとしたブランド・エンゲージメント, そして, BI行動が重要であることが示された。供給主体 (ないしブランド) と消費主体, そしてBITPがより深い関係を築くことがブランド価値協創における協同創造には重要である。供給主体は, ブランド価値協創の体制を構築するために, 3主体のブランド孵化・育成意図を有したBI行動を誘発する必要性がある。

　加えて, ブランド価値をこれまでのような消費主体の視点から

のみ捉えるのではなく，3 主体それぞれにとってのブランド（およびブランド価値），主体間の関係性のなかで捉えられるブランド，そして，それらを統合的にブランドとして捉えてマネジメントする必要性が示唆された。

　供給主体や消費主体に加え，BITP を活かしたブランド価値協創では，時間軸を加えたブランド構築が必要となる。いかなるブランド構築においても，ブランド価値は一朝一夕でできるものではない。ブランド価値協創においては，さまざまな主体のブランド価値への作用と経過する時間とともに醸成，構築されるものである。そこでは，供給主体のみ，あるいは，供給主体と消費主体のみによって創られる時代ではなく，さまざまな主体が関わり，ときにそれぞれの主体がコト・モノ・場などを活用することでブランド価値が付与・創出されていく。

　そのため，供給主体が新たにブランド・インキュベーションを実現するには，プロダクトやブランド（コンセプト）の開発段階から中長期的な視点で，消費主体および BITP を組み込んだブランド価値協創を行っていく必要がある。

注

1　なお，このブランド構築における 2 つの段階は，青木（2013）や藤川（2008）を参考にしている。青木（2013）や藤川（2008）では，第 1 段階を価値提案としているが，本書では，供給主体の消費主体に対する積極的な姿勢を評価し，価値説得としている。

2　AMA の 2004 年のマーケティングの定義は次のとおりであった。「マーケティングは，組織およびそのステークホルダー（利害関係者）によって便益が得られるよう，顧客に対し価値を創造・伝達・提供し，顧客との関係を管理するための，組織的機能であり，一連のプロセスである」（メルツ＝髙橋，2011，13 頁）。

3　AMA の 2007 年のマーケティングの定義は次のとおりであった。「マーケティングは，顧客，依頼人，パートナー，社会全体にとって価値のある提供物を創造・伝達・配達・交換するための活動であり，一連の制度的期間，そしてプロセスで

ある」（メルツ – 髙橋, 2011, 13 頁）。2004 年のマーケティングの定義はマーケティングの対象が顧客のみの記載であったが, 2007 年の定義ではパートナーや社会全体などが明記され, 目標対象が拡張されている。

4　関係性マーケティングでは, 取引を行う当事者間のダイアドな関係から, トライアドやネットワークといった関係性を形成する主体間の構造を広く捉える視点がある。ただし, その多くはネットワークにおける構造そのものを捉えるものや, ネットワーク構造のなかでも供給主体と関係のある他組織とのダイアド関係で捉える傾向にある。これらに対して, 本書ではネットワークやエコシステム全体ではなく, ブランドを中心に供給主体, 消費主体, そして BITP を据えたトライアド関係でブランド価値協創を捉えている。

5　この点に関して, 和田 (2002) は, 関係性マーケティングの見地から, 関係性の枠組みにおいてブランド・ロイヤルティといった経済的関係のみで消費主体との関係を捉えることに対して異議を唱え,「ブランド・パトロナージュ（ブランド支援）」や「ブランド共創 (Brand Co-Creation)」を提示している。

参 考 文 献 ●

青木幸弘 (2013)「『ブランド価値共創』研究の視点と枠組—— S-D ロジックの観点からみたブランド研究の整理と展望」『商学論究』60 (4), 85-118 頁

西原彰宏 (2019)「消費者行動の新展開 2：顧客エンゲージメント——企業と顧客との関係性における新たな視点」永野光朗編『消費者行動の心理学——消費者と企業のよりよい関係性』（産業・組織心理学講座 第 5 巻）北大路書房, 175-193 頁

西原彰宏・圓丸哲麻・鈴木和宏 (2020)「デジタル時代におけるブランド構築——ブランド価値協創」『マーケティングジャーナル』39 (3), 21-31 頁

藤川佳則 (2008)「サービス・ドミナント・ロジック——『価値共創』の視点からみた日本企業の機会と課題」『マーケティングジャーナル』27 (3), 32-43 頁

南知惠子・西岡健一 (2014)『サービス・イノベーション——価値共創と新技術導入』有斐閣

メルツ, マイケル＝高橋郁夫 (2011)「サービス・ドミナント・ロジックによるブランディングおよびブランド・コミュニケーションへの新視点」『日経広告研究所報』45 (1), 12-18 頁

和田充夫 (2002)『ブランド価値共創』同文舘出版

Aaker, D.A. (1991) *Managing Brand Equity: Capitalizing on the Value of a Brand Name*, The Free Press.（陶山計介・中田善啓・尾崎久仁博・小林哲訳 (1994)『ブランド・エクイティ戦略——競争優位をつくり出す名前, シンボル, スローガン』ダイヤモンド社）

Keller, K.L. (1998) *Strategic Brand Management: Building, Measuring, and*

Managing Brand Equity, Prentice-Hall. (恩藏直人・亀井昭宏訳 (2000)『戦略的ブランド・マネジメント』東急エージェンシー)

Keller, K.L. (2003) *Strategic Brand Management : Building, Measuring, and Managing Brand Equity*, 2nd ed., Prentice-Hall. (恩藏直人研究室訳 (2003)『ケラーの戦略的ブランディング』東急エージェンシー)

Fournier, S. (1998) "Consumers and their Brands : Developing Relationship Theory in Consumer Research," *Journal of Consumer Research*, 24(4), pp.343-373.

Fournier, S., and J.L.Yao (1997) "Reviving Brand Loyalty : A Reconceptualization within the Framework of Consumer-Brand Relationships," *International Journal of Research in Marketing*, 14(5), pp.451-472.

第**3**章

ブランド・インキュベーションの 構図とそのプロセス

▶ は じ め に

　ブランドに関して，多くの研究者や実務家がこれまで議論し，その写像を明らかにしようとする試みがなされてきた。しかしながらそれらの多くは，「ブランドとは何を意味するものか」，「（消費主体および供給主体にとって）ブランドの価値とはどのようなものか」，「成功しているブランドの要因は何か」というような視点であり，「ブランドはどのように成長させるべきか」というような経時的な視点からブランドの発展プロセスを検討するものは少ない。導入期，成長期，成熟期，衰退期などから構成されるプロダクト・ライフサイクル（以下 PLC）のように，ブランドの誕生から衰退までどのような発展プロセスが形成されうるのか，またそのブランド育成にはどのような主体が重要な役割を担うのか，これらに関しては十分な議論がなされていない。

　ブランドがコモディティ化し，PLC が短縮化している現在の市場潮流を考慮すると，それらを乗り越えるような，「どのようにブランドを市場に生み出すのが最良なのか」という"孵化"と，「市場で生き残る価値あるブランドをどのように育むべきか」と

いう"育成"の視点が，供給主体にとって戦略上の最重要課題であるといえる。この解決策として，われわれはブランドのコモディティ化を打破するためのコンパスとなる，市場で生き残るブランドの孵化・育成をめざす，ブランド・インキュベーション戦略（以下 BI 戦略）を提唱する。

　しかし，本書においてブランド・インキュベーション（以下 BI）を議論するうえで，注記すべき点がある。それは第 1 章でも示したように，本書の議論の対象は，ブランドの源となるプロダクト・ブランドに限定しているということである。ブランドには，コーポレート・ブランドやリテール・ブランドといったものも存在するが，本書ではそれらをブランド価値に作用する要因としては扱うものの，ブランド価値を形成する対象としては議論していない。つまり，ここで議論する BI とは，プロダクト・ブランドの発展プロセスを念頭に置いた議論である。詳しくは第 2 節で議論するが，ブランドの着想から始まり，市場導入を経て「価値あるブランド」へと徐々に成長し，そして最終的に市場において定番となるようなブランドへの発展プロセスを対象とする。すなわち，市場において普遍的地位を獲得する存在であるブランデット・ブランド（Branded Brand）へと段階的に孵化・育成するプロセスこそ，BI の基本体系である。

　また本書では，消費主体を中心とした市場の一定の受容者から「価値あるブランドと識別されたプロダクト・ブランド」を，「ブランド」と表記する。つまり，ブランド・ネームが付与され市場導入されたばかりのプロダクトあるいはブランド・キャンディデイト（Brand Candidate；ブランド候補として企画開発されたプロダクト）[1]は，本書での「ブランド」ではない。

　われわれがブランドと位置づけるものに対し，もしかしたらブ

68

図 3-1　本書におけるブランドに関する用語と発展プロセス

	ブランド・キャンディデイト（Brand Candidate）	ブランド（Brand）	ブランデッド・ブランド（Branded Brand）
発展プロセス			
意味	ブランド候補として企画開発されたプロダクト	特定の市場において，ブランド価値が認められたプロダクト	特定の市場を超え，広く一般的に，ブランド価値が認められたプロダクト

ランド論の書籍に接したことのある読者は抵抗があるかもしれない。なぜならば，多くのブランドに関わる書籍では，記号としてのブランドが付与され市場に投入されたプロダクトを「ブランド」と称しているからである。確かに，供給主体のマネジメント視点のみであればそのような議論は妥当であろう。

　しかし，先述したように，PLC が短縮化し，市場において生存し続ける，そして定番化するようなプロダクト・ブランドを孵化・育成することが難しい状況を考慮すると，市場に登場した時点で「価値あるブランド」として誕生したと位置づけて良いのであろうか。市場において（消費主体にとって），価値が識別され評価されないプロダクト・ブランドを，ブランドとして位置づけて良いのであろうか。われわれはそうは考えない。なぜなら本書は，長期継続的に存続することが可能なブランドを念頭に置いて BI を議論しているからである。

　よって，ブランドの孵化（誕生）とは，「価値あるブランド」として市場に受け入れられたときを契機とする。

　上記を踏まえ，本章ではまず第 1 節で BI および BI プロセスの定義を再度確認したうえで，プロダクトおよびブランド・キャンディデイトが価値あるブランドへと孵化・育成される（I）"経時的プロセス"について議論する。そして，それらに作用する「ブランドをもつ企業やその顧客以外の個人・組織・モノ・コ

ト・場による力」である（Ⅱ）"ブランド・インキュベーション・サードフォース（Brand Incubation Third-Force：BIT）"がなぜ重要であり，さらにそのインキュベーション・プロセスにおいて，各主体がどのような（Ⅲ）"育成意図"をもち相互作用するのか，というBI戦略の3つの特徴的視点に関して議論する。

　続く第2節では，①受精化期，②孵化期，③成体化期，④普遍化期，⑤普遍期から構成される，BIプロセスの発展段階を，簡単な事例を踏まえ段階ごとに説明する。そして第3節では，BIプロセスの各段階にどのようなインキュベータ間の相互作用が醸成され，それがブランド価値にどう作用しているのかをまず議論する。そのうえで，供給主体がBIの発展段階において，どのようなBI戦略を採用すべきかを示唆する。そして第4節では本章の総括として，BI戦略を実現するための視点として，ブランド・インキュベーション・コミュニケーション・モデルの重要性を示唆する。

1　ブランド・インキュベーションの視点

　本節ではまず，ブランド・インキュベーション（以下BI）が供給主体にとってなぜ重要であるか，「BIの視点」の全体像を確認しながら議論を進める。そしてそのうえで，「ブランドと各主体間の相互作用」および「各主体間の相互作用」の2つの関係性が，ブランドの孵化・育成にとってなぜ重要であるかを議論する。

◑ ブランド・インキュベーションの視点

　先述したように，BIの特徴は，経時的，かつ「ブランドをもつ企業やその顧客以外の個人・組織・モノ・コト・場による力」

図３２　ブランド・インキュベーションの視点——ブランド価値との関係

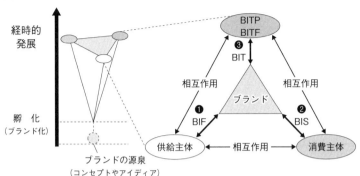

である❸「ブランド・インキュベーション・サードフォース」
(Brand Incubation Third-Force，以下 BIT) を基幹概念として採用
した点である。

　図3-2で示すように，ブランドは，供給主体，消費主体，そし
てブランドの孵化・育成に寄与する第三の人的要素である「ブラ
ンド・インキュベーション・サードパーティ」(Brand Incubation
Third-Party：BITP)，および人的主体以外にモノ，コト，場もブ
ランド価値の構築に寄与する❸BIT の発生源である「ブランド・
インキュベーション・シング＆フィールド」(Brand Incubation
Things & Fields：以下 BITF) が，それぞれ相互作用することで形
成・発展する。

　前章までの議論にあるように，❶ブランド・インキュベーショ
ン・ファーストフォース (Brand Incubation First-Force：BIF) は
「供給主体による BI に寄与する力」，❷ブランド・インキュベー
ション・セカンドフォース (Brand Incubation Second-Force：BIS)
は「消費主体による BI に寄与する力」を意味する。

　プロダクトおよびブランド・キャンディデイトは，これら❶

BIF, ❷BIS, ❸BIT という力を受け，時間をかけ経時的にその価値を高めていく。

このように BI プロセスとは，プロダクトおよびブランド・キャンディデイトの着想から始まり（①受精化期），市場導入を経て「価値あるブランド」へと徐々に成長しブランドとなり（②孵化期，③成体化期），そして最終的に市場において定番となるようなブランド，つまりある特定の製品カテゴリを象徴するブランデッド・ブランド（Branded Brand）へと段階的に昇華する（④普遍化期，⑤普遍期），一連の流れである。そしてこのとき各主体は，ブランドを介して他の主体と相互作用することで個々のフォースを醸成する（第 2 章参照）。

ⓐ ブランド・インキュベーションにおける 2 種の相互作用

BI における価値協創は，主体間の相互作用，そして各主体とブランドとの相互作用の 2 つの関係性から創発される。前者は関係性マーケティングを基盤としたブランド研究の視点であり，ブランドを形成する際にどのような主体間の相互作用が重要であるかを検討する視点である。一方で後者は，消費主体とブランドの関係に主として着目するブランド・リレーションシップ研究の視点であるといえる。たとえばブランド・リレーションシップの構成要素には，ブランドに対する愛情（love/passion），ブランドと自己の結びつき（self-connection），相互依存（interdependence）[2]，コミットメント（commitment），親密さ（intimacy），パートナー品質（partner quality）がある（たとえば．Fournier, 1998）。

本書では，供給主体，消費主体そして BITP・BITF がどのような相互作用をするのかということとともに，ブランド・リレーションシップの既存研究で議論されているような消費主体とブラン

ドとの相互作用のみならず，供給主体とBITP・BITFとブランド
との相互作用にも着目し，それらがブランドの孵化・育成に重要
であると位置づける。

　もちろん，供給主体，消費主体そしてBITP・BITFを起点とす
るフォースは，それらとブランドとの相互作用に含まれる（図3-
2）。また同様に，各主体がもつブランドの育成意図もその相互作
用に含まれる。一方でブランドのパフォーマンスや，その価値が
高まることなどにより，ブランドが各主体の能力を向上させたり，
動機づけたり，さらにBIに寄与する契機を提供することもある
であろう。

　以上のようなブランドを取り巻く相互作用も考慮したうえ，次
節では，BIのさらに詳細なステージを提示し，ブランドの孵
化・育成とは具体的にどのようなことを指すのか，さらにそのス
テージ別のBIのあり方とはどのようなものかを議論する。

2　ブランド・インキュベーション・プロセスの全体像と基本体系

　ブランド・インキュベーション（以下BI）の孵化・育成とは，
またその発展プロセスとは具体的にどのようなものであろうか。
われわれは，複数ブランドのBIに関する調査を通じて，BIの基
本体系的プロセスとは，①受精化期，②孵化期，③成体化期，④
普遍化期，⑤普遍期から構成されるものであると提起する。

　図3-3はBIプロセスの基本体系，またそのプロセスに応じた
受容者のブランドに対する認識，さらにその際に供給主体が採用
すべきブランド・マネジメントの方向性を包括して図示した全体
像である。本節では，まずBIプロセスの基本体系について議論
した後，BIの各ステージの特徴とそれに準じたブランド・マネ

図3-3 ブランド・インキュベーション・プロセスの基本体系（全体図）

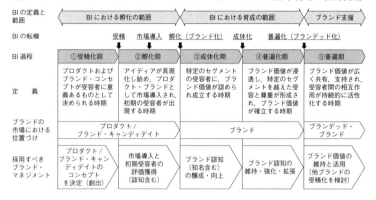

ジメントのあり方を簡単な事例を通じて説明する。

☺ 受精化期

　まず受精化期とは，想いを実現させるための「プロダクトおよびブランド・コンセプトのアイディアが受容者[3]（主に供給主体）にとって意義あるものとして決められる時期」と定義される。つまり受精化期とは，ブランド化される製品やサービスが開発される前に存在し，その後のブランド価値形成の基盤となる動機づけ（Motivation），能力（Ability），機会（Opportunity）が醸成される期間である。

　この受精化期では，製品やサービスを開発したい，あるいはブランドを育成・構築したいといった動機づけ（Motivation）が存在する。また求められる能力（Ability）としては，製品やサービスを開発するにあたり必要となる技術力・製品開発力や生産設備，アイディア創出などが挙げられる。開発の機会（Opportunity）には，プロダクトに関わる情報，アイディア着想やプロトタイプ品の試作，あるいは製造ラインに対する実験的な取り組みが供給主

体に提供されることや，その機会自体が偶発的に発生するといったことがあるだろう。

　たとえば日清食品の「チキンラーメン」は，戦後の闇市でラーメンを求めて長い行列をつくる人びとの姿から「もっと手軽にラーメンを食べられないものだろうか」（日清食品チキンラーメン　ウェブサイトより；http://www.chickenramen.jp/history/〔2020年8月26日最終アクセス〕）という創業者安藤百福がもった動機づけ（Motivation）を背景に，それまでに培ってきた栄養食品の開発などに関わる能力（Ability）を用いて開発された。そしてその開発が軌道に乗ったのは，妻が作った天ぷらが着想の機会（Opportunity）となったからである。このように動機，能力，そして機会が総合的に醸成された結果，彼は瞬間湯熱乾燥法という独自の技法を発明し，世界初のインスタント・ラーメンが誕生した。

　この受精化期を終えて，孵化期へと転化するのは，ブランドのアイディアが具現化し，市場導入に向けてプロダクトのプロットが明確になった時点からである。詳しくは第7章で議論するが，この期におけるブランド・インキュベーション戦略（以下BI戦略）としては，「プロダクトおよびブランド・キャンディデイトのコンセプト決定」が求められる。

⊕ 孵 化 期

　続く孵化期は，「アイディアが具現化し始め，プロダクト・ブランドとして市場導入され，初期の受容者が出現する時期」と定義される。つまり，生命誕生の契機と同様，受精化期で培われた動機づけ（Motivation），能力（Ability），機会（Opportunity）を基盤に，ブランド（価値）やそのコンセプトの具現化がなされ，製品開発が行われ，ブランドが孵化（誕生）する期間である。

ここで重要なのは，アイディアの具現化や市場導入だけでなく，受容者（主に消費主体）による認知，知覚，評価といった，市場における評判の形成時期も内包している点である。よって孵化期の終わりとは，市場においてプロダクト・ブランドとして，ある一定の層から識別・評価された状態となった，つまり「価値あるブランド」として受け入れられたときである。そのため孵化期におけるBI戦略では，「プロダクト・ブランドの具現化と初期受容者の評価獲得」が求められる。もちろんここでいう評価には，知名度の獲得も含まれている。

　具体的なBI戦略として，メディアでの露出や流通経路の形成が実施されることが多い。たとえば，福光屋の基幹ブランドである「福正宗」は，主に北陸地域の受容者の評価獲得をめざし，小売店頭用のポスターの作成や地元ラジオのスポンサーになるなど，プロモーションを中核とするマーケティングを実施した。そのなかでも「福正宗」をブランドへと成長させた取り組みは，横山隆一が描く当時の人気漫画のキャラクター「フクちゃん」を，ブランドを表象するアド・キャラクターとして採用しマス広告を実施したことである。その当時の福光屋の課題は，徐々に金沢を越え北陸地域にもそのハウス・ブランドである「福正宗」が支持を得られるようになった一方で，灘の銘酒「菊正宗」と混同して認識する消費者も多数存在したことであった。しかし，「フクちゃん」の採用により，北陸地域で確固たる認知度および評価を獲得することができるようになった。

　BIにおいては，第1節でも議論したが，受精化期から孵化期までの期間を，「（BIにおける）孵化」に相当する期間であると位置づける。つまり，BIにおける孵化とは，「ブランドの源泉が創発されてから，市場において価値あるブランドとなる」までのプ

ロセスを指す。そしてそれに続く，「(BI における) 育成」に相当するのが，成体化期と普遍化期である。

✪ 成体化期

　成体化期は「特定のセグメントの受容者に，ブランド価値が認められ成立する時期」と定義される。つまり，市場導入したブランドが，ターゲット顧客や一定の顧客に受容ないし認められることで，ブランドとして成立する時期である。別の言い方をすれば，ブランドが供給主体から独り立ちし，ブランド単体として市場において主体性をもつようになる時期といえよう。

　たとえば製菓メーカーである不二家のキャンディ「ミルキー」のように，不二家という企業ブランドを越え，「ミルキー」単体で市場に受容され，つまり市場においてブランドが主体として成立する時期が成体化期といえる。

　先の孵化期においても，プロダクト・ブランドは市場において受容され評価されるが，その違いは受容者の広域化という点である。加えて，ブランドがコーポレート・ブランドの加護から自立し，単体で「価値あるブランド」として市場に成立する点が挙げられる。

　現在，郵政の配達員等が利用するなど，至る所で目にする本田技研工業のバイク，スーパーカブ（本田技研工業スーパーカブ　ウェブサイト；https://www.honda.co.jp/supercub-anniv/story/index.html〔2020 年 8 月 27 日最終アクセス〕）は，1958 年に販売が開始され，新聞広告を基盤としたメディア露出を実施することで，販売から 5 カ月で 2 万 4000 台，翌 1959 年には日本の年間オートバイ総販売台数が 30 万台程度の時代において 16 万 7000 台を売り上げる大ヒット・プロダクトとなり，当時のバイク好きにとっての

ブランドへと孵化した。その後，スーパーカブ発売 3 年目の1960 年に，創業者の一人である藤沢武夫は，オートバイに縁がなかった消費主体にもスーパーカブを認知してもらうため，ブランドを介したストーリーを掲載した記事広告を，週刊誌と女性誌で企画する。この記事広告には，蕎麦屋の配達員の若者が，実家の母親へ報告の手紙と写真を送り母親がそれを見ている設定の『ソバも元気だ　おっかさん』篇と呼ばれるものがある。このようなマーケティングが実施されたのは，単なるプロダクトではなく，市場においてスーパーカブがどのような存在でありたいのか，つまりブランド・アイデンティティの成立をめざしたからである。週刊誌を中心に掲載されたスーパーカブの広告は，記事広告が好況であったことから市場において多くの受容者を獲得し，その後，女性誌の掲載が実現されることとなった。この当時，女性誌にオートバイの広告が掲載されることは前代未聞であった。

　もともとバイク好きという限られた受容者によって支持されていたスーパーカブであったが，ターゲット外の消費主体である女性誌購読者へのプロモーションを実施した結果，既存の限定的な受容者（バイク愛好家）だけでなく，広く一般の消費主体に，当該ブランドが保有する価値，ブランド・パーソナリティを広く伝播させることとなった。その意味でスーパーカブは，週刊誌での広告を介し，限定的な受容者から，さらに広く，特定のセグメントに受容される存在へとなった。

普遍化期

　成体化を実現したブランドは，ゴールとなる次の普遍化をめざす。BI における普遍化期とは「ブランド価値が浸透し，特定のセグメントを越えた受容と尊重が形成され，ブランド価値が確立

する時期」と定義される。つまり，ブランドの成立を終え，市場におけるそのポジションやシェアを確固たるものとし，まさに定番となるようなブランドへと，その存在の確立をめざすのがこの期の目的となる。

　繰り返しになるが，この期の終着点は市場におけるブランドの普遍化である。そのためこの期の BI 戦略としては，「ブランド認知の維持・強化・拡張」が求められる。

　具体的な BI 戦略としては，プロダクトのラインナップの拡張というブランド拡張であったり，ブランド・コンセプトを再考するリブランディングであったりする。たとえばカルビーの「フルグラ」は，2011 年に「フルーツグラノーラ」から，市場において受容者に用いられていた呼称「フルグラ」へと，ブランド・ネームを変更した。

⑥ 普 遍 期

　この普遍化を達成したブランドは，BI プロセスの終着点である普遍期へと歩みを進める。普遍期は「ブランド価値が広く共有，支持され，受容者間の相互作用が持続的に活性化する時期」である。成体化し，さらに普遍化することで，ブランドは市場一般に広く受容され，また供給主体や消費主体に限らず，ブランド・インキュベーション・サードパーティ（Brand Incubation Third-Party；BITP）からも彼ら自身のブランドであると知覚・評価される，つまりブランデッド・ブランドへと成長する。先述したようにブランデッド・ブランドとは「特定の市場を越え，広く一般的に，価値が認められたプロダクト（製品）」を意味する。言い換えれば，定番化したブランドであり，製品カテゴリの代表となるブランドを指す。BI とは，このブランデッド・ブランドを最終の目

的地としてブランドを孵化・育成することを指す。

　この普遍期を迎えたブランドは，その後，次なる子孫を残すがごとく，新たなブランドの BI を導く母体となり，そのブランドの受精化を育成・支援する役割を担う。よってこの期の BI 戦略には，「ブランド価値の維持，またそれを活用し他ブランドの受精化を検討する」ことが求められる。

　詳しくは第 6 章で紹介するが，福光屋の「加賀鳶」の受精化に寄与したのは，先代当主が英文学者・作家である吉田健一からの一言をきっかけとして製作することになった「黒帯」というブランデッド・ブランドの存在であった。同様に「ゆめぴりか」の事例においても，「ゆめぴりか」誕生前から存在する，「ふっくりんこ」をはじめとする前身となる北海道ブランド米の存在が大きい。このように，新たなブランド誕生の循環を導くことも BI の目的でもある。

3　ブランド・インキュベーション・プロセス　　におけるインキュベータの役割

　前節ではブランド・インキュベーション（以下 BI）の発展プロセスについて説明した。本節では BI の各段階（①受精化期，②孵化期，③成体化期，④普遍化期，⑤普遍期）において，どのような主体間での相互作用が存在するのかを明示する。さらに，その際，供給主体の BI としてどのような取り組みが実施されているのか，ブランド価値への影響に着目し議論する（図 3-4）。

☿ 受精化期の主体間の関係性とブランド価値

　まず「プロダクトおよびブランド・コンセプトのアイディアが受容者にとって意義あるものとして決められる時期」である①受

図 3-4　ブランド・インキュベーション・プロセスとインキュベータ間の関係性（一覧）

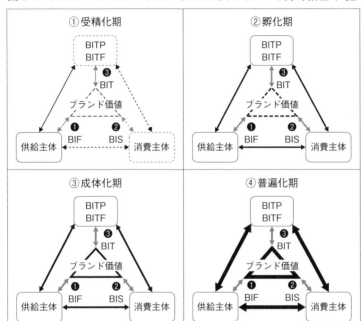

注：受精化期における潜在的な関係性や市場導入前の未発市場におけるブランド価値に関しては，破線で表記している。また主体間およびブランドと各主体間の線は，受精化期から普遍化期にかけてその関係が強まるに従って，より太く描かれている。同様に普遍化期になるにつれ，ブランドの枠線も徐々に太く描いた。この線の太さはブランド価値の質の高さ（市場における強さ）を示している。

精化期では，❶ブランド・インキュベーション・ファーストフォース（Brand Incubation First-Force；以下 BIF）である供給主体による作用が重要となる。一方，消費主体にとっては，ブランド価値が顕在化する前であるため，供給主体によるターゲットとして想定されるものの，事前に告知や共同開発といった事案がない場合は基本的にブランドとの直接的な接点は存在しない。つまり❷ブランド・インキュベーション・セカンドフォース（Brand Incu-

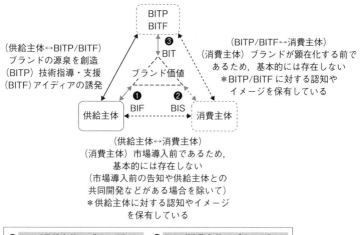

図3-5 受精化期の主体間の関係性とブランド価値

（供給主体↔BITP/BITF）
ブランドの源泉を創造
（BITP）技術指導・支援
（BITF）アイディアの誘発

（BITP/BITF↔消費主体）
（消費主体）ブランドが顕在化する前で
あるため，基本的には存在しない
＊BITP/BITF に対する認知や
イメージを保有している

（供給主体↔消費主体）
（消費主体）市場導入前であるため，
基本的には存在しない
（市場導入前の告知や供給主体との
共同開発などがある場合を除いて）
＊供給主体に対する認知やイメージ
を保有している

❶ BIF（供給主体→ブランド）
プロダクトおよびブランド・キャンディデイトの企画開発

❷ BIS（消費主体→ブランド）
市場導入前であるため，基本的には存在しない

❸ BIT（BITP/ BITF→ブランド）
プロダクトおよびブランド・キャンディデイト企画開発の動機づけ，能力，機会の醸成

bation Second-Force；以下 BIS）は基本的には存在しないといえる。

　一方，この期における❸ブランド・インキュベーション・サードフォース（Brand Incubation Third-Force；以下 BIT）は，直接的あるいは間接的に供給主体のブランド開発に向けた動機づけ（Motivation），能力（Ability），機会（Opportunity）の醸成を指す。

　ブランドは，これら動機づけ（Motivation），能力（Ability），機会（Opportunity）のすべてあるいは一部が揃うことで，ブランドの骨格をさらに具体化するようになる。とくに受精化期では，供給主体とブランド・インキュベーション・サードパーティ（Brand Incubation Third-Party；以下 BITP）が有力な担い手となる。

たとえば，供給主体が製品開発を行うなかで，BITP から直接的・間接的に技術指導・支援や着想を得ながら製品開発を行うことや，場合によっては，供給主体が自社製品の製造を BITP に委託することで，ブランド価値を発展させることもある。あるいは市場において，好意的なイメージを保有しているような地名（たとえば乳製品に付与された「北海道」という地名）などのブランド・インキュベーション・シング＆フィールド（Brand Incubation Things & Fields; 以下 BITF）をプロダクトおよびブランド・キャンディデイトに活用することでブランド価値を向上させることもある。

　多くの場合，受精化期において供給主体のプロダクトおよびブランド開発の能力（Ability）を向上させる❸ BIT が有益な力となる。たとえば，第 6 章で取り上げる金子眼鏡の初の自社独自のプロダクト・ブランド「BLAZE」は，原宿の眼鏡専門セレクトショップであるオプティシャン ロイド（Opticien Loyd）という BITP がデザイン指導をすることで，市場での販売が可能となった。当時，眼鏡は現在のようなファッション・アイテムとしてではなく，視力矯正器具として流通しているのが一般的であった。それに対して社長である金子真也氏は，海外の眼鏡市場（BITF）を通じて，わが国においてもファッション性の高い眼鏡市場の可能性を感じた結果，「BLAZE」の開発に着手する。

　「BLAZE」を開発するためのデザイン部門や製造部門は金子眼鏡の社内に存在せず，デザイン企画は金子真也氏自身によるものであった。オプティシャン ロイドに当該ブランドの商品を持ち込んだ当時，それらは店頭販売できる水準を満たしていなかったが，その後関係を続けること 4 年間，オプティシャン ロイドによる商品の評価やアドバイスを通じて，そのデザインを向上させることとなった。

受精化期では、「BLAZE」のようなデザインに関わる❸BITのみならず、純粋に生産能力（Ability）向上に寄与するものの他に、プロダクトやブランド構想の動機づけ（Motivation）や機会（Opportunity）を醸成するBITPやBITFも存在する。その詳細は、第5章で議論する。

☿ 孵化期の主体間の関係性とブランド価値

①受精化期に続く、「アイディアが具現化し始め、プロダクト・ブランドとして市場導入され、初期の受容者が出現する時期」である②孵化期は、先述のように、ブランドのコンセプトがプロダクトおよびブランド・キャンディデイトへと実体化される時期をその始まりとする。この期では、供給主体の活動、つまり❶BIFとして、既存の流通チャネルへの取り扱い要請や、新たな流通チャネルの構築に加え、広告やプロモーション活動がなされ、直接的・間接的に消費主体に対する販売や価値を伝える活動が行われる。

一方、消費主体も、市場導入されたブランドの評価を通じて、そのブランド価値形成に関わり始めるようになる。とくに重要な❷BISとして、ブランドに対するロイヤルティ形成がある。このロイヤルティ形成には、認知や評価、あるいは当該ブランドの購買や支持といった消費主体の態度や行動のみならず、どのような製品として位置づけるべきかという、市場における製品カテゴリの規定も含まれている。ただし、この後に続く成体化期とは異なり、孵化期においてロイヤルティ形成をする消費主体とは、市場において限定された小規模なセグメントであることが多い。

一方、この孵化期において❸BITは、主に市場における評判形成とその強化を担うフォースとして機能する。具体的には、ある

図3-6　孵化期の主体間の関係性とブランド価値

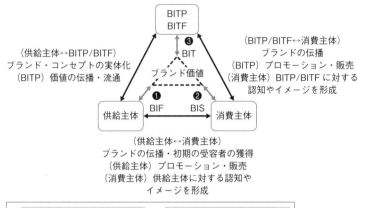

❶ BIF（供給主体→ブランド）
プロダクトおよびブランド・キャンディデイトの開発，販売，プロモーション

❷ BIS（消費主体→ブランド）
プロダクトおよびブランド・キャンディデイトの評価，購買，推奨

❸ BIT（BITP/ BITF→ブランド）
プロダクトおよびブランド・キャンディデイト実体化のための支援と，価値の伝播（評判形成）

　消費主体にとって信頼できる BITP（たとえば百貨店，外国人旅行者，カフェなど）による当該ブランドの取り扱いが使用イメージやユーザー・イメージを形成することや，そのような影響力のある BITP がまた別の BITP による取り扱いを誘発することなどが挙げられる。このとき BITP は，供給主体に代わりブランドの価値伝達や販売を担う，つまりブランドに関わる流通とコミュニケーションに参画することで，ブランドの評判形成に寄与する。多くの場合，当該ブランドを扱う流通業者や，プロモーションに用いられるメディア，あるいはブランドを推奨する有名人といった BITP が重要な役割を担う。
　たとえば有楽製菓のチョコレート菓子「ブラックサンダー」の

場合，体操の内村航平選手が，2008年に北京オリンピックで銀メダルを取った際，インタビューのなかで「ブラックサンダー」を好物であると述べたことが，市場における認知度を拡大させ，そして多くの消費主体が「ブラックサンダー」を口にした結果，その市場での評価は劇的に向上することとなった。

　もちろん，BITFも❸BITの担い手となる。供給主体が，先の受精化期におけるブランド構想時にプロダクトおよびブランドに組み込んだ属性（たとえば「ゆめぴりか」であれば北海道，「加賀鳶」であれば加賀や歌舞伎）をプロモーション時に強調することや，当該ブランドの商品を取り扱う店舗がもつイメージ，たとえば店舗が東京にあれば都会的といったようなBITFはブランド価値を高める。

⊕ 成体化期の主体間の関係性とブランド価値

　次に来る「特定のセグメントの受容者に，ブランド価値が認められ成立する時期」である③成体化期において，限定された受容者にとっての「価値あるブランド」からより広く，特定のセグメントにおいてその価値を成立させるため，供給主体はそのブランド・マネジメント体制を強固なものへ進化させようとする。ブランド・マネジメント自体はBIの初期の段階（孵化段階）でも実施されているが，成体化期に供給主体が取り組む❶BIFは，プロダクト・ブランドをいかに販売するかというブランド・マネジメントから，当該プロダクト・ブランドを中核に，市場で成立したブランド・イメージを活用し，ブランドの拡張を含めたブランド・マネジメントへとその舵を切るものである。

　また成体化期では，孵化期以上に消費主体のロイヤルティの強化や推奨行動といった，ブランド・エンゲージメント行動として

図3-7　成体化期の主体間の関係性とブランド価値

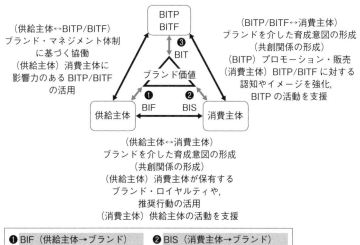

❶ BIF（供給主体→ブランド）
ブランド・マネジメント体制の強化・拡張

❷ BIS（消費主体→ブランド）
ブランドの評価，購買，推奨，使用イメージやユーザー・イメージの形成

❸ BIT（BITP/ BITF→ブランド）
ブランドの生産量拡大に関する支援，認知促進，販路拡大，評判形成・伝播，使用イメージやユーザー・イメージの形成・伝播

の❷ BIS を活用することが，BI を進めるうえで重要となる。なぜなら，孵化期から継続的にブランドを支持している顧客である消費主体による評価や推奨が，使用イメージやユーザー・イメージを市場に浸透させることで，ブランド価値が強化されるからである。

　また同時に，継続的な顧客ではないが，ブランドを育成するうえで影響力をもつその他の消費者（BITP）を取り込むことも重要なブランド・インキュベーション戦略（Brand Incubation Strategy；BI 戦略）となる。

たとえば「白い恋人」の成体化期では，北海道に旅行後にお土産として「白い恋人」を他者に渡す人の存在が，その使用イメージを市場において浸透させることによって，当該ブランドを北海道の代表的土産菓子という「価値あるブランド」へと成長させた。

　さらに，供給主体のステークホルダーをはじめ，供給主体と親和的な関係性をもつ BITP は供給主体のブランド・マネジメントに沿う形で，ブランドの価値強化や認知推進に寄与する。具体的な❸ BIT には，供給主体とのコラボレーション商品の開発・販売や生産量の増大に寄与するといった生産に関するものや，販路の拡大や高感度な消費者セグメントへの浸透といった流通に関わるもの，メディア露出と評判の形成といったコミュニケーションに関わるものがある。

　「金子眼鏡」の成体化期では，「ISSAY MIYAKE」とのコラボレーション商品企画を契機とし，そのコラボレーション商品をお互いの店舗で販売することや，協働でのプロモーションを実施することで，ブランド価値を強化しようとする BI 戦略が実施されている。

　一方，この期における BITF は，どちらかというと供給主体の管理下でマネジメントされる対象というよりも，トレンド消費や天候のような環境要因であり，供給主体の意図が基本的には介在しづらい存在であることが多い。よって，そのような BITF にうまく対応しその結果❸ BIT を活用できるように，供給主体は BI 戦略を行使する必要がある。

　たとえば鞄の製造販売を主な生業とする吉田カバンが販売している，ナイロン製のバックである「タンカー」はファッションとしてのストリート・カルチャー（BITF）が若者に浸透したことが

後押しとなって，当時の若者にとって「価値あるブランド」となった。また第 6 章で紹介する「ゆめぴりか」の成体化に寄与したBITF は，気候の良さであった。天候に恵まれたことで，品質基準を満たす米の収穫量が 1.4 万トンとなり，前年度の 2009 年と比べて 14 倍程度の収穫を達成することとなる。そして生産量が確保されたことで，当時「ゆめぴりか」の供給において課題であった新たな生産者の獲得が可能となった。

④ 普遍化期の主体間の関係性とブランド価値

　続く「ブランド価値が浸透し，特定のセグメントを越えた受容と尊重が形成され，ブランド価値が確立する時期」である④普遍化期では，ブランデッド・ブランドへの成長を促すため，ブランドを強化することで活性化をめざすことや，ブランドの認知を拡大するためのブランド拡張，またリブランディングを行使することでブランドの意味づけを変革することが，BI 戦略の一環として実施される。

　具体的な供給主体によるブランド強化，つまり❶ BIF には，ブランド・マネジメントの対象拡大，組織体制の再編などがある。たとえば，成体化期を経て市場において成立したブランド価値を維持するための品質管理ルールの再設定と順守や，ブランド名を模した経験価値を醸成させる場の提供などに関するマネジメントが挙げられる。

　他方，このブランド強化する❸ BIT は，成体化期と同様，価値強化や認知推進を担うものである。ただし，成体化期に比べ，普遍化期においては，供給主体と BITP・BITF が協創関係をより推進しようとする傾向が強くなる。

　一方，消費主体は，供給主体と BITP・BITF の動きを受け，ブ

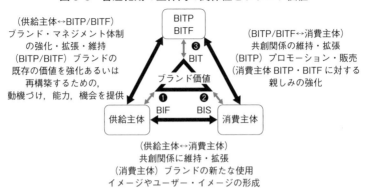

図3-8　普遍化期の主体間の関係性とブランド価値

（供給主体↔BITP/BITF）
ブランド・マネジメント体制
の強化・拡張・維持
（BITP/BITF）ブランドの
既存の価値を強化あるいは
再構築するための，
動機づけ，能力，機会を提供

（BITP/BITF↔消費主体）
共創関係の維持・拡張
（BITP）プロモーション・販売
（消費主体 BITP・BITF に対する
親しみの強化

BITP
BITF

❸
BIT
ブランド価値

❶　　❷
BIF　BIS

供給主体　　　消費主体

（供給主体↔消費主体）
共創関係に維持・拡張
（消費主体）ブランドの新たな使用
イメージやユーザー・イメージの形成
に関わる動機づけ，能力，機会の提供

❶ BIF（供給主体→ブランド）
ブランド・マネジメントの対象拡
大や再構築，それに伴う組織の再
編

❷ BIS（消費主体→ブランド）
ブランドの評価，購買，推奨
新たな使用イメージやユーザー・
イメージの形成，あるいは既存の
ブランド・イメージの維持

❸ BIT（BITP/ BITF→ブランド）
新規顧客獲得および市場規模の拡
大をもたらす，既存の価値内容や
価値伝達を強化・再構成に寄与す
る動機づけ，能力，機会を提供

ランドと自己との関係性をさらに強化し，その結果，市場にさら
にブランド価値を伝播させるという❷BIS を働かせる。

　またブランド拡張，つまり特定のセグメントからより多くのセ
グメントに受容されるようにする BI 戦略を実施することで，知
る人ぞ知るブランドから，より市場全般に浸透したブランドへの
転化が推進される。

　そのとき供給主体は，市場拡大をめざし，主にブランド・マネ
ジメントの強化とターゲットの拡張を実施する。ここで求められ
る❸BIT とは，新規顧客の獲得および市場規模の拡大に寄与する
フォースである。具体的には，ブランド価値が妥当であるかとい

う客観性の担保，メディァなどの広告媒体を介しての市場への価値伝播，新規顧客の誘導に関わるものである。

　さらにこの普遍化期においては，リブランディングや時代の変化を踏まえたブランドのリニューアルが実施されることもある。そこには，主要ターゲット顧客の変更だけでなく，中心的なブランド価値の変容を伴うものも存在する。

　たとえば，ネスレ社のチョコレート・ブランドである「キットカット」が，ブランド・コンセプトにあるように「休息時のチョコレート菓子」のみの商品であったものから，「受験生の合格祈願の定番商品」へと，受験生にとってより重要な役割を担うという，新たに高次の属性を付与されたことなどが該当する。

　その際❸BITは，供給主体がもちえない外部の視点から，価値内容および価値伝達のデザインに寄与するフォースとなり，さらなるブランド価値の成長を促す。もちろん消費主体もクチコミを伝播するなどBIの担い手となることもある。

　このように，それぞれの主体によるフォースが新たなブランド価値形成の基盤となり，供給主体の動機づけ（Motivation），能力（Ability），機会（Opportunity）の醸成および誘発を促進した結果，既存のブランド価値が刷新されることとなる。

　たとえば前述の「キットカット」の事例では，九州の方言の「きっと勝つとぉ（きっと勝つよ！）」（BITF）が「キットカット」と語呂が似ているという認識が，九州地方の受験生（BITP）の間で自然と広がり，受験に関わる意味を保有するブランドとして意味づけられたのが始まりであった。さらに2002年頃から九州全般の受験生の間にクチコミで広まり始めたことが機会（Opportunity）となり（詳しくは，ネスレ日本「キットカット」公式サイト），その後，コンビニ・チェーンがその傾向に注目したことで，供給主

体はコンビニと協働してキットカットを合格祈願の意味合いをもつブランドとして転化するように，BI 戦略を実施することとなった。具体的には，受験生がよく利用するホテルとのコラボレーションや，公共交通機関へのラッピング広告などの共同キャンペーン，日本郵政と共同企画した「キットメール」などの期間限定プロダクトの開発などが行われた（詳しくは，石井・廣田・坂田，2016）。

　このような受精化期から普遍化期までの BI プロセスを介し，最終的にプロダクト・ブランドは普遍化し，ブランデッド・ブランドへと成長する。ここでいう普遍化とは，孵化，成体化と同様に期間ではなく状態（時点）を意味する。ブランドはこの普遍化を経ることで，ブランド単体として，市場に確固たるブランド価値を確立し，次世代への継承を導く普遍期を迎える。

🕘 普遍期の主体間の関係性とブランド価値

　普遍期において，3 主体は，その確立させたブランドの世界観の共有をより進めようと試みる。この時点では，供給主体による当該ブランド自体の継承・伝承，そのブランドを核にしたブランド拡張や，その他のブランドを育成するために活用することなどが挙げられる。一方 BITP（あるいは BITF）や消費主体は，さらなるブランド価値が普遍化するよう試みたり，その価値が自己意識と結びつくことで，より強固な支援意向を形成したりする。

　以上のように，ブランド・インキュベーション・プロセスは，5 つの期間から成る，ブランドの孵化・育成プロセスである。ブランド価値を形成する場合には，マーケターはまず自社のブランドが BI プロセスのどの段階にあるのかを見極めることが求めら

れる。

　そしてそのうえで，基本体系の初期に位置するのであれば孵化
をめざすべきであるし，「価値あるブランド」として孵化してい
るが（一部の受容者には支持されているものの），まだターゲットと
する市場でその価値が成立してない場合は成体化をめざすことが
望まれる。その後は，より市場に広く確立された長期継続的ブラ
ンド，つまりブランデッド・ブランドへと昇華させるために普遍
化を目標として，ブランドを段階的にインキュベーションするこ
とが望まれる。

4　ブランド・インキュベーション・コミュニ
　　ケーション・モデルの重要性

　本章では，第 1 節でブランド・インキュベーション（以下 BI）
および BI プロセスの視点の重要性を，（Ⅰ）"経時的プロセス"，
（Ⅱ）"ブランド・インキュベーション・サードフォース（Brand
Incubation Third-Force；以下 BIT)" (Ⅲ) "育成意図"の 3 つの特
徴から議論した。第 2 節では，①受精化期，②孵化期，③成体化
期，④普遍化期，⑤普遍期から構成される，BI プロセスの基本
体系の詳細を，続く第 3 節では，BI の各段階におけるインキュ
ベータ間の相互作用とブランド価値への作用を言及した。加えて
同節では，供給主体としてブランド・インキュベーション戦略
（以下 BI 戦略）を実現するためには，自社のプロダクトおよびブ
ランド・キャンディデイト，あるいはブランドが BI プロセスの
どこに位置しているかを把握すること，さらに BI プロセスの段
階に応じた他のインキュベータのフォースを活用することが重要
であることを示唆した。

　BI における価値協創は第 1 節で示したように，主体間の相互

作用，そして各主体とブランドとの相互作用の2つの関係性から創発される。また第3節では，ブランド価値を中心に，BIプロセスごとの各主体による基本的なフォースの実態，つまり各インキュベータとブランドの相互作用に関して議論した。しかし消費主体や供給主体と消費主体，そしてブランド・インキュベーション・サードパーティ（以下BITP）およびブランド・インキュベーション・シング＆フィールド（以下BITF）のフォースを活用するため，それらのインキュベータに対して供給主体はどのようにアプローチすべきか，すなわち主体間の相互作用に関して，とくにコミュニケーションという視点では言及していなかった。

　そこで本節では，本章の総括として，BI戦略を実現するための視点として，インキュベータである主体間の相互作用を活用しブランドを形成するための，コミュニケーションに基点を置いた体系的モデルである，ブランド・インキュベーション・コミュニケーション・モデル（BICM）を提示する。

　詳しくは第5章で議論するが，われわれの調査では，ブランドの評価に対して，主体間の相互作用の良好さや円滑であることの重要性が確認されている。同様に，供給主体が自社と価値観を共有できる社外関係者（消費主体とBITPを含む）を有していることや，社外関係者が円滑な相互作用を可能にする体制（能力や風土・環境・雰囲気）を有していることが重要となる。

　これらの結果を考慮し，供給主体がBIを成功させ，プロダクトおよびブランド・キャンディデイトを価値あるブランドへと昇華させるためのBITPとの関係を検討すると，消費主体やBITPの「育成意図」を醸成・向上させるような，主体間の良好で円滑な相互作用的コミュニケーションが重要といえる。つまり，供給主体がBIを実施するうえで採用すべきBI戦略とは，ブランドを紐

図 3-9　育成意図を介したブランド・インキュベーション・コミュニケーション・モデル

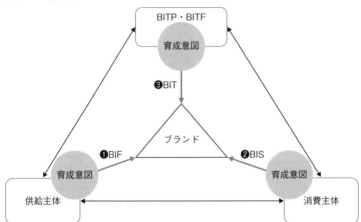

帯として主体間が同じ目的や価値観をもち，相互に円滑で密なコミュニケーションを実現することである。

　詳しいブランド・マネジメントに関しては第 7 章で議論するが，そのブランド・マネジメントの視点としてわれわれは，BICM という，ブランドを孵化・育成するための「ブランドと主体間の相互作用」と「各主体間の相互作用」という 2 つの関係に焦点を当てた概念モデルを提起する（図 3-9）。

　この BICM の詳細に関しては第 5 章で議論するが，本モデルは，供給主体と消費主体および BITP・BITF との相互作用だけでなく，ブランドと各主体との相互作用を組み込んだものとなっている。

　前節までの議論を踏まえると，BI の各期に自社のプロダクトおよびブランド・キャンディデイトがどのように位置づけられるかによって，関係すべきインキュベータが異なり，したがって必要となるブランド・インキュベーション・サードフォース（以下❸BIT）も異なる。

つまり，供給主体は，価値あるブランドへと BI を成功させる
ため，現在のブランドの BI プロセスでの位置づけを判断し，受
精化期ならプロダクトおよびブランド・キャンディデイトの実体
化，孵化期であればある特定の限定された受容者から支持を得る
ことなど，各 BI 期に対応する目標を見定めたうえ，必要とされ
る❸ BIT の担い手となる BITP・BITF と円滑な相互作用するよう
にコミュニケーションすることが求められている。

そしてここで重要なのは，信頼できるような良好な関係が築け
る BITP・BITF であるかどうかや，その関係から得られる効果と
しての❸ BIT がどのような機能であるのか，またそれは供給主体
のマネジメント内のことなのか，はたまた対応すべき外部環境要
因なのかを見定めることである。

そして，BITP・BITF による❸ BIT を獲得するためには，供給
主体・消費主体のみならず，BITP・BITF によるブランド・エン
ゲージメント行動を獲得する動機となる，育成意図を醸成する必
要がある。この育成意図は，ブランド自体の価値に準じても形成
されるほか（第 4 章参照），主体の特性や主体間の相互作用のあり
方によっても規定される（第 5 章参照）。よって，供給主体は BI
を実現するうえで，消費主体および BITP・BITF が育成意図を醸
成するようなコミュニケーションを形成することが求められる。

以上，本章では BI プロセスから BI および BI 戦略の重要性を
示唆した。これらの議論を踏まえ実務のマーケターに提言するの
ならば，BI に携わるうえで，①"経時的プロセス"としてブラ
ンディングを捉え，見過ごされやすい②"❸ BIT"に着目し，さ
らにそれらをうまく活用するために③"育成意図"を醸成・向上
するようなコミュニケーションを実施することが，重要であると

いえよう。

注 ——●

1　本書における「プロダクト」と「ブランド・キャンディデイト」の違いは，供
　給主体がその開発にあたり，初期の段階からブランドとしてインキュベート（孵
　化・育成）したいという意図を保有していたかどうかにより区別している。前者
　はいわゆる製品開発を目的としたもの，後者はプロダクト・ブランドを意図して
　企画開発されたものを指す。
2　Fournier（1998）がいう相互依存とは，プロダクト・ブランドのパフォーマン
　スに応じて，消費者がその使用頻度を高めることや，使用方法の拡張を行うとい
　う相互作用を指す。また使用頻度が高くなくても，そのプロダクト・ブランドを
　使用することが個人的な意味をもつような関係も，相互依存に含まれる。
3　本書において受容者とは，「プロダクトやブランドの価値を認めて受け入れた
　人びと」を指す（詳しくは第1章（22頁）。

参 考 文 献 ————————————————————————————————————●

石井淳蔵・廣田章光・坂田隆文編著（2016）『1からのマーケティング・デザイン』
　碩学舎
Fournier, S. (1998) "Consumers and their Brands : Developing Relationship
　Theory in Consumer Research," *Journal of Consumer Research*, Vol.24,
　March, pp.343-353.

第**4**章

新たなブランド価値構造と
ブランド・インキュベーション

▶ はじめに

　本章では，ブランド・インキュベーション戦略（BI 戦略）で構築するブランド価値について解説する。そもそもブランド価値とは何を指すのか（第 1 節），ブランド価値はどのような構造であるのか（第 2 節），ブランド価値はブランド・インキュベーション（BI）とどのような関係があるのかについて，われわれが行った調査の結果を踏まえて説明する（第 3 節）。そのうえで，新たなブランドを孵化・育成する際にどのようなブランド価値から構築すればよいのかを検討する（第 4 節）。

　本章のポイントは，新たに関係価値を含めてブランド価値構造を提案している点，ブランド価値構造と BI の互いに影響を与えあう関係を示している点である。本章は，ブランド価値に関する理論的かつ現象的な理解を深め，新たなブランドの BI 戦略を実行する際の視点を提供することが目標である。

1 ブランド価値とは何か

☺ 本書における定義

ブランド価値は，BI戦略を通じて協創されるものである。目的地がわからなければ進むべき道が決まらないように，どのような価値をもつブランドを育てればよいのかわからなければ，何をすれば良いのかは決まらないだろう。そこでやや遠回りのように思えるかもしれないが，われわれが考えるブランド価値とは何かについて説明しておこう。

ブランド価値は実務や学術でも頻繁に使われる言葉ではあるが，さまざまな捉え方がなされており，コンセンサスがないように思われる[1]。先に結論を述べると，本書ではブランド価値を「消費主体も含む受容者の価値観と結びついたブランドのポジティブな状態のイメージ」として捉えている。本書の定義におけるポイントは，①価値観と結びついていること，②ポジティブな状態のイメージであること，③消費主体を含む受容者が抱くものであること，の3つである。以下では，その理由を順に紹介しよう。

☺ 価値観との結びつき

①ブランド価値は「価値観と結びついていること」について説明しよう。そもそも価値（value）とは，財の「価値」を指す場合と，いわゆる消費者個人の「価値観」を指す場合とがある。前者は主に経済学を中心に古くから検討されてきた捉え方であり，後者は消費者行動論で中心的に検討されてきた捉え方である。財としての価値については労働価値説や効用価値説等が有名である

が，効用価値説の基本的な捉え方を踏まえると，価値とは「欲求を充足させる主観的な意義が存在すること」となる（深澤，2018）。

　一方，消費者行動論で検討されてきた価値観としての価値とは，「消費者が持つ基礎的なニーズ（欲求）と目標に関するイメージ（表象）であり，消費者の人生において重要な最終的状態」である（青木・新倉・佐々木・松下，2012）。効用経済学での捉え方とは異なり，消費者がありたい状態に焦点を当てた捉え方となっている。たとえば，「平和な世界」「自尊心の充足」などが当てはまる（Pollay, 1983）。消費者行動論では，消費者の価値観に関する調査がなされており，多様な価値が抽出されている。そしてこれらの価値に優先順位がつけられ，体系化されたものが価値観として消費者内に存在する。もちろん，個人により価値観としての価値は異なる。また，個人が置かれる立場によっても変わるだろう。個人的な例ではあるが，一個人としての筆者は「平穏」が人生で重要な状態ではあるが，大学教員としての筆者は「興味深いと思われる研究や授業ができていること」が人生で重要な状態となる。したがって，われわれのブランド価値の定義では，消費主体としてなのか，供給主体としてなのかなど，立場によって重要な最終的状態が異なる可能性があることを示唆している。

　これら効用経済学と消費者行動論の価値の捉え方を採用すると，価値とは「価値観と結びつくことで，主観的な意義があること」となる。また，価値観とは人生においてその人が達成したい最終的「状態」であることも再度付言しておこう。では，ブランドにおいて主観的な意義とは何がもたらすのであろうか。その答えはブランド論における議論から得ることができる。それが 2 つめのポイントである②ポジティブな状態のイメージである。

☯ ポジティブな状態のイメージ

　ブランド論では，ブランドが有する価値（ブランド価値）について さまざまな検討がなされてきた。有名なものとしては「ブランド・エクイティ」（Aaker, 1991）が挙げられる。ブランド・エクイティは「ブランドの名前やシンボルと結びついた資産（および負債）の集合」（ibid.）である。ブランド・エクイティはブランドが有する価値をマネジメントすることを目的として提唱されたため，供給主体や株主にとってそのブランドに意義があるか否かを焦点としたブランド価値であるといえるだろう。

　その後，「顧客ベースのブランド・エクイティ」（Keller, 1998）が提唱される。顧客ベースのブランド・エクイティとは，「あるブランドのマーケティング活動への消費者の反応に対して，ブランド知識が及ぼす差異的な効果」（ibid.）である。たとえば，世間の評判が良いと知っているブランドは店頭で見かけると買ってみようと思うかもしれないが，世間の評判が悪いことを知っているブランドは店頭で見かけても買おうとは思わないだろう。また，ここでいう世間の評判は客観により判断されるものと限らない。偶然，その消費者の身近な人が「良かった」「悪かった」と言っていたことが世間での評判として捉えられることもあるだろう。

　このように，顧客ベースのブランド・エクイティとは，消費者（消費主体）がもっているブランドに関する知識（ブランド知識）によって生じる効果を指しており，このブランド知識とは主観的でありイメージ（表象）である。イメージにはネガティブ，ニュートラル，ポジティブなものが存在するが，当然ポジティブなイメージがあると，そのブランドに対して消費主体は良い反応を示す。つまりポジティブなイメージこそがブランド価値の源泉であ

り，ブランドに主観的な意義をもたらすのである。また，ここでのイメージはポジティブな「状態」のイメージである。「状態」である理由は，われわれが考えるブランド価値は価値観と結びついており，価値観はその人が達成したい状態から構成されるためである。

✤ 受容者が抱くもの

そして，ブランド価値の捉え方に関する最後のポイントは，③消費主体を含む受容者が抱くものであるという点である。今までのブランド価値の議論は消費者を中心としたものであったが，本書では消費主体（消費者）に限定しない。なぜならば，ブランド・インキュベーションでは，供給主体，消費主体，ブランド・インキュベーション・サードパーティ（BITP：ブランドの孵化・育成に寄与する第三の人的要素）が一緒になってブランド価値を協創するためである。そこで，本書では，消費主体も含めてブランドに接するさまざまな人びとが抱くものとしてブランド価値を位置づける。なお，本書ではプロダクトやブランド価値を受け入れた人びとを受容者と呼んでいる。

本書におけるブランド価値には，受容者の立場によって共通する部分と異なる部分が存在する（第2章参照）。たとえば，消費主体にとってブランドが安いこと（経済性）は，節約志向という価値観と結びつければブランド価値となりうる。一方，供給主体にとってブランドの経済性は意義を感じない可能性がある。供給主体にとって，高い収益性が得られるブランドを孵化・育成することは1つの目標となるだろう。このように，供給主体と消費主体とでは立場が違い，達成したい目標とその重要度（つまり価値観）が異なるために，抱くブランド価値も異なる可能性がある。した

がって，消費主体だけではなく，それぞれの受容者が抱くものとして，ブランド価値として捉える必要があるだろう。

　以上より，本書におけるブランド価値とは「消費主体も含む受容者の価値観と結びついたブランドのポジティブな状態のイメージ」とする。続いて，ブランド価値が具体的にどのようなものから構成されるのかを検討してみよう。

2　新たなブランド価値構造──関係価値の提唱

☺ 今までのブランド価値構造

　ブランド価値の構造にはさまざまなものがある。国内において有名なものとしては，ブランド価値を基本価値，便宜価値，感覚価値，観念価値の4つで示したブランド価値構造が挙げられる（図4-1）。各ブランド価値については後ほど詳細を述べるが，ブランドとしての中心的価値は感覚価値と観念価値であると指摘されている（和田，2002）。なお，第1章で述べたとおり，基本価値と便宜価値はあわせて「機能的価値」とも呼ばれ，感覚価値と観念価値はあわせて「感性的価値」とも呼ばれている（青木，2011）。これら4つの価値は，ブランドとの意義ある経験（経験価値）を通して消費者の心のなかに創られる。

　ブランド価値はブランド・インキュベーション（以下 BI）において，目的となる中心的な概念である。そこでわれわれは，BIの実態を研究する過程で，ブランド価値構造の実態を把握する調査も行った。その結果，新たなブランド価値構造が導出された。次の項でみていこう。

図 4-1　ブランド価値構造

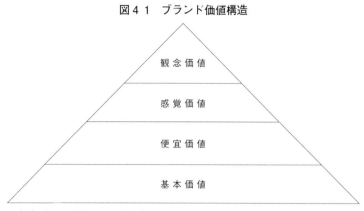

出所：和田・恩藏・三浦（2016）353 頁。

◉ 新たなブランド価値構造

　われわれが BI の調査を通じて提唱する新たなブランド価値構造は，図 4-2 のとおりである。今までのブランド価値構造との大きな違いは，「関係価値」が新たに加えられた点である。それぞれの価値について説明していこう。

　なお，新たなブランド価値構造は，ブランド・インキュベーション・ストーリーの分析を行った 5 つのブランドのブランド・イメージに関する調査結果に基づいている[2]。具体例を示しながら説明するために，調査から抽出された 5 つのブランドのイメージの一部も記載しておこう（表 4-1 参照）。5 つのブランドは，眼鏡ブランドの「金子眼鏡」，日本酒ブランドの「加賀鳶」，家具ブランドの「カリモク 60」（カリモクロクマル），土産菓子ブランドの「白い恋人」，米ブランドの「ゆめぴりか」である[3]（詳細は第 6 章を参照）。

　まず，「基本価値」とは，そのブランドがプロダクトとして成

図 4-2 新たなブランド価値構造

り立つための基本的な機能や品質である。具体的には，そのブランドがどのようなプロダクトであるのかを示すイメージ（ポジショニングやカテゴリー）が含まれる。なお，ここでのポジショニングは差別化ではなく，何のプロダクトであるのかという位置づけを意味している。たとえば，「金子眼鏡」は「眼鏡」というイメージ，加賀鳶は「酒」「酒造」というイメージなどが基本価値となる。今回は抽出できなかったが，これらのイメージには，そのプロダクトが一般的にもつ具体的な特徴や便益（属性）も含まれるだろう。たとえば眼鏡は「視力が補強できる」，日本酒であれば「飲むことができる」「酔える」などのイメージも基本価値となる。

　「便宜価値」とは機能的・実用的な目的を果たす能力である。具体的には機能性，優位性，経済性，使用や取得の容易性に関するイメージが含まれる。たとえば，「カリモク 60」であれば，「丈夫」「軽い」「使いやすい」などが便宜価値となる。基本価値と便宜価値の違いは，基本価値はプロダクトとして成り立つために最低限必要な価値であり，一方で便宜価値は他よりも優れているという優位性に関わる価値である。そのブランドが他と比べて

表 4-1　調査から抽出されたブランド価値（一部抜粋）

	ブランド名				
	金子眼鏡	加賀鳶	カリモク 60	白い恋人	ゆめぴりか
基本価値	眼　鏡	酒 酒　造	家　具 木 ソファ 椅　子	土　産 ホワイトチョコ 菓　子	米 ご　飯
便宜価値	高品質 種類が豊富 手頃な価格 長持ち 丈　夫	純　米 土産にも使える 良　水 手頃な価格 吟　醸	使いやすい 手頃な価格 合わせやすい 高品質 丈　夫	食べやすい 手頃な価格	冷めてもおいしい 手頃な価格 どこでも売っている 高品質 安　全
感性価値	おしゃれ かっこいい 個性的 デザインの良さ シンプル	辛　口 おいしい おしゃれ 洗　練 渋　い	おしゃれ かっこいい シンプル デザインの良さ センス	おいしい 甘　い おしゃれ 食感が良い 可愛い	おいしい つやがある 甘みがある 可愛い 綺　麗
関係価値	若　者 大　人 安　心 信　頼 インテリ	地　元 有　名 若　者 年　配 定　番	定　番 人　気 普　遍 有　名	定　番 有　名 人　気 万人受け 銘　菓	人　気 有　名 安　心 定　番 評判が良い
観念価値	高　級 国　産 老　舗 鯖　江 職　人	金　沢 伝　統 老　舗 加　賀 粋	高　級 レトロ モダン 伝　統 自　然	北海道 雪 スキー 老　舗 ブランド	北海道 高　級 アイヌ 努　力 夢

注：回収したブランド・イメージに関する自由記述データを，テキスト・マイニング
のフリー・ソフト「KH Coder」を使い，ポジティブな単語とその出現回数を抽
出した。出現回数が少ない単語は省き，それぞれのイメージがどのように分かれ
るのかを共著者間で議論し分類した。

便利であるということに関係するイメージと解釈すれば，理解し
やすいだろう。いわゆる「コスパの良さ」も便宜価値に入る。

　「感性価値」はブランドが受容者個人にもたらす肯定的な感覚
と感情反応である。具体的には五感の心地よさやポジティブな感
情に関するイメージが含まれる。たとえば，「白い恋人」であれ

ば「おいしい」「甘い」「白い」「食感が良い」「可愛い」が抽出された。今までのブランド価値構造（図4-1）では感覚価値とあるが，感覚だけではなく感情反応もこれに含めるため，感性価値と名称を改めた。また。感性価値は受容者個人に生じる価値であり，おいしいと感じるものが人によって異なるように，基本価値や便宜価値と比べて，受容者の主観的・個人的な側面が強いブランド価値となる。

「関係価値」は，今回われわれがブランド価値構造に新たに取り入れた価値である。関係価値は，ブランドと受容者との良好な関係についてのイメージ（連想）である。自己とブランドとの関係に対する連想と，他者とブランドとの関係に対する連想がある。たとえば，「ゆめぴりか」であれば「人気」「有名」「安心」「定番」などが含まれる。「安心」は自己とブランドの関係に対する連想であり，「人気」や「有名」や「定番」は他者とブランドとの関係に対する連想である。ここでの他者とは，有名人のような特定の個人としての他者も，ユーザー・イメージのような社会における集団としての他者も含まれる。隣り合っている感性価値と比べて，受容者個人だけではなくブランドと他者との関係が要素として含まれているという点で，集団的・社会的な価値である。

「観念価値」はブランドがもつ意味性や象徴性である。具体的にはその世界観を構成・象徴する事物が含まれる。たとえば，「金子眼鏡」であれば，「高級」「国産」「老舗」「鯖江」などが含まれる。これらは「金子眼鏡」の意味性や世界観を表すイメージの構成要素（認知要素）であり，それぞれが連想として結びつくことにより「金子眼鏡」の世界観が構成される。

これらのブランド価値構造の要素である各ブランド価値には，上下関係が存在する。基本価値はすべての価値の土台となる価値

である。プロダクトとして最低限必要な基本機能や品質に欠陥が
あれば，いくら他の価値が優れていようとも，そのプロダクトや
ブランドを受容することはないだろう。基本価値があって初めて
上位の価値が受容されることになる。同様に，図 4-2 において上
位の価値はその下位の価値がなければ，受容されることが難しい。

　また，いわゆる「製品力」とは基本価値と便宜価値からなるプ
ロダクトとしての力を表す価値であり，製品力は客観的に良い悪
いが判断できる価値である（和田，2002）。たとえば，「金子眼鏡」
の「手頃な価格」という便宜価値は値段でわかり，性能が同じで
あれば誰にとっても値段が低いほうが良いと判断される。誰にと
っても良いと判断されるということは，多くの供給主体が注目す
る価値でもあるため，模倣されやすく競争が激しくなりがちな価
値でもある（第 1 章参照）。

　製品力という土台のうえに築かれる価値が，感性価値と関係価
値と観念価値である。観念価値は感性価値と関係価値の上位に位
置づけられる価値である。観念価値はブランドの意味的，かつ，
象徴的な価値であるため，感情反応（感性価値）と受容者間の共
有（関係価値）が必要となる。そのブランドに意味があり，その
意味内容が社会で好意的に共有されていなければ良い象徴とはな
らず，観念価値は成り立たない。感性価値，関係価値，観念価値
はブランドの中核的な価値であり，いわゆる「ブランド力」とは
この 3 つの価値を指すものである[4]。

　ただし，関係価値，観念価値は受容者間の主観的評価やその共
有により創られるものであるため，育成には時間を要する。育成
に時間を要する分，他社にとっては製品力と比べて模倣が難しい
ため，これらの価値を有するブランドはいったん育成すれば相対
的に同質的な競争に巻き込まれにくくなる（青木，2011）。加えて，

センスの良いファッションは日々変わるように，感性価値は時代とともにあるべき姿が異なるため絶え間ない創造的適応が必要である。そこで，供給主体は外部主体との価値協創が絶え間なく行われる体制を構築しておく必要がある（第1章参照）。

☾ 関係価値の必要性

新たなブランド価値構造は，関係価値が加えられた点に最も大きな特徴がある。この関係価値は，ブランド構築において，2つの理由で必要となるブランド価値である。1つめの理由は，受容者に他のブランド価値とは異なる視点（次元）で評価されており，独自性をもつからである。2つめの理由は，BIを促進するうえで中心的なブランド価値となるからである。2つめの理由は次節にて紹介することにし，ここでは1つめの独自性を説明しよう。

先ほど説明した通り，関係価値は，消費主体の調査から得たブランド・イメージに関する単語を，われわれの視点で議論し分類した結果，新たに価値構造に加えられた価値であった。しかし，受容者の視点からも他のブランド価値とは独立して評価されているようである。われわれは消費主体，供給主体，BITPに対してブランド価値の評価に関するアンケート調査[5]を実施し因子分析[6]を行った。BITPにはさまざまな人びとや組織が含まれるが，今回はBITPのなかでもとくに重要となるケースが多い，流通BITPとコミュニケーションBITPを対象に調査を行った。流通BITPは小売や卸など流通機能としてブランドに関わるBITPであり，コミュニケーションBITPは広告代理店などコミュニケーションを担う主体としてブランドに関わるBITPである（詳細は第5章参照）。

分析の結果，われわれが見出した5つのブランド価値は，受容者の間で多少の違いはあるものの，おおむね4つの視点（評価軸）

図4-3　受容者によるブランド価値の主要な評価軸（因子）

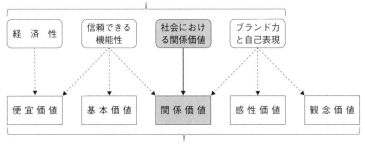

で評価されるようである（図4-3）。1つめの評価軸は，「経済性」である。この評価軸では便宜価値における価格の安さやコスト・パフォーマンスが評価される。2つめの評価軸は，「信頼できる機能性」である。この評価軸は，便宜価値の機能性と関係価値の自己との関係における信頼性が評価される。3つめの評価軸は「社会における関係価値」である。この評価軸では，関係価値のうち他者や社会とブランドとの関係に関する価値が評価される。4つめの評価軸は「ブランド力と自己表現」である。この評価軸では観念価値，感性価値が評価されており，また関係価値のブランドと自己との関係における自己表現性も評価されている[7]。

　そしてこの4つの評価軸について注目すべき点は，関係価値は他のブランド価値と一緒に評価されるだけではなく，独立した評価軸をもつという点である。「社会における関係価値」は関係価値のみが独立して評価される評価軸である。関係価値はわれわれがブランド・イメージに関する単語を分類することで抽出し，ブランド価値構造に加えたものではある。しかし，受容者の視点においても既存の他のブランド価値とは異なる視点で評価されるブランド価値であるため，やはりブランド価値構造に加えるべきブ

ランド価値であるといえるだろう。関係価値がなければ，4つの
ブランド価値の評価軸の1つを見落とすことになるからである。

　したがって，実際のブランド価値の構築では，5つの要素から
なるブランド価値構造を用いるべきである。また，受容者の4つ
の評価軸を参考にして BI を行うよりも，5つのブランド価値を
参考にして BI を行うべきである。なぜならば，平たくいえば，
今回抽出した評価軸は主要なもののみであり，今回用いた基準で
は抽出できなかった4つの評価軸以外の評価軸も存在するからで
ある。5つの要素のブランド価値構造を用いて育てるほうが，よ
り網羅的な孵化・育成が可能となる。

3　新たなブランド価値構造とブランド・
　　インキュベーションの相互作用

ブランド・インキュベーションに影響を与えるブランド

　ここまで主に，われわれはブランド・インキュベーション（以
下 BI）によってブランド価値が構築されると説明してきた。つま
りブランドは BI から影響を受ける存在として議論してきた。し
かし，ブランドは単に BI から影響を受けるだけの存在，つまり
育てられるだけの存在だろうか。実は，ブランドは影響を受ける
だけではなく，自らも BI に影響を与えることがある。いわばブ
ランドは，受容者によって育てられる存在であるとともに，受容
者を育成に駆り立てる存在でもある。この節では，受容者に対し
て行った調査結果に基づき，新たなブランド価値構造と BI の関
係について，とくにブランド価値構造による BI への影響に焦点
を当てて解説する。

　BI とブランド価値の実態を把握するために，まず，ブランド

図 4-4　フォーカス　グループ・インタビューの分析結果

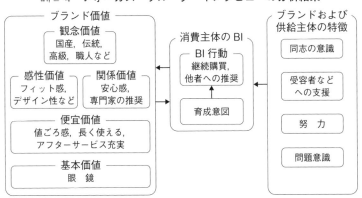

の消費主体にインタビュー調査を行った[8]。その分析から得られたモデルが図 4-4 である[9]。調査対象のブランドは，株式会社金子眼鏡の眼鏡ブランド「金子眼鏡」とした。「金子眼鏡」は近年成長している眼鏡ブランドであり，成体化したブランドであると判断できる。事例の詳細については第 6 章で述べることとし，ここでは消費主体におけるブランド価値構造と BI の関係について解説しよう。

ブランド価値と BI の関係

　では，図 4-4 をみていこう。図 4-4 は大きく分けて 3 つの要素（カテゴリー）から構成されている。左から順に「ブランド価値」「消費主体の BI」「ブランドおよび供給主体の特徴」であり，それぞれに付けられている矢印はすべて因果関係を表している。このモデルの最も注目すべき点は，左側の「ブランド価値」と「消費主体の BI」の関係であり，ブランド価値と BI は互いに影響しあうという点である。消費主体は BI によりブランド価値に作用

する。また一方で，ブランド価値が消費主体の BI を引き起こす要因となっている。具体的に説明してみよう。

　たとえば，調査では「日本人が日本の技術で製造しているということで頑張ってほしい」という発言があった。これを解釈すると，「国産」という観念価値が，「頑張ってほしい」という育成意図につながるようである。他には，「職人の手作りというコンセプトの眼鏡メーカーはないと思うので，そういうのは続いてほしい」という発言もあった。これも「職人」という観念価値が，ブランドが「続いてほしい」という育成意図に影響していると解釈できる。このようにブランド（価値）は孵化・育成されるものであり，またそのあり方によっては消費主体の孵化・育成を導くようである。したがって，プロダクトの開発者とマーケターはブランド価値の設計において，孵化・育成を促すようなブランド価値を提案し協創する必要がある。

　図 4-4 においてもう 1 つの注目すべき点は，右側にある「ブランドおよび供給主体の特徴」である。この「特徴」は，ブランド価値に加え，消費主体の BI を促進する要因となる。ここでは①「同志の意識」，②「受容者などへの支援」，③「努力」，④「問題意識」などが抽出された。それぞれを簡単に説明しておこう。

　①同志の意識とは，消費主体が供給主体と何らかの共通性をもち，仲間であると思うことである。「金子眼鏡」であれば，たとえば国産という点に対して，「同じ日本人であるため頑張ってほしい」と思うことである。故郷や信念や目的が同じである他者を応援したいと思うことは，容易に理解できるだろう。

　②受容者などへの支援とは，消費主体が支援したいと思うような受容者や人・モノ・コト・場がブランドと関連していることである。「金子眼鏡」を応援して育てたい理由として，「伝統技術の

継承に貢献していると思いたいから」などの発言がみられた。消費主体が支援したいと思う関係者や受容者を巻き込むことが，消費主体の BI では重要なようである。

　③努力は，供給主体やブランド・インキュベーション・サードパーティ（BITP）がブランドにかけた労力が大きいことである。具体例として，「職人が頑張って作っているイメージがあるので，もっと大きくなってほしい」といった発言が調査ではみられた。頑張っている人を応援したくなる気持ちは，わかりやすいだろう。

　④問題意識は，社会全体に対する問題意識とブランドが一致していることである。具体例としては，「日本に元気がないため日本のブランドに頑張ってほしい」といった発言が調査ではみられた。消費主体が抱く問題意識とブランドが関連すると，育成意図は高まるようである。

　これらの要因が育成意図を高め，高められた育成意図がインキュベーション行動を促すようである。この調査では，インキュベーション行動には「継続購買」や「他者への推奨」が挙げられた。

　このように，BI とブランド価値は互いに影響しあうようである。BI がブランドとその価値を育てる一方で，ブランド価値のあり方もまた BI に影響を与える。加えて，ブランド価値以外のブランドや供給主体の特徴も，育成意図に影響を与えるようである。

　では，具体的にどのようなブランド価値が育成意図に影響を与えるのであろうか。また，このモデルはヒアリングから導き出されたものであり，少数の消費者から得られたデータからつくられたものであるが，多くの事象に当てはまるものであろうか。そこで，別の定量調査から得られた判明事項を紹介しよう。

✥ ブランド価値による育成意図への影響

　われわれは消費主体，供給主体，BITP に対してウェブによる
質問票調査を行った[10]。本書では4種類の BITP を挙げているが，
今回はブランドの流通に関わる「流通 BITP」と，ブランドのコ
ミュニケーションに関わる「コミュニケーション BITP」を調査
対象とした[11]。分析過程や結果については割愛するが，それぞれ
の主体が思い浮かべたブランドに対する育成意図が，どのような
ブランド価値から影響を受けているのかを分析した[12,13]。判明事

表 4-2　育成意図に影響を与える要因

	消費主体	供給主体	流通 BITP	コミュニケーション BITP
観念価値	○	○	○	○
感性価値	○	○	○	○
関係価値 (自己表現)	○	○	○	○
関係価値 (社会における関係)				
関係価値 (信頼できる関係)		○	○	○
便宜価値 (機能性)		○	○	○
便宜価値 (容易性)	○	○		
便宜価値 (経済性)	○	×		

ブランド価値以外の要因

ブランドとの絆	○
供給主体の同志感，優秀さ，社会性	○
供給主体の頼もしさ	×

○：正の影響，×：負の影響，空欄：影響なし

項を要約して示すと，表 4-2 のとおりとなる。育成意図に影響を与えるブランド価値は，主体により異なる。なお，消費主体に限り，ヒアリングで得られた結果から，ブランドにおけるブランド価値以外の特徴や供給主体の特徴による影響も検証している。

また，分析の都合上，関係価値を自己表現に関するもの，信頼できる関係に関するもの，社会における関係に関するものの 3 つに分けている。前二者は自己とブランドとの関係に対するイメージであり，最後の一者は他者とブランドとの関係に対するイメージである。社会における関係について補足しておくと，世間での評判が良いこと，有名人が使っていること，定番となっていることなどが含まれている。さらに便宜価値は，機能性，容易性，経済性の 3 つに分けている。ここでの容易性とは入手や使用が簡単にできることを指している。

すべての主体の育成意図を高めるのは，観念価値，感性価値，関係価値（自己表現）である。これらの価値は消費主体，供給主体，流通 BITP，コミュニケーション BITP の育成意図に正の影響を与えている。いわゆる「ブランド力」に該当するブランド価値があると受容者が評価すると，育成意図は高まるようである。やはり，良い世界観や心地よい感覚をもたらし，自己表現的な関係を見出すことができるブランドは，育てたい・応援したいと思うようである。各受容者に育成意図をもってもらい，BI への参画を促すためには，上記の価値を訴求すると良いだろう。

なお，ここでのブランド価値は，消費主体だけのイメージではなく，あくまで各主体が自身で評価し抱いているイメージであることも付言しておこう。つまり，供給主体のブランド価値は，消費主体が抱く自社のブランド・イメージを指しているのではなく，供給主体自身が自社のブランドに対して抱いているイメージとな

る。流通 BITP，コミュニケーション BITP についても同様である。

　また，便宜価値における機能性と容易性，関係価値における信頼性も，一部の主体の育成意図を高めている。やはりブランドを創り社会に広めるときには，これらの価値は当然必要となるだろう。一方，便宜価値における機能性と関係価値における信頼性は，消費主体の育成意図には影響を与えていない。消費主体にとって機能性と信頼性があるブランドは応援・支援の余地がないと認識されるなど，その理由はさまざまなものが考えられる。また，便宜価値の容易性は消費主体と供給主体の育成意図には影響を与えているが，流通 BITP とコミュニケーション BITP には影響を与えていない。流通 BITP やコミュニケーション BITP に対しては，まだ広まっていない商品や情報を広めることも 1 つの目的となりうる。すでにどこでも入手できる（広まっている）という容易性が高いブランドは，その目的を果たす必要がないため，容易性の育成意図への影響がみられないという解釈が可能であろう。以上より，主体横断的に育成意図を高めるためには，前述のブランド力に関係する価値を訴求するほうが良いようである。

　便宜価値の経済性は，消費主体の育成意図を高める。しかし，供給主体の育成意図を低下させている。実務上は頻繁に訴求されるブランド価値ではあるが，供給主体内の育成意図への負の影響を加味しながら，訴求を検討する必要があるだろう。

　また，消費主体の育成意図についてはブランド価値以外の要因も検証している。一部を紹介しておこう。消費主体はブランドと自分の関連性があったり，不可欠なものであったり，身近なものであると感じたり，つまり「ブランドとの絆」を感じると育成意図が高まるようである。また，消費主体は供給主体と理想や現実が似ていると感じたり，取り組みに共感したり，供給主体に専門

性があり社会貢献していると評価すると，ブランドの育成意図が高まるようである。これらは「供給主体の同志感，優秀性，社会性」である。ただし，消費主体は供給主体のゆるぎない信頼性があり順風満帆であると感じる，つまり「供給主体の頼もしさ」を感じると，育成意図は下がるようである。確かに，育てたい・応援したいと思うのは，自分が応援することでブランドの成長に貢献できるという意識があるからであり，供給主体による育成が順調であったり，すでに完了していたりすると，育成意図は生まれないのかもしれない。

　どの主体の育成意図にも影響がみられなかったのは，社会における関係についての関係価値である。そのため社会における関係価値は BI において必要ないと思われるかもしれない。しかし，別の分析結果をみると，社会における関係価値もやはり BI を行ううえで中心的な価値となりうることが判明している。

⊕ 供給主体からみたブランド価値の影響

　表 4-3 は，供給主体が業務として現在携わっているブランド（もしくは直近まで携わっていたブランド）が社内外の主体とどれほど一緒に育てられているのかを，調査し分析した結果の要約である[14]。供給主体が，社内の関係者（供給主体内），社外の関係者（BITP），消費主体とともにブランド構築に取り組む度合いに対して，どのようなブランド価値が影響を与えているのかを示している。

　図 4-2 にある育成意図への影響とは異なり，社会における関係価値も，３つの主体との協創（BI）において正の影響を与えている。ブランド構築では供給主体が中心となり日々の活動を行っているため，当調査の回答者は BI の実態をよく知っていると考え

表 4-3　供給主体からみた BI に影響を与えるブランド価値

	社内のみなで育成	社外も含めて育成	顧客とともに育成
観念価値	○	○	○
感性価値	○	○	○
関係価値 （自己表現）	○	○	○
関係価値 （社会における関係）	○	○	○
関係価値 （信頼できる関係）	○	○	○
便宜価値 （機能性）	○	○	○
便宜価値 （容易性）	○	○	○
便宜価値 （経済性）			×

○：正の影響，×：負の影響，空欄：影響なし

られる。よって，社会における関係価値もやはり 3 つの主体を巻き込み，BI を促進する要因となると捉えるべきだろう。一方で，便宜価値（経済性）については，顧客とともに育成する程度に負の影響を与えるという結果が出ているため，これのみを追求することには注意が必要である。おそらく，経済性を追求することだけでは顧客との社会的関係性（第 2 章参照）を築くことが難しく，結果として協創を顧客に促すことが難しいのであろう。

4　ブランド価値とブランド・インキュベーションの循環をめざして

☺ 本章のポイント

以上，本章では新たなブランド価値構造とブランド・インキュ

ベーション（BI）について解説してきた。最後に，本章のポイントをまとめておこう。

　まず，第1節にてブランド価値とは何かを検討した。価値に関する議論を俯瞰しつつ，本書では「消費主体も含む受容者の価値観と結びついたブランドのポジティブな状態のイメージ」と定義することにした。

　そして第2節にて，既存ブランドのイメージ調査から，ブランド価値構造が基本価値，便宜価値，感性価値，観念価値，そして関係価値の5つの要素から構成されることを示した。新たに関係価値を含めた点でブランド価値構造を刷新した。

　第3節では，新たなブランド価値構造とBIの実態に関する調査結果から，ブランド価値とBIは互いに影響を与えあう関係であることを示した。また，とくに供給主体，消費主体，BITPが一体となりBIを推進するうえで，それぞれの主体がブランドに抱く観念価値，感性価値，関係価値，便宜価値における機能性と容易性が重要であることを説明した。一方で，便宜価値の経済性は消費主体のBIへの参加は促進するが，供給主体のBIへの参画は阻害するため，過度な追求は注意が必要である可能性がある。

⊛ BIに資するブランド価値と関係価値の重要性

　以上の判明事項を新たなブランド価値構造（図4-2）に加筆すると，図4-5のとおりとなる。ブランド価値は基本価値，便宜価値，感性価値，観念価値，関係価値の5つから構成されるが，BIへの影響を考慮すると，便宜価値は機能性と経済性・容易性に分けて検討することも必要であるだろう。機能性・容易性は，観念価値，感性価値，関係価値と同じく，供給主体，消費主体，BITPのBIへの参加を促す。一方で，経済性は消費主体のBIへの参加

図4-5　ブランド価値構造において BI を促す価値

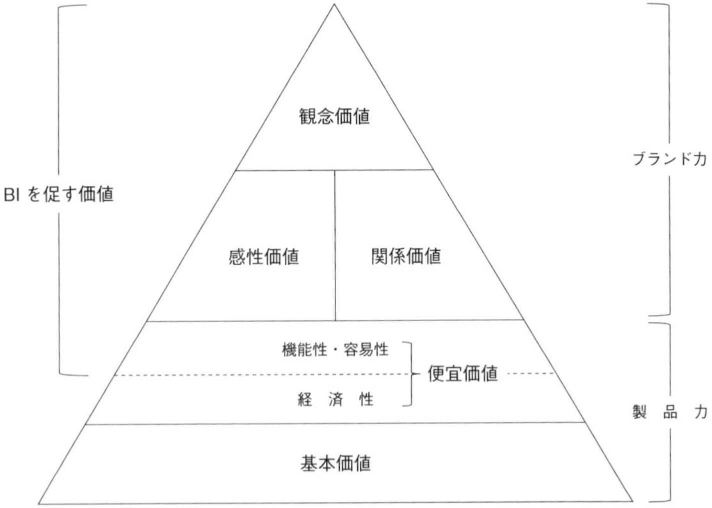

を促すが，供給主体内の BI への参加意欲（育成意図）を低下させる。そのため，BI を成し遂げるためには，観念価値から便宜価値の機能性・容易性までのブランド価値を各主体に訴求することが大切であるだろう。

　また，本書では新たに関係価値をブランド価値構造に含めることを提案している。とりわけ BI を実行するうえで，関係価値はとくに重要なブランド価値である。理由は2つあり，1つめは上述のとおり3主体の BI を促進する効果があるからである。そしてもう1つの理由は，関係価値自体が BI 戦略の進捗を把握できる指標となりうるからである。BI では，供給主体は消費主体や BITP といった外部主体と良好な関係を築き，絶え間ない価値協創を行うことがカギとなる（第1章）。一方で，関係価値とはブランドと受容者との良好な関係についての連想であり，この受容

者とはブランド価値を受け入れた人びとであるため，供給主体に加え外部主体である消費主体と BITP も含まれる。したがって，関係価値は外部主体との良好な関係を反映する指標とも，BI 戦略の進捗の指標ともなりうる重要なブランド価値といえるだろう。

ブランド価値と BI の循環

　ブランド価値と BI が互いに影響を与えあう関係を，改めて図式化すると図 4-6 のような循環構造になる。BI によりブランド価値が協創される。また一方で協創により実現したブランド価値構造は育成意図への影響を通じて BI を促進する。さらに，この BI はブランド価値を強化・最適化する。つまり，BI とブランド価値は互いに高めあう循環的な構造をもつ可能性がある。このような循環的な価値協創を構築・維持することが BI 戦略のカギとなる。いったん循環が生じ，観念価値などの育成意図に影響を与えるブランド価値ができあがれば，ブランドはある程度自ずと育つと考えられる。

　このような循環的な価値協創を導くためには，2 つの視点が必要である。1 つめの視点は循環の起点（スターター）をつくること

図 4-6　ブランド価値と BI の循環

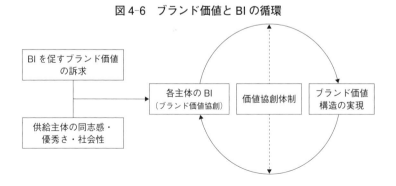

である。とくに，この視点は新たなブランドを孵化・育成しよう
とする場合には重要な視点である。2つめの視点は，循環的な価
値協創を維持する価値協創体制をつくることである。まずスター
ターから説明しよう。

　スターターにはさまざまなものが考えられるが，調査結果から
は①BIを促すブランド価値を構想しこれを各主体に伝達するこ
と，②供給主体の同志感・優秀さ・社会性を各主体に抱かせるこ
と，が考えられる。

　前者についてはBIを促すブランド価値は観念価値，感性価値，
便宜価値の機能性と容易性である。新たなブランドを共創しよう
とする場合，まだ実現されたブランド価値がないため，BIに影
響を与えるブランド価値の構想を，共創したい相手となる主体に
伝えなければならない。

　ただし，伝達するブランド価値により主体に評価されるか否か
の難易度が異なる。そもそも，一般的にブランド価値構造は上位
にあるブランド価値ほど構想や実現が相対的に難しい[15]。とくに
観念価値や感性価値は何をすれば構築できるのかという因果関係
が複雑であり，また，人によりファッションの好みが異なるよう
に，その評価は相手の主観的判断により大きく影響を受ける。加
えて，関係価値は一時的ではなく，ある程度の期間において受容
者との良好な関係の維持が必要となる。したがって新たにブラン
ドを孵化・育成する場合，これらのブランド価値を訴求し評価を
得ることは相対的に難しい場合がある。

　一方，機能性や使用における容易性は，どの部品をつければ機
能が上がるかなど，因果関係が明白であり客観的な価値であるた
め，新たなプロダクトやブランドでも相対的に訴求しやすい価値
である。もちろん自社が保有している技術により大きく影響を受

けるため，それを考慮しながら実現可能性を考え訴求しなければならない。しかし，仮に優れた機能性や容易性が実現可能であるのならば，観念価値や感性価値や関係価値よりもまずはこれらを訴求することで，評価と育成意図は得られやすくなるだろう。

　スターターの2つめは，②供給主体の同志感・優秀さ・社会性を各主体に抱かせることである。これらは，供給主体の特徴やこれまでの活動が活かされるため，新たなブランドの価値協創におけるスターターとなりやすいだろう。なお，供給主体の同志感（共通性）・優秀さ・社会性については BITP の育成意図を高めることにも有効である可能性が，調査により明らかとなっている（第5章参照）。以上が1つめの視点である，スターターをつくることである[16]。

　循環的な価値協創を導く2つめの視点は，価値協創体制を構築することである。この視点は，新たなブランドでも既存のブランドでも重要である。ブランド価値構造はひとまず完成すれば育成意図は高まるが，価値協創の実行とその循環構造の維持には供給主体の体制づくりが必要である。たとえ各受容者に育成意図があっても，実行する機会がなければ協創を行うことは難しい。また，機会があったとしても，それがブランドにとって好ましく実行され継続されるように，供給主体は協創を管理しなければならない。このように，供給主体は価値協創の機会を創出し，その実行を管理する，継続的な価値協創体制を構築する必要がある。協創機会の創出のために，供給主体には社内外の受容者への継続的な働きかけや取り込みが必要となるだろう。また，価値協創の実行では，そのブランドにおいて理想とするブランド価値のあり方を各主体とともに考え，これに従い BI を実行することも必要となるだろう。さらに，価値協創自体の方針を明示的・暗示的に早期から各

主体と共有し，協創を管理・統制することも有効であると考えられる。

　以上，本章では BI とブランド価値の互いに影響を与えあう関係に言及し，とくにブランド価値による BI への影響を中心に検証してきた。もう一方の作用である BI からブランド価値への影響や，供給主体の実際の取り組みについては，以降の章で解説する。

注 ──────────────────────────────────────●

1　たとえば「ある対象から知覚される便益とコストにより規定される全体的な評価」という捉え方も存在する。詳しくは Khalifa（2004）を参照のこと。

2　調査は調査会社を通じてウェブにて 2017 年 9 月 12〜20 日に実施した。提示したブランドに対して認知，良好な態度，消費経験がある消費者に対し，そのブランドについて思い浮かべてもらい連想される認知要素（イメージ）を最大 10 個まで自由記述をしてもらった。そのうえで，自由記述された各イメージについてポジティブなワードであるのか否かを測定した。この調査方法は小川（1997）を参考にしている。

3　対象ブランドはまず次の基準を満たすものとした。①広い認知，②高い評価，③豊かさ演出場面において消費されること，④市場において 10 年以上存続すること，である。これらの基準を満たす場合，少なくともブランド価値を有するブランドであると考えられるためである。さらに，解説のしやすさという観点から⑤身近なプロダクトであること，も条件に加えた。

4　和田（2002）では感性価値（感覚価値）と観念価値がブランド価値の中核であると述べている。本書では，これらに関係価値を加えてブランドの中核的な価値として捉えている。

5　調査や分析過程の詳細は鈴木ほか（2018）を参照のこと。なお，同報告書では供給主体と BITP の分析においてデータは取得しているものの因子分析は行っておらず，消費主体のみで分析を行っている。今回は供給主体と BITP の因子分析も追加で行った。

6　統計分析の初学者のために，因子分析とは何か簡単に説明しておこう。たとえば，中学校の 5 教科は国語，英語，社会，数学，理科であるが，その各科目のテストの点数（評価項目）は，国語と英語と社会は文系能力，数学と理科は理系能力から影響を受けそうである。この文系・理系能力のような背景にある潜在的な

要因となる変数を因子と呼び，この因子を抽出するのが因子分析である（小塩，2004）。

7　なお，便宜価値の容易性は，主体により含まれる評価軸が若干異なる。供給主体では使いやすさが機能性の評価軸に含まれ，消費主体やコミュニケーションBITP では経済性の評価軸に含まれ，流通 BITP では社会における関係価値の評価軸に含まれる。

8　調査対象者は，株式会社マーシュの保有する調査パネルのうち「金子眼鏡」の購買経験がある消費主体である。2017 年 3 月，6 名×2 グループの計 12 名に対してモデレーターの専門家を雇い，フォーカス・グループ・インタビューを実施した。主な質問項目は，ブランド価値，育成行動，育成意図である。調査の詳細は，鈴木ほか（2018）を参照のこと。

9　分析には修正版グラウンデッド・セオリー・アプローチ（M-GTA）を用いた。M-GTA は定性データを帰納的にモデル化する分析手法である。佐藤ほか（2015）を参考に実行した。また，本書に掲載したモデル（図 4-4）は鈴木ほか（2018）のモデルを再度検討し一部を修正して引用したものである。

10　消費主体のサンプル数は 570，供給主体は 538，BITP は 2 種類の BITP に実施しており，流通 BITP が 374，コミュニケーション BITP が 335 である。供給主体は消費財を提供している企業のマーケティング関連業務に携わる人びとを対象に調査を行った。いずれも調査会社の保有するパネルに対して実施している。実施時期は 2018 年 2～3 月である。主な調査項目は想起したブランドに対するブランド価値，育成意図である。詳細は鈴木ほか（2018）を参照のこと。

11　流通 BITP は小売店や卸などに勤務する社会人を対象に，コミュニケーションBITP は広告代理店などのコミュニケーション関連業務に携わる社会人を対象に調査を行った。

12　育成意図やインキュベーション行動を目的変数，ブランド価値を説明変数とした重回帰分析を実施した。説明変数であるブランド価値は第 2 節で紹介した因子の因子得点とした。詳細は鈴木ほか（2018）を参照のこと。

13　消費主体は「最も好きなブランド」，供給主体や BITP は業務で「直近もしくは現在携わっているブランド」について想起してもらった。

14　調査概要は注 10 と同様である。

15　ブランド価値による構築や模倣の困難性に関する議論は，楠木（2011），青木（2011）を参照のこと。

16　ブランドとの絆も BI を促進する要因となるが，絆は時間の経過が必要であるため，新たなブランドの価値協創におけるスターターとして活用することは難しいと思われる。

参考文献

青木幸弘編著（2011）『価値共創時代のブランド戦略——脱コモディティ化への挑戦』ミネルヴァ書房

青木幸弘・新倉貴士・佐々木壮太郎・松下光司（2012）『消費者行動論——マーケティングとブランド構築への応用』有斐閣

小川孔輔（1997）「ブランド自由連想データの分析」『経営志林』34(1), 45-62 頁

小塩真司（2004）『Spss と Amos による心理・調査データ解析——因子分析・共分散構造分析まで』東京図書

楠木建（2011）「イノベーションとマーケティング——価値次元の可視性と価値創造の論理」『マーケティングジャーナル』30(3), 50-66 頁

佐藤善信監修，高橋広行・徳山美津恵・吉田満梨（2015）『ケースで学ぶケーススタディ』同文舘出版

鈴木和宏・和田充夫・新倉貴士・西原彰宏・圓丸哲麻（2018）「時間軸と Third Party を組み込んだブランド・インキュベータ・コミュニケーション・モデルの構築と分析」第 51 次（平成 29 年度）吉田秀雄記念事業財団助成研究報告書

深澤竜人（2018）「オーストリア学派の価値論の考察——マルクス経済学と『限界革命』Ⅲ」『経営情報学論集』24, 59-77 頁

和田充夫（2002）『ブランド価値共創』同文舘出版

和田充夫・恩藏直人・三浦俊彦（2016）『マーケティング戦略（第 5 版）』有斐閣

Aaker, D.A. (1991) *Managing Brand Equity : Capitalizing on the Value of a Brand Name*, The Free Press.（陶山計介・尾崎久仁博・中田善啓・小林哲訳（1994）『ブランド・エクイティ戦略——競争優位をつくりだす名前，シンボル，スローガン』ダイヤモンド社）

Keller, K.L. (1998) *Strategic Brand Management : Building, Measuring, and Managing Brand Equity*, Prentice Hall.（恩藏直人・亀井昭宏訳（2000）『戦略的ブランド・マネジメント』東急エージェンシー）

Khalifa, A.S. (2004) "Customer Value : A Review of Recent Literature and an Integrative Configuration," *Management Decision*, 42, pp. 645-666.

Pollay, R.W. (1983) "Measuring the Cultural Values Manifest in Advertising," *Current Issues and Research in Advertising*, 6(1), pp. 71-92.

第5章

ブランド・インキュベーション・サードフォースの類型と機能

▶はじめに

ブランド・インキュベーション戦略（以下 BI 戦略）の特徴は，①ブランド・インキュベーション・サードフォース（以下 BIT）を活用し，②プロダクトやブランドに関わる人びとや組織のブランド育成意図を強め，③プロダクトやブランドの成長段階（ブランド・インキュベーション・プロセス；以下 BI プロセス）に応じた施策を行うことである。

ブランド価値を醸成する力には，供給主体による❶ブランド・インキュベーション・ファーストフォース（Brand Incubation First-Force；以下 BIF），消費主体による❷ブランド・インキュベーション・セカンドフォース（Brand Incubation Second-Force；以下 BIS），そしてサードフォースとしての❸ BIT が存在する。

前章までで議論したように，BIT を行使する主体としては，ブランド・インキュベーション・サードパーティ（Brand Incubation Third-Party；以下 BITP）と，供給主体や消費主体がブランド価値を形成する際に BIT の媒体となるブランド・インキュベーション・シング＆フィールド（Brand Incubation Things & Fields；以下

BITF) の2つがある。

　本章では，まず①ブランド・マネジメントにおいて BITP および BITF がどのような存在であるかについて議論する。その後，②BI プロセスの段階ごとに BITP および BITF がブランド価値にどう影響しているのかを，複数事例の横断的比較調査をベースにして議論する。加えて，③BIT の主体となる BITP，媒体となる BITF の類型を，その BI における機能（業種）に着目して整理することで，その写像を明らかにする。

1　ブランド・インキュベーション・サードフォースの重要性

　第2章で議論したように，ブランド価値の形成には，供給主体と消費主体の二者間の相互作用による価値共創が重要である。関係性マーケティング[1]の議論を組み込む形で発展したブランド・マネジメントの視点において，両者の相互作用による価値共創の重要性が提唱されている。

　とくにインターネットが発展するにつれ，供給主体と消費主体の接触が容易となり，そのマネジメント視点はマーケティング関係者にとって一般的なものとなった。実際，供給主体と消費主体がインタラクションすることでブランドを活性化させた事例も多く存在する。

　ブランド・マネジメントが，供給主体による価値提案から，消費主体との価値共創へ移行した背景には，インターネットの普及という市場環境の変化による影響もさることながら，その根本的な要因として，消費者から生活者への転換と，それに準じたマーケティング視点の移行があった。

　市場の成熟化に伴い，供給主体に対して受動的な消費者から，

主体的・能動的に市場に参画する生活者へと変容したことで，供給主体もマーケティングの方針を生活者志向へと舵を切った。

　その 1 つの成功事例が，「無印良品」を展開する良品計画の商品開発であろう。良品計画では創業当初から，商品やサービスに関する消費主体の意見や要望を収集する場をインターネット上に設け（IDEA PARK；http://lab.muji.com/jp/ideapark/〔2020 年 8 月 28 日最終アクセス〕），そこで得られたアイディアを実際の商品開発やサービスに反映するという，まさに価値共創を実現し続けてきた。このことが，広く一般的に価値あるブランド（ブランデッド・ブランド）としての「無印良品」の地位の確立に寄与しているといえるだろう。

　「無印良品」の事例のように，インターネットが進展することで，ますます生活者である消費主体と供給主体との関係構築の接点が増加している。またその一方，接点が増えたことで，供給主体の社会的責任がさらに重要視されるようになってきている。このような潮流を受け，生活者のみならず，生活者自身がさまざまな生活の局面で所属するコミュニティ，さらに供給主体を取り巻くステークホルダーという，まさに BITP との関係性を包括するようなブランド・マネジメントの必要性が提唱されるようになった（青木，2013）。

　他方，「人的主体以外のブランド価値形成に作用するモノ，コト，場」を意味する BITF は，カントリー・オリジン（Country of Origin）を起源とする地域ブランディング[2]や，消費文化論，あるいはサービス・マーケティングといった文脈で議論がなされてきた。

　モノやコトといった事象，つまりある特定の製品・サービスの機能のみならず，受容者の体験，さらに流行や文化，使用状況，

あるいは天候まで，一部の主体に限定されない，受容者を取り巻く環境そのものを指すのが BITF である。

第3章でも紹介したように，たとえばネスレ社の「キットカット」の事例における BITF として，"受験シーズン"という季節限定的な消費文脈，"合格祈願"に"お守り"を渡す習慣や，「キットカット」のネーミングが「きっと勝つとぉ（きっと勝つよ！）」という意味に解釈することができる九州の方言（"言語文化"）を挙げることができる。また BITF の場（Fields）に着目すると，第6章で紹介する「ゆめぴりか」や「白い恋人」のブランド価値に大きく寄与する，"北海道"が挙げられる。この BITF は，「食の豊かさ」や「雪景色」といった，受容者にとってポジティブなイメージをブランドに付与する。

このようにブランド価値形成において，BITP という主体のみならず，BITF が大きく作用することが理解できるであろう。Keller（2003）も，コト（Things）や場（Place）がブランド価値を高める可能性をもつことを示唆しているように，ブランドのコモディティ化が進む現代では，ブランドの孵化・育成のために，BITP と BITF を巻き込み活用することが，ブランド・マネジメントにおいて重要となってきている。

では，そのような BITP および BITF は BI プロセスにおいて，実際どのように BIT の担い手となりうるのであろうか。代表的な事例のインキュベーション・ストーリーの詳細は第6章で紹介するが，それらの事例を横断的に俯瞰する形で，BI プロセスと BIT の関係を次節において議論する。

2　ブランド・インキュベーション・プロセスと ブランド・インキュベーション・サードフォース
──事例横断的検討

　本節では当該ブランドに大いに寄与した象徴的なブランド・インキュベーション・サードパーティ（以下 BITP）およびブランド・インキュベーション・シング＆フィールド（以下 BITF）と，それらによるブランド・インキュベーション・サードフォース（以下 BIT）について議論する。

　表 5-1 では，第 6 章で紹介するブランド・インキュベーション・ストーリー（以下 BI ストーリー）で重要な役割を担った BIT を記載している。表中の●は【　】内に明示された BITP による BIT の内容を，そして同様に〇は BITF〖　〗による BIT の内容を記述している。

　本書では，成体化期を経て，市場においてブランドを成立させた，金沢の酒造福光屋の「加賀鳶」，福井県鯖江市の眼鏡ブランド・メーカーである金子眼鏡の中核的プロダクト「金子眼鏡」，愛知県のカリモク家具による「カリモク 60」，北海道石屋製菓の北海道を代表する土産菓子「白い恋人」，そして同じく北海道米の代表的ブランドである「ゆめぴりか」，これら 5 ブランドの BI ストーリーを紹介する。

　これらのブランドのなかで，現在，普遍期まで到達しているのは，「白い恋人」と「ゆめぴりか」の 2 ブランドのみである。

☿ 2 つの BITF──管理可能な BITF と環境要因としての BITF

　ブランドの BI プロセスを俯瞰し，BIT の影響を鑑みると，プロダクトおよびブランド・キャンディデイトの源泉が誕生する受

表5-1　ブランド・インキュベーション・プロセスにおける代表的ブランド・

	加賀鳶	金子眼鏡	カリモク60
普　遍　期			
普遍化期	●金沢への観光客増加 【北陸新幹線】 ●推奨 【従来からのファン】	●コラボレーション商品の企画・販売・認知度向上 【ISSEY MIYAKE】	●販路拡大・ブランドの世界観の伝達体制の形成 【取扱店】 ●○認知向上・取扱店への送客 【アマゾン】 〖ソーシャルメディア〗
成体化期	●認知向上・販売支援 【松坂屋，六本木ミッドタウン】 ●金沢への観光客増加 【21世紀美術館】	●認知向上・販路拡大 【ファッションビル・SC】	●直営店展開の提案 【ナガオカケンメイ】
孵　化　期	●認知向上・販売支援 【地元酒屋，飲食店】	●認知向上・販路拡大 【羽田空港国際線ターミナル】	●認知向上・販路拡大 【取扱店】 ●使用イメージの醸成 【ファッション誌・カフェ】
受精化期	●アイデアの提供 【旅館業従事者・芸妓】 ○地域イメージの付与 〖石川，金沢，加賀〗 ○文化的イメージの付与 〖歌舞伎演目：加賀鳶〗	●製造能力強化・品質向上・ブランドイメージ向上 【職人】 ○地域イメージの付与 〖鯖江〗 ●テナントとして打診 【羽田空港国際線ターミナル】	●価値評価 　ブランディング 　のきっかけ 【ナガオカケンメイ】 ○製品のモチーフ 〖輸出家具（洋家具）〗

注：●は【　】内に明示された BITP による BIT の内容を，○は BITF 〖　〗による
出所：鈴木ほか（2018）の調査データを踏まえ作成。とくに各 BI ストーリーにおい

134

インキュベーション・サードフォース

白い恋人	ゆめぴりか
○ブランドの世界観の維持・強化 〖北海道の原材料〗 ○海外への品質保証 〖国際的な品質保証規格〗	●品質評価・生産体制の向上 【他の生産地（生産者）】
●地域との関係性強化 【コンサドーレ札幌】 ●情報の伝達 【マスコミ】 ●客観性の担保 【コンプライアンス確立外部委員会】 ●品質管理指導 【他社菓子企業】 ●クチコミの醸成 【外国人旅行者】 ●認知向上・販売支援 【国際線の土産店】	●認知向上 【メディア，電通北海道，有名人】 ●品質評価 【日本穀物検定協会】 ●品質強化 【他の（ブランド米）生産地（生産者）】
●認知向上・販売支援 【ANA・千歳空港の土産店】 ●クチコミの醸成 【旅行者（贈答者）】	○収穫量の増加 〖天候〗 ●認知向上・販売支援 【道内小売店，道外百貨店，道外米穀店】
●認知向上・販路拡大 【百貨店】 ●販売方針の決定 【競合他社】	●認知向上・評判形成 【電通北海道・道内メディア】 ●業界内の評判形成 【道内米穀関係者】
●洋菓子進出の動機付け 【競合他社】 ○アイデアの提供 〖映画，音楽，雪，スキー，利尻富士〗 ○開発のきっかけ 〖ホワイトチョコレートブーム〗	●ブランド米の待望 【道内米穀関係者】 ○地域イメージの付与 〖北海道〗 ●ブランドマネジメント体制への示唆 【ふっくりんこ】

BIT の内容を表している。
て象徴的・代表的なもののみを選抜し記載している。

精化期において，BITF がブランド・インキュベーション戦略（以下 BI 戦略）に組み込まれる傾向が強いことがわかる。

　たとえば，「加賀鳶」や「金子眼鏡」，「ゆめぴりか」には"地域イメージの付与"という，当該ブランドが属する地域のもつポジティブなイメージを付与する BITF がある。また，「白い恋人」の開発を動機づけた『ホワイトチョコレートブーム』のように，意図しない消費潮流が BIT を導く要因となる事案も存在する。

　前者は，供給主体によって比較的マネジメント可能な BITF であるといえるが，後者はむしろその影響への対応が求められる BITF である。よって，供給主体は BITF を自社の BI に活用するためには，それらの違いを認識したうえで取り組むことが必要である。

☉ BITP による BIT の機能

　BITF が大きく 2 つに分類できるのに対し，BITP は製品特性の影響もあり，必ずしも同じ BI 期に特定の作用をもたらすわけではない。一見，機能（業種）として同じような BITP であっても，あるいは同一 BITP であっても，BI プロセスの段階によってその BIT の内実も異なる。

　たとえば金子眼鏡の事例において，【羽田空港国際線ターミナル[3]】が受精化期に「●テナントとして打診」したことが，プロダクト誕生の"動機づけ"となった。受精化期に続く孵化期では，テナントとして採用したことにより，市場での"認知を向上"させることや，"業界内での評判形成"に寄与することとなった。

　しかしその一方で，BI プロセスと BIT の関係には，以下の 3 つの普遍的な分類視点が存在する。

(1)　長期的（継続的）－短期的（単発的）

⑵　直接的−間接的

⑶　供給主体親和的（近似的）−消費主体親和的（近似的）

　まず，ブランドと BIT の関係が長期的（継続的）なのか，短期的（単発的）なのかという視点である。表 5-1 には，BI プロセスの各期において代表的な BIT とその主体である BITP，あるいはブランド価値の源泉となった BITF のみしか記載しておらず，ブランドに長期的に貢献する BIT の存在が不明確となっている。しかしながら，長期的にブランドを孵化・育成する役割を担う BITP・BITF は存在する。

　このような BITP の例として，たとえば，「金子眼鏡」の【羽田空港国際線ターミナル】や「白い恋人」の【ANA・千歳空港の土産店】は，供給主体との取引が長期的（継続的）なものとなり，現在も BIT の担い手となっている。また，受精化期にプロダクトに組み込まれるようなタイプの BITF，たとえば「ゆめぴりか」の〚北海道〛や「加賀鳶」の〚金沢，加賀〛などの地域イメージは，今ではコアなブランド価値へとその比重を高めている。

　次に，直接的−間接的かどうか，という視点がある。「カリモク 60」の孵化期以降，供給主体のブランディングに直接的にディレクションを行った BITP【ナガオカケンメイ】に対し，「加賀鳶」の成体化期・普遍化期における【21 世紀美術館】【北陸新幹線】は "金沢に観光客を誘致する" ことで，間接的に BI に寄与した。

　先の長期的（継続的）−短期的（単発的）という視点を踏まえると，間接的な BIT の多くは，短期的（単発的）なものであることが多い。ただその反対に，BIT 自体は一時的な作用であるものの，その後，別の形で BI に携わる BITP も存在する。たとえば「加賀鳶」受精化期において "アイデアの着想" に寄与した【旅館業従

事者】【芸妓】は，孵化期においては「加賀鳶」伝播に寄与することになる。それは，供給主体とBITPとの関係性に帰属する。

　BITは，供給主体親和的（近似的）－消費主体親和的（近似的）によっても，分類することができる。多くの場合，とくにブランドが孵化するまでの受精化期・孵化期において，供給主体親和的（近似的）なBITが有益となる。対照的に，「白い恋人」の事例において，クチコミを醸成することでBIに寄与した【旅行者（贈答者）】，【外国人旅行者】にみられるように，消費主体親和的（近似的）BITは成体化期以降に効果的な作用をもたらす。

　もちろん，供給主体もしくは消費主体のステークホルダーに属さない，中立的なBITPによるBITも存在する。たとえば，「ゆめぴりか」の品質保証に寄与した【日本穀物検定協会】や，「白い恋人」が不祥事によりその組織体制の見直しを迫られたときに召集された【コンプライアンス確立外部委員会】などがそれに該当する。

　BITはこのような区分とともに，BITPやBITFの元来の機能によっては規定される。次節では，その機能別類型を提示し，本書で紹介する5つのBIストーリーにおいて，どのように寄与したのかを明示する。

3　ブランド・インキュベーション・サードフォースの機能別類型とブランド価値

　結論から先に述べると，企業のブランド・マネジメントにおいて活用しうるブランド・インキュベーション・サードパーティ（以下BITP）およびブランド・インキュベーション・シング＆フィールド（以下BITF）の機能は，“生産”“流通”“コミュニケーション”そして“保証”に関わるフォースに収束する。本節では，

ブランド・インキュベーション・サードフォース（以下 BIT）を機能別に類型することで，ブランドを孵化・育成する際にどのような BIT が有益であるのかを明示する。

　表 5-2 は，BIT の機能別類型とブランド価値への具体的な作用を明示したものである。また同表では，前章で議論したブランド価値の類型（図 4-1）も踏まえ，第 6 章で紹介する事例の分析結果から，BIT の機能によってどのようなブランド価値が醸成されるかを示している。

☉ 生産に関する BIT

　「生産に関する BIT」（以下，生産 BIT）とは，供給主体がブランドを企画・製造する際の外部からの力を意味する。そしてこの生産 BIT の機能は 2 つに大別され，"生産能力基盤形成" と生産能力以外の "ブランド開発支援" に関わるものである。

　"生産能力基盤形成" はさらに，生産能力の向上，生産委託，マネジメント能力の向上，の 3 つの機能に区分できる。生産能力の向上には，たとえば「ゆめぴりか」の受精化期において，新しい品種であった「上育 453（後のゆめぴりか）」を生産するうえで重要となるネットワークや，その管理体制の基盤形成を行った【地方協議会】によるフォースが該当する。あるいは「白い恋人」の普遍化期に当該ブランド立て直しのために寄与した【他社菓子企業】による品質管理指導が挙げられる。

　加えて，「カリモク 60」や「金子眼鏡」の受精化期におけるデザイン指導も，供給主体の能力を向上させることでブランド価値を醸成するものであった。品質管理指導が基本価値や便宜価値に対して作用したのに対し，デザイン指導は，ブランドの感性価値を高めるサードフォースとなった。

表 5-2　BIT の機能別類型とブ

BIT の種類	機　　能	機能（小分類）	具体的内容
生産 BIT	生産能力基盤形成	生産能力の向上	品質管理指導
			デザイン指導
		生産委託	生産委託
		マネジメント能力の向上	ブランディングのディレクション
	ブランド開発支援	ブランド構想支援	アイデア着想への支援
			未発需要の示唆
			新ブランド開発の打診
		ブランド・イメージの付加	ブランドの背景情報（ストーリー）の強化
			業務提携
		開発意図強化	ブランド開発に対するモチベーションの向上
流通 BIT	ブランドの普及	取り扱い	取り扱い
		業界内での認知・評価向上	新しい取引先を誘引
コミュニケーション BIT	ブランドの認知・評価促進	価値伝播	認知向上・評判形成
		ブランド・イメージの強化	プロモーションの媒体として採用
			業務提携
保証 BIT	ブランド価値の客観的妥当性の担保	ブランドの評価	ブランドの評価
		ブランドの保証	ブランドの保証

注：この表のブランド価値の内実に関しては，第 4 章図 4-1 を参照のこと。

ランド価値の関係

主体となる BITP/媒体となる BITF（一例）	醸成されたブランド価値の種類
【他社菓子企業】（白い恋人） 【地方協議会】（ゆめぴりか）	基本価値・便宜価値 基本価値・便宜価値
【オプティシャン ロイド】【丸井】（金子眼鏡）	感性価値 感性価値
【契約農家】（加賀鳶） 【職人】（金子眼鏡）	基本価値・便宜価値・感性価値 基本価値・便宜価値・感性価値
【ナガオカケンメイ】（カリモク60）	基本価値・便宜価値・感性価値・観念価値
【芸妓】【旅館業従事者】（加賀鳶） 【ナガオカケンメイ】（カリモク60）	観念価値 便宜価値・感性価値
【ナガオカケンメイ】（カリモク60） 〖ホワイトチョコレートブーム〗（白い恋人）	基本価値・便宜価値・感性価値 基本価値
【ナガオカケンメイ】（カリモク60） 【羽田空港国際線ターミナル】（金子眼鏡）	基本価値・便宜価値・感性価値 感性価値
【職人】（金子眼鏡） 〖北海道〗（ゆめぴりか） 〖鯖江〗（金子眼鏡） 〖加賀〗〖金沢〗〖歌舞伎〗（加賀鳶）	観念価値 観念価値 観念価値 観念価値
【ISSEY MIYAKE】（金子眼鏡）	感性価値・関係価値
【他の（ブランド米）生産地（生産者）】（ゆめぴりか）	基本価値・便宜価値
【カフェ】【海外取扱店】（カリモク60） 【土産店】（白い恋人） 【地元酒屋，飲食店】（加賀鳶）	便宜価値・感性価値・関係価値 便宜価値・感性価値・関係価値 便宜価値・感性価値・関係価値
【アマゾン】〖ソーシャルメディア〗（カリモク60） 【羽田空港国際線ターミナル】（金子眼鏡） 【ANA】〖百貨店〗（白い恋人）	便宜価値・感性価値・関係価値 便宜価値・感性価値・関係価値 便宜価値・感性価値・関係価値
【外国人旅行者】【旅行者】【マスコミ】（白い恋人） 【道内メディア】（ゆめぴりか）	関係価値 便宜価値・感性価値
【歌舞伎】（加賀鳶） 〖雑誌〗（カリモク60） 【マツコ・デラックス】（ゆめぴりか）	観念価値 便宜価値・感性価値・関係価値 便宜価値・感性価値・関係価値
【コンサドーレ札幌】（白い恋人）	関係価値
【日本穀物検定協会】【道内米穀関係者】（ゆめぴりか）	基本価値・便宜価値・感性価値
【コンプライアンス確立外部委員会】（白い恋人）	基本価値・便宜価値

多くの場合，ブランディングの黎明期，それもプロダクト開発の初期の段階に，生産能力向上に関わる BIT が重要な役割を担うことが多い。ただし，「白い恋人」の事例においては，賞味期限の改ざんという不祥事で傷ついたブランド価値を再興する際に，そもそもの食品としての基本価値を回復する必要があり，【他社菓子企業】が品質管理に大きく貢献することとなる。

　生産委託とは，「加賀鳶」や「金子眼鏡」などのように，生産の一部を高い品質を保持する BITP に外部委託することで，ブランド価値を向上させようとする取り組みである。実際，「加賀鳶」は【契約農家】が作った品質の高い米を使用し，「金子眼鏡」は〘鯖江〙の【職人】に業務委託することで，酒や眼鏡がそもそも保有しなければならない基本価値や，高い品質という便宜価値，そしてそれに付随するおいしさやおしゃれさといった感性価値を向上させている。

　一方，「カリモク 60」における【ナガオカケンメイ】は，供給主体であるカリモク家具にとって，ブランディングを行うことを発案し，さらに先導した存在である。【ナガオカケンメイ】は，2000 年に自身のセレクト・ショップ「D&DEPARTMENT」を開店させるのに伴い，その店舗の取り扱い商品の 1 つとして，カリモク家具の K チェアに白羽の矢を立てた。

　【ナガオカケンメイ】は「60VISION」をいうコンセプトをもち，はじめは取引先として，その後，カリモク家具の新たなブランド，「カリモク 60」をブランディングする役割を担うようになる。そして，もともとカリモク家具の K チェアが保有していた，基本価値や便宜価値を市場へ伝播するだけでなく，感性価値をさらに高める取り組みや，そしてカリモク家具が培ってきた長い歴史を観念価値に昇華することに寄与することとなった。

　生産 BIT のもう 1 つの側面である "ブランド開発支援" は，ブランド構想支援，ブランド・イメージの付加，開発意図強化といった機能からなる。そして，ブランド構想支援の 1 つとして，ブランドおよびプロダクトに関わるアイディアの着想の支援がある。たとえば「加賀鳶」は，供給主体である福光屋の当主 13 代目福光松太郎に縁がある，【旅館業従事者】と【芸妓】の一言が着想の契機となり，〖金沢〗や〖加賀〗という地域性や〖歌舞伎〗という文化などの観念価値を取り入れる形で，ブランドとして誕生した。

　しかしその一方で，BITF が供給主体のブランドの着想の動機づけとなる事象も存在する。それが，「白い恋人」が生まれる契機をもたらした，〖ホワイトチョコレートブーム〗である。この消費傾向が，「白い恋人」の供給主体である石屋製菓にとって未発需要を示唆するものとなり，その後ホワイトチョコを基本価値とするプロダクトの開発が進むこととなった。

　ブランドの構想に関して，供給主体が常に能動的であるとは限らない。「金子眼鏡」がプロダクト・ブランドとして誕生した背景には，確かに企業としての金子眼鏡が新たな市場戦略の方向性を模索していたこともあるが，そのブランド誕生の契機は【羽田空港国際線ターミナル】からの出店打診であった。この打診を受け「金子眼鏡」は，日本を代表するブランドとしての役割を担うべく，さらにその感性価値を高めるような BI に着手することとなる。

　また，ブランド・イメージの付加に寄与することでブランド開発支援する，生産 BIT をもたらす BITP や BITF も存在する。「金子眼鏡」による【職人】との専属契約や内部化にみられるように，供給主体が【職人】という「専門的な職務に真摯に従事する」と

いうような観念価値をブランドに付与するため，象徴的な BITP を巻き込むようなマネジメントを行使することがある。あるいは，「金子眼鏡」と【ISSEY MIYAKE】が実施しているコラボレーション商品の共同開発・販売によって，BITP のもつ感覚価値や観念価値を自社ブランドへ取り込むこと，さらに供給主体と BITP との関係性に対する消費主体のポジティブな印象，つまり関係価値を醸成することで，ブランド価値の向上を試みることがある。

　一方，BITF は，ブランドの背景情報に組み込まれ，観念価値を醸成するものとしてブランドに取り込まれる。たとえば，「ゆめぴりか」の「ぴりか」の語源がアイヌ語であるように，地域性や文化，また歴史といったコトや場のもつフォース（ここでは〚北海道〛）が活用されている。

　さらに"ブランド開発支援"には，供給主体のブランド開発意図を強化することでブランド価値を向上させる BIT も存在する。「ゆめぴりか」が今日のように【日本穀物検定協会】の最高評価である「特 A」を獲得できた背景には，市場において競合でもある，【他の（ブランド米）生産地（生産者）】の存在が大きい。「ゆめぴりか」に関わる供給主体との産地交流を通じて，【他の（ブランド米）生産地（生産者）】は「ゆめぴりか」生産者に技術的ノウハウを開示しただけでなく，「ゆめぴりか」をブランドとしてどう孵化・育成すべきかについて指針を示すという支援を行った。

◑ 流通に関する BIT

　「流通に関する BIT」（以下，流通 BIT）は，プロダクトならびにブランドを消費主体に届けることで醸成されるブランド価値に関わるフォースである。流通 BIT の担い手としては，主に流通業者，つまり【百貨店】や【セレクトショップ】などの小売店や，卸売

業者，さらに【カフェ】【旅館】【飲食店】などがある。

　流通 BIT の機能とは，市場における「ブランドの普及」を担うことであり，プロダクトおよびブランドの"取り扱い"と"新たな取引先の誘引"を導くものである。

　たとえば，「カリモク 60」の普及において，消費主体にとって影響力のある【カフェ】や【海外取扱店】の"取り扱い"が，使用シーンを市場に浸透させる働きをしたことで，基本価値や便宜価値（使いやすい，安い，合わせやすい等）とともに，感性価値（おしゃれ，かっこいい等）や関係価値（普遍，有名など）といったブランド価値の醸成に寄与した。同様に，「白い恋人」であれば【土産店】が，「加賀鳶」であれば【地元酒屋】や【地元飲食店（旅館含む）】による"取り扱い"が同様の効果をもたらしている。

　一方"新たな取引先の誘引"には，「白い恋人」が【ANA】の機内食に採用されたこと，そして【百貨店】で販売されたことによって，その後，全国の他の流通業者の関心を集めたことなどが挙げられる。

　「金子眼鏡」も【羽田空港国際線ターミナル】の出店が業界内で評価されたことで，その後，全国の主要な商業施設，たとえば東京駅前の KITTE 丸の内や JR 博多駅に隣接する JR 博多シティからの出店を打診されることとなった。

　このように，既存の BITP が新たな BITP をブランドの参画者へと誘引することで，それらのブランドは，市場においてさらに便宜価値，感性価値だけでなく，「どのような使用者がブランドを愛好しているのか」といった関係価値（有名，人気など）を形成するようになる。

　また，流通業者のなかには，ブランドの普及とともに，ブランド価値の維持に寄与する BITP も存在する。「カリモク 60」はブ

ランドの価値を下げるような取引先を選定しなかったことによって，逆にいえば「カリモク60」の価値を真に理解するようなBITPのみがその取り扱いに従事したことで，ブランドの販売価格を維持するBITとして機能することになった。

☿ コミュニケーションBIT

「コミュニケーションに関するBIT」（以下，コミュニケーションBIT）は，生産BITや流通BITの機能と一部重複するが，ブランドの「価値伝播」や「ブランド・イメージの強化」に関わるフォースである。

「価値伝播」とは，"認知向上・評判形成"を意味し，その担い手には「白い恋人」のBIに寄与した，【外国人旅行者】【旅行者（贈答者）】【マスコミ】などや，「ゆめぴりか」の【道内メディア】というようなBITPが挙げられる。

【外国人旅行者】や【旅行者（贈答者）】という消費主体によるBITは，具体的にはブランドに対する評価やクチコミである。彼らがブランドに対してそれらを実施することで，市場において基本価値，便宜価値（手ごろな価格など），感性価値（おいしい等），そしてとくに関係価値（人気など）が拡大・強化されるようになる。

もちろんBIを実施する場合，メディアの存在がBITとして重要な役割を担うことも忘れてはならない。そこでは，テレビや新聞，雑誌といった【マスコミ】という媒体や，その制作に携わる【広告代理店】，そして広告に起用される【有名人・キャラクター】や【専門家】など，さまざまなBITPが複合的にブランドの「価値伝播」に参画することで，ブランド価値を孵化・育成している。

　コミュニケーション BIT のもう 1 つの側面が「ブランド・イメージの強化」である。

　これは，対象となるブランドにもよるが，市場にどのような意味的象徴となる BITP・BITF を，いかなる媒体を用いてプロモーションに活用するのかという，意味的象徴の種類（【有名人】や【専門家】，『有名な観光地』といった場など）と媒体の形態，そしてそれらの相互作用の結果によって導き出された BIT といえるであろう。

　たとえば，歌舞伎の演目『加賀鳶』の公演時に「加賀鳶」のプロモーションが実施されたことや，インテリアに関心の高い消費主体が購読する【雑誌】に「カリモク 60」が掲載されたこと，また「ゆめぴりか」の CM において食に精通しているイメージの強いタレント【マツコ・デラックス】を採用したことなどが挙げられる。これらのブランディングを通じて，供給主体は市場において，とくに関係価値（「ゆめぴりか」の場合，評判がいいなど）や観念価値（「加賀鳶」であれば伝統など）を強化する。

　同様の効果が，生産 BIT の機能と重複するが，BITP と供給主体の関係性が市場において知覚されることによっても形成される。たとえば「白い恋人」の事例にあるように，その供給主体である石屋製菓が【コンサドーレ札幌】など，BITP のスポンサーシップとなっているような場合である。BITP との関係が近いことを消費主体に伝達することで，BITP のもつ感覚価値や観念価値，関係価値を自社のブランドに付与することが可能となる。

　石屋製菓が【コンサドーレ札幌】のスポンサーになった背景には，どちらかというと北海道外の消費主体に人気を博していた土産菓子としての「白い恋人」を，地元北海道内の消費主体にも身近な存在として位置づけてもらいたいとの意図が存在する。実際，

2018年のシーズンまで,【コンサドーレ札幌】のユニフォームには「白い恋人」のロゴが掲載されていた[4]。

☒ 保証 BIT

BI戦略を実施する場合,供給主体は生産BIT,流通BIT,コミュニケーションBITとともに,自社のブランドの価値を客観的に評価するようなBITPによるBITも活用すべきである。保証BITは,「ブランド価値の客観的妥当性の担保」によるBIであり,具体的にはブランドの評価やブランドの保証を通じてブランド価値形成に寄与する。

「ゆめぴりか」は,普遍化期において【日本穀物検定協会】の食味ランキングに出展し,その結果「特A」という評価を得たことで,市場の拡大に成功した。

その普遍化期において賞味期限の改ざんが発覚したことでブランド価値が低迷した「白い恋人」も,【コンプライアンス確立外部委員会】や【地元経済団体関係者】,生産BITとしても当該ブランドのBIに貢献した【他社菓子企業】のような,供給主体や消費主体のどちらにも属すことなく,客観的な立場のインキュベータであるBITPが,ブランド価値の再建と向上に寄与した。

同様のBITPとして,食品の評価機関としての「モンドセレクション」や,レストランを評価する「ミシュランガイド」などが挙げられる。前者に関しては,その評価に際し供給主体による審査に関わる費用負担があるため,完全に独立した第三者機関とはいいがたい点もあるが,基本的には供給主体および消費主体にとって中立な存在といえよう。

また,第6章で紹介する5つのブランドの事例では,BIに大きく寄与するようなBITPとしては確認されなかったが,多くの

場合，国や地方自治体といった行政や法律なども，ブランド価値の客観的妥当性を保証する役割を担う。

�☯ 意図せざる BIT

本節の最後に，供給主体のブランド・マネジメントとしてコントロールする対象ではない，つまり供給主体の恣意的な意図が反映されるものではないが，BI を実施するうえで対応すべき BIT の存在についても明記しておこう。

前節で管理可能な BITF と環境要因としての BITF を大別し，その活用指針を示唆したのと同様，BITP にも上述したようなブランド・マネジメントに組み込むことができるものと，そうでないものが存在する。環境要因としての BITF も含め，それら供給主体のマネジメントの外にいる，意図せざる BIT の代表的な主体には，【競合企業】【国・地方自治体】，〖消費潮流〗〖自然環境〗などが挙げられる。

たとえば，「金子眼鏡」や「ゆめぴりか」のブランドの受精化期では，【競合企業・競合ブランド】が市場において席巻したことが，プロダクトおよびブランド・キャンディデイトの開発の動機づけ（Motivation）をもたらした。

【国・地方自治体】の政策が，BI へ影響することも多くある。古くは「百貨店法」や，それを基盤とした「大規模小売店舗における小売業の事業活動の調整に関する法律」（大店法）によって，大型小売業の周辺に立地する中小小売業者を保護する目的のもと，多くの大型小売業の出店が制約されたように，【国・地方自治体】の政策により BI が阻止されるといったこともある。

その一方で，2010 年に公布された「地域資源を活用した農林漁業者等による新事業の創出等及び地域の農林水産物の利用促進

に関する法律」（六次産業化・地産地消法）に準じて，国や地方自治体から認定され，そして助成金が交付されることで BI を可能にする企業や団体も存在する。このような法の制定および公布だけでなく，経済政策を含む地方自治体や国家の政策が BI に大きく寄与する。もちろん，ブランドの供給主体が海外展開していた場合，あるいはステークホルダーに海外の取引先を保有していた場合は，自国以外のそれらの影響を受けることもあるであろう。

　先述したように，〖消費潮流〗も BI に作用する存在となりうる。多くの場合，流行やトレンドといった消費潮流は供給主体の管理外のものであり，意図せざる影響をもたらすものである。もちろん，供給主体の管理対象であるプロダクトおよびブランド・キャンディデイトがその潮流の中心に位置づけられた場合や，ファッションにおけるトレンド・カラーのように市場に実体化する以前から業界内で共有されているような場合は，受精化期のブランド・マネジメントに組み込まれることもあるであろう。しかしながら，基本的には〖消費潮流〗は供給主体が意図してマネジメントできるものではない。

　〖自然環境〗も〖消費潮流〗と同様，供給主体のブランド・マネジメントの外にある存在である。「ゆめぴりか」の BI において〖天候〗の良さがその生産体制の増強を後押ししたように，〖自然環境〗による BI へのポジティブな影響が確認されている。

　しかしその一方で，震災や天候不順などの影響により，BI が阻害あるいは制約されることもあるだろう。とくに近年，大規模な自然災害が市場へ多大なる影響を及ぼしていることに鑑みると，〖自然環境〗という意図せざる BITF の影響を想定しつつ，BI を行使するうえでのリスク・マネジメント体制を準備することも必要である。

　以上のように，供給主体にとって意図せざる BIT が，自社のブランドに良くも悪くも影響しうることがイメージできたであろう。このことを踏まえると，供給主体は BI を実施するうえで，BIT を醸成するような BITP・BITF と相互作用することだけでなく，意図せざる BIT に対して臨機応変に対応できるような体制づくりをすることも重要である。

4　ブランド・インキュベーション・プロセス各段階における機能別 BIT の有用性

　第 2 節では，いくつかの事例を横断した分析結果から，ブランド・インキュベーション・プロセス（以下 BI プロセス）とブランド・インキュベーション・サードフォース（以下 BIT）の関係を確認し，BIT の特性に関しても言及した。また，前節では BIT を作用の実態に則して，機能別に生産 BIT，流通 BIT，コミュニケーション BIT，そして保証 BIT に類型化した。本節では，それらの議論を統合し，BI プロセスの各段階でどのような機能別 BIT が重要となるかを議論する。

　表 5-3 は，BI プロセス各段階において機能別 BIT がどの程度寄与しうるかを明示したものである。結論から先に述べると，基本的には BIT は BI プロセス初期の段階での貢献が大きい。生産 BIT は受精化期において，供給主体の能力（Ability）の醸成と向上，あるいはブランドの源泉となるコンセプトの着想などに貢献する。流通 BIT やコミュニケーション BIT，そして保証 BIT は，市場での受容者が少なく，ブランドに対する市場での認知や信頼が醸成されていない孵化期において，とくに有効なフォースとなる。

　以下では BI プロセスにおける機能別 BIT の作用について詳細に議論する。

表5-3　ブランド・インキュベーション・プロセスにおける**機能別ブランド・インキュベーション・サードフォースの有用性**

BITの種類	機　能	機能（小分類）	受精化期	孵化期	成体化期	普遍化期
生産BIT	生産能力基盤形成	生産能力の向上	★★★	★★	★	★
			★★★	★★	★	★
		生産委託	★★★	★★★	★★	★
		マネジメント能力の向上	★★★	★★★	★★	★
	ブランド開発支援	ブランド構想支援	★★★	★★	★	★
		ブランド・イメージの付加	★★★	★★★	★★	★
		開発意図強化	★★★	★★★	★★	★
流通BIT	ブランドの普及	取り扱い		★★★	★★	★
		業界内での認知・評価向上		★★★	★★	★
コミュニケーション BIT	ブランドの認知・評価促進	価値伝播	★	★★★	★★	★
		ブランド・イメージの強化	★	★★★	★★	★
保証BIT	ブランド価値の客観的妥当性の担保	ブランドの評価	★★★	★★★	★★	★
		ブランドの保証	★★★	★★★	★★	★

☺ 受 精 化 期

　受精化期において，主に生産BITが重要な役割を担うことが多い。前節で議論したように生産BITの機能は大きく，"生産能力基盤形成"と"ブランド開発支援"に分けられる。そのなかでも，受精化期において大きく寄与する下位のフォースとして，品質管理指導やデザインの指導に関わる「生産能力の向上」が，アイディア着想への支援，未発需要の示唆，そして新ブランド開発の打診などを含む「ブランド構想支援」が大きな役割を担う。そして，これらの機能が働いた結果，企画開発に関わる供給主体の能力が醸成され，またプロダクトおよびブランド・キャンディデイトに関するコンセプトが創出されるようになる。

　また同様に，保証BITも受精化期において重要な役割を担う。「ゆめぴりか」の受精化期では，【道内米穀関係者】というBITP

が「ゆめぴりか」の前身である「上育 453」という米を高く評価したことによって，供給主体の BI が動機づけられた。つまり，供給主体が信頼する BITP が保証（評価）したことが，供給主体である生産者たちの自信を醸成あるいは支持するという，インターナルな動機づけをもたらしたのである。

　コミュニケーション BIT は，基本的にプロダクトおよびブランド・キャンディデイトが市場に登場した後に BI に貢献するものであるが，その市場登場前に CM や広報に関わるコミュニケーション BIT を介し，プロダクトおよびブランド・キャンディデイトの存在が市場に認知されることもある。

　たとえば，モーターショーで展示されるコンセプト・カーや，上映前の映画の製作記者会見など，本格的に市場導入される以前からそのコンセプトを市場に提供することで，価値の伝播や，ブランド・イメージの形成を図ることがある。

☙ 孵 化 期

　孵化期に入り，プロダクトおよびブランド・キャンディデイトのコンセプトが具現化し，さらに市場投入されるようになると，流通 BIT とコミュニケーション BIT が BI に大きく貢献する。

　流通 BIT のこの期における具体的な貢献とは，市場において高く評価され信頼されているような【小売店】の取り扱いにより，プロダクトおよびブランド・キャンディデイトの価値が市場において広く認知されること，さらに他の取引先となる新たな BITP を誘導することである。

　たとえば物産展のように，【百貨店】が採用したことで世間一般に広く認知され，そしてその価値が認められた事例が，沖縄県のブランド豚である「アグー豚」や北海道発のチョコレート菓子

である「ROYCE」など，多くのブランドの BI プロセスにおいて見受けられる。

　一方，この期のコミュニケーション BIT は，プロダクトおよびブランド・キャンディデイトに対する市場におけるカテゴリー・イメージや使用イメージの形成に大きく貢献するものとなる。

　たとえば，特定保健用食品が付与されたお茶のブランドである花王の「ヘルシア」は，飲むと脂肪を燃焼するという効用を【広告代理店】や【テレビ放送局】の力を借り，CM を介して市場に伝播することで，特定保健用食品のお茶とはどのようなものかというカテゴリー・イメージを形成した。さらに，花王は CM を介し，どのような消費主体が対象であるのか，どのようなシチュエーションで使用すべきか，という使用イメージの形成も実現した。

　この期における保証 BIT の貢献には，たとえば先述の特定保健用食品に認証されたプロダクトおよびブランド・キャンディデイトのように，特定保健用食品に関わる〖法律〗(BITF) に準じて【消費者庁】という BITP の認証が付与され，その効果効能が保証されることでブランド価値を形成することが相当する。また CM 等で見受けられるように，【有名大学】による効用に関する使用実験など，信頼しうる BITP が保証することで，とくにブランドの機能面に関わる価値（基本価値および便宜価値）の市場への伝播を促進させる。

　一方，生産 BIT の孵化期における貢献としては，まずプロダクトおよびブランドのコンセプトを具現化への寄与がある。さらに「生産能力の向上」や「生産委託」に関わる貢献をするフォースとなり，その具現化されたプロダクトおよびブランド・キャンディデイトの市場導入を可能にする。

☬ 成体化期

「価値あるブランド」としてある特定セグメントに受容される成体化期になると，「生産能力の向上」とともに，「マネジメント能力の向上」に貢献する生産 BIT が重要な役割を担う。

なぜならば，ブランドとして孵化すると，供給主体はプロダクト・ブランドのみのブランド・マネジメントから，当該プロダクト・ブランドを中核としたブランド・マネジメントへの拡充へとそのマネジメント指針を変更する必要性に迫られるようになるためである。

このとき，【広告代理店】や【コンサルティング・ファーム】のような BITP がそれらの BIT の担い手になることがある。また同様に，北海道や金沢といった〖地域性〗（BITF）を供給主体がブランドに付与することによる，生産 BIT の貢献も存在する。

この期における，流通 BIT およびコミュニケーション BIT の貢献とは，成立したブランド価値をさらに多くの受容者に受け入れられるように拡散することである。ブランドの市場拡大をめざし，ブランドと消費主体の接触点を増やすことが，この期に求められるフォースといえよう。

保証 BIT は，孵化期と同様，信頼に足る BITP の認証が付与されることや，あるいは市場において影響力のある BITP がブランドを支持するといったことで，ブランド価値を高めるフォースとなる。たとえば，食品のパッケージで目にする「モンドセレクション」による認定や，「グッドデザイン賞」受賞のマークなどがこれにあたる。

保証 BIT の役割は，基本的にはプロダクトおよびブランド・キャンディデイトが市場導入されて以降，その実態に関してはほと

んど変わらないといえるが，その影響力の強さは，ブランド価値が市場において認知され評価されるに従い徐々に弱まることが想定される。ただし，「白い恋人」のように，一度，市場での信頼が低下した場合は，成体化期，普遍化期であっても，ブランド価値再生のための重要視すべきフォースとなる。

✾ 普 遍 化 期

次に，ブランド価値がさらに市場に広く受容され，ブランドが市場で確立するようになり，その後「価値あるブランド」から定番となるようなブランド（ブランデット・ブランド）をめざす普遍化期における，機能別 BIT のブランド価値への作用をみていこう。

基本的に普遍化期において，BIT は「新規顧客獲得および市場規模の拡大をもたらす，既存の価値内容や価値伝達を強化・再構成に寄与する動機づけ，能力，機会を提供する」（図 3-8）フォースである。

そのなかで，生産 BIT としては，それまでにないブランドの使用の仕方をするユーザー（BITP）による使用方法を採用しそれを流布することや，供給主体がブランド拡張するための「生産能力の向上」や「ブランド開発支援」に貢献することとなる。

たとえば，キリンビールの「淡麗グリーンラベル」の場合，キリン淡麗のブランドを拡張するにあたり，ブランド開発者の着想のベースにあったのは，販売終了となった『キリンラガー・スペシャルライト』（BITF）であり，またそのコンセプトに寄与したのは，ブランド開発者が交流のあった健康雑誌の【編集長】（BITP）の助言であった。それらの BIT に後押しされ，「キリン淡麗グリーンラベル」は「糖質オフ」という，ビール市場における新たなカテゴリーを形成し，さらに新しい使用イメージの形成を

実現することで，キリン淡麗のブランド価値を拡大することを可能にした。

　この期における流通 BIT，コミュニケーション BIT，また保証 BIT の貢献とは，基本的には成体化期と同様，確立したブランド価値をさらに多くの受容者に受け容れられるよう拡散することと，ブランド価値を維持する，あるいはさらに強化することである。

　以上のように本節では，BI プロセスの各段階において機能別 BIT がどのように寄与するかを改めて議論した。先述したように，多くの場合，BI プロセス初期の段階において BIT が重要な役割を担う。そのため，第 3 章でも議論したが，BIT を有効に活用するためには，供給主体は他のインキュベータである BITP と円滑なコミュニケーションを実施したり，BITF を取り込んだりすることが重要となってくる。

　では，どのような供給主体であれば，またどのようなコミュニケーションが BITP にとって BI への参画意図を高めるのであろうか。前章では，ブランド価値と BITP の育成意図との関係を議論したが，次節では供給主体と BITP の育成意図の関係に関する調査結果を踏まえて議論する。

5　ブランド・インキュベーション・サードフォースを醸成する主体間の相互作用

　ブランド・インキュベーション・サードフォース（以下 BIT）を醸成するように，ブランド・インキュベーション・サードパーティ（以下 BITP）およびブランド・インキュベーション・シング＆フィールド（以下 BITF）と相互作用するにはどのようにすべきか，われわれが実施した調査結果を踏まえ，本節では BITP を中

心に，主体間の関係性の実態を考察する。

主体間の相互作用に関する調査
──供給主体にとって有益な社外関係者とは

　供給主体の BI に関する調査を実施した結果[5]，供給主体が知覚する社外インキュベータとして，小売業者や卸売業者などの流通BIT が多くを占め，続いて広告代理店や代理店といったコミュニケーション BIT に関わるもの，そして行政，また製造会社やデザイナーなどの生産 BIT に関わる BITP が確認された。加えて，供給主体が自社の BI において顧客，つまり消費主体を重要視していることも確認された（詳しくは，鈴木ほか，2018）。

　さらに，供給主体が BI を実現するうえで，社外関係者（BITP）とのどのような関係性が重要であったかに関する調査も実施した。調査の結果，供給主体が認識する，BITP や消費主体との相互作用を後押しする要因として，BITP の「ブランド力」や「商品力」とともに，BITP との「目的」や「価値観」の一致が高い数値を示していた（詳しくは，鈴木ほか，2018，191 頁）。

　もちろん「報酬が良い（リベートを含む）」や「コスト・パフォーマンスが高い」という経済的関係性が重視される傾向もあるが，これまでの取引実績としての「長期継続的関係」や「良好な関係」という社会的関係性も，供給主体が BITP を評価する際に重要視されていた。加えて，その際，供給主体が求める BITP の特性として，「業務遂行能力がある」ことや「情報共有」できることが評価されていた。

　この結果を踏まえると，価値あるブランドをインキュベーションするうえで，自社と価値意識が親和的であり，さらにブランディングを協働するための円滑な相互作用を可能にする体制（能力）を保有していることが重要であるといえる。

主体間の相互作用に関する調査
──BITP の育成意図を醸成する供給主体とは

　一方，BITP にとってはどのような供給主体が，BI に参画する
うえで重要視されるのであろうか。われわれは，流通に関わる
BITP（以下，▲流通 BITP）およびコミュニケーションに関わる
BITP（以下，■コミュニケーション BITP）を対象とした調査を実施
し，BITP の育成意図を醸成する供給主体の要因についても検討
した。

　本調査で確認された▲流通 BITP は，卸売業および小売企業か
ら成る[6]。▲流通 BITP が供給主体の BI に寄与したいという育成
意図をもつ背景には，▲流通 BITP が評価する以下のような供給
主体との関係性がある。

　調査の結果，「良好な関係」「信頼関係」「長期的取引関係」と
いった，供給主体との関係性の良さや事前の関係性の有無に関わ
るものがまず確認された。続いて，「話しやすい」「風土・環境・
雰囲気」「価値観の共有」といった供給主体の相互作用の仕方に
関するものが確認された。また「能力」や「ブランド力」など，
供給主体に対する評価が育成意図を形成する要因として機能して
いることがわかった。

　同様に■コミュニケーション BITP に関する調査も実施した[7]。
調査の結果，■コミュニケーション BITP が育成意図をもつ要因
となる供給主体の特性として，▲流通 BITP による回答と同様，
「良好な関係」「信頼関係」「長期継続的関係」といった，供給主
体との関係性の良さや事前の関係性の有無に関わるものが多く確
認された。そしてそれに続き，「話しやすい」「風土・環境・雰囲
気」「連絡を密にとっている」といった供給主体の相互作用の仕
方に関するものが比重を占めていることが確認された。

主体間の相互作用に関する調査
——消費主体にとって有益な BITP・BITF とは

　一方，消費主体にとってブランドの評価を高める BITP・BITF とはどのようなものであろうか。われわれは，「加賀鳶」「金子眼鏡」「カリモク60」「白い恋人」，そして「ゆめぴりか」の5ブランドを対象とし，各事例で確認された代表的 BITP・BITF に対して消費主体がどのように評価しているのか，またそれらの BITP・BITF がブランド価値の形成に寄与しうるか，について調査を実施した[8]。各事例における評価対象となる BITP・BITF は，表5-4に示している。

　調査の結果，顧客である消費主体のほぼ半数近くが，BI における代表的 BITP・BITF による貢献を評価していることがわかった。

　事例横断的に調査の結果を考察すると，【職人】や【米農家】などの生産 BITP，【百貨店】や【一般販売店】などの小売業（▲流通 BITP），そして【メディア】や【世間の消費者】などの■コミュニケーション BITP がブランド価値構築に寄与していることが確認できた。また事例によっては，それらの BITP よりも重視されてはいないものの，【眼科】や【日本穀物検定協会】などの★保証 BITP が消費主体から評価されていた。

　もちろん，ブランド価値構築には BITF も重要な役割を担っている。調査の結果，「加賀鳶」や「白い恋人」といったお土産として消費されるブランドでは，とくに〚加賀の文化〛〚北海道〛〚スキーや雪〛という，産地のイメージに関わる BITF への評価が確認された。

　同様にそれらのブランドでは，【金沢の土産店】【酒屋】【旅館・飲食店】【新千歳空港の土産店】【百貨店】といった▲流通

表 5-1　各事例における評価対象となる BITP・BITF 一覧

ブランド名	BITP・BITF	主体および機能別類型
加 賀 鳶	米農家	●生産 BITP
	職人（杜氏）	●生産 BITP
	金沢の土産店	▲流通 BITP
	酒 屋	▲流通 BITP
	旅館・飲食店	▲流通 BITP
	観光客	■コミュニケーション BITP
	世間の消費者	■コミュニケーション BITP
	メディア	■コミュニケーション BITP
	加賀の文化	BITF
金 子 眼 鏡	職 人	●生産 BITP
	セレクトショップ	▲流通 BITP
	百貨店・ショッピングセンター	▲流通 BITP
	眼鏡専門店	▲流通 BITP
	一般ユーザー	■コミュニケーション BITP
	メディア	■コミュニケーション BITP
	有名人ユーザー	■コミュニケーション BITP
	眼 科	★保証 BITP
	鯖 江	BITF
カリモク 60	ナガオカケンメイ	●生産・■コミュニケーション BITP
	D&DEPARTMENT	▲流通 BITP
	VANILA（インテリア・ショップ）	▲流通 BITP
	取扱店（一般販売店）	▲流通 BITP
	一般ユーザー	■コミュニケーション BITP
	インテリア雑誌	■コミュニケーション BITP
	カフェ	■コミュニケーション BITP
	イームズの椅子	BITF
白 い 恋 人	新千歳空港の土産店	▲流通 BITP
	百貨店	▲流通 BITP
	ANA	▲流通 BITP
	世間の消費者	■コミュニケーション BITP
	メディア	■コミュニケーション BITP
	渡す人・貰う人	■コミュニケーション BITP
	コンプライアンス確立外部委員会	★保証 BITP
	スキーや雪	BITF
	北海道	BITF
ゆめぴりか	上川農業試験場	●生産 BITP
	スーパー	▲流通 BITP
	百貨店・米穀店	▲流通 BITP
	家 族	■コミュニケーション BITP
	世間の消費者	■コミュニケーション BITP
	マツコ・デラックス	■コミュニケーション BITP
	メディア	■コミュニケーション BITP
	日本穀物検定協会	★保証 BITP
	北海道米ブランド	BITF

注：生産 BITP に●，流通 BITP に▲，コミュニケーション BITP に■，保証 BITP に★を付した。BITF は網かけすることで明示的に区別した。
出所：鈴木ほか（2018）の調査データより作成。

BITP や，【観光客】【渡す人・貰う人】【世間の消費者】が■コミュニケーション BITP として機能している。この結果から，お土産カテゴリーでは，消費主体との接点を形成する▲流通 BITP と■コミュニケーション BITP や，さらにブランド価値をインキュベーションする存在として産地イメージという BITF が有効であるといえる。

BI プロセスの発展段階を踏まえ，BITP・BITF の影響を考慮すると，現在，普遍化期以降に位置づけられる「白い恋人」と「ゆめぴりか」は，■コミュニケーション BITP が他のブランドよりも高く評価されていた。とくに，そのなかでも【世間の消費者】や【渡す人・貰う人】という，プロダクト・カテゴリーのユーザー・イメージを形成・伝播する存在への評価は高い。

これは成体化期を終え，普遍化期に入り，ある特定のセグメントを越えた受容者が存在するようになり，そのユーザー・イメージが確立したことが背景にあると考察できる。「ゆめぴりか」の事例では，【マツコ・デラックス】がブランド評価に大きく寄与しているが，これは「ゆめぴりか」の成体化期から CM キャラクターとして採用され続けていることに起因する（第 6 章参照）。つまり，「ゆめぴりか」が普遍期を迎えるとともに，その広告塔として【マツコ・デラックス】の存在も世間一般に定着することとなり，その結果ブランドを象徴するキャラクターとして消費主体に認識されるに至った。

このように，「ブランド価値が浸透し，特定のセグメントを越えた受容と尊重が形成され，ブランド価値が確立する時期」である普遍化期を迎えたブランドでは，ユーザー・イメージや，ブランドの象徴となるキャラクターも市場において受容されているといえる。そしてそれゆえ，■コミュニケーション BITP が有益な

存在として機能すると考察される。

6　BITP の育成意図とブランド・インキュベーション・コミュニケーション・モデル

　調査結果から供給主体と BITP との相互作用を考察すると，前章で議論したブランド価値の特性とともに，主体間の相互作用の良好さや，相互作用の実績があること，そして供給主体がその相互作用に積極的であること，あるいはその相互作用能力が高いことが重要な役割を担っていることがわかった。

　同様に，供給主体視点から，どのような社外関係者（消費主体と BITP を含む）が自社の価値あるブランドを孵化・育成する際に重要であるか，その調査結果をみても，自社と価値意識が親和的であることや，円滑な相互作用を可能にする体制（能力）を保有していることが重要であることがわかった。

　これらの結果から，供給主体が BI を成功させ，プロダクトおよびブランド・キャンディデイトを価値あるブランドへ孵化させ，最終的にブランデット・ブランドへと成長させるためには，消費主体と BITP の育成意図を獲得するようなコミュニケーションが重要であることがわかる。

　つまり，ブランド・インキュベーション・コミュニケーション・モデル（以下 BICM）（図 5-1）視点のマーケティングが重要であるといえる。

　BICM 視点の BI 戦略を活用するうえで，マーケターは，本章で示した供給主体の特性や育成意図を醸成するようなコミュニケーションのあり方とともに，前章で議論した BITP や消費主体の育成意図を醸成するようなブランド価値がどのようなものかについ

図5-1　ブランド・インキュベーション・コミュニケーション・モデル（詳細版）

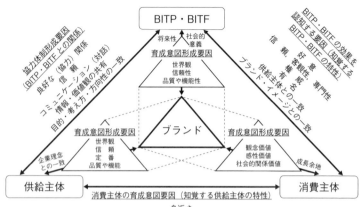

出所：鈴木ほか（2018）209頁を一部加筆修正。

ても着目することが必要となってくる。

　加えて，BIプロセスを考慮すると，初期のブランド価値が形成される以前の孵化の段階では，潜在的なブランド価値の存在だけでなく，供給主体の特性やコミュニケーションの形態がBITPの育成意図を高め，その結果，有効なBITが獲得される傾向が強い。

　一方，育成の段階においては，既存のインキュベータ間の相互作用による寄与もあるが，それ以上に市場で成立・確立したブランド価値が，消費主体やBITPの育成意図を醸成・強化する存在となるのである。

　BIを実現し，普遍化したブランデッド・ブランドをめざすうえで，マーケターは，BIプロセスにおいて自社のプロダクトお

よびブランド・キャンディデイト，あるいはブランドがどの段階に位置するのかを考慮する必要がある。そしてそのうえでどの程度ブランド価値が形成されているのか，またその内実はどのような価値分類から構成されているのかを確認することが重要である。

　それらの検討を踏まえ，自社内のブランドに対する育成意図のみならず，消費主体や BITP の育成意図の程度を考慮し，マーケティングを行うことが望まれる。その際には，供給主体である自社が，他のインキュベータにとって相互作用に足る存在といえるのか，もしくは有効なコミュニケーションを実施しているか，改めて再考することが必要といえる。

注

1　本書において，関係性マーケティングという用語は，その主要構成概念の位置づけ，機能，役割が若干異なるリレーションシップ・マーケティングを内包する，包括的な意味合いとして用いる。

2　本書ではプレイス・ブランディング（Place Branding）と同義のものとして，地域ブランディングという用語を採用する。

3　2020 年 3 月より，「羽田空港第 3 ターミナル」へ名称変更。本書では，BI の発展過程の系譜を歴史的な視点も踏まえ議論する関係から，その当時の名称を用いて議論する。

4　2019 年のシーズンからは，「ISIYA」と石屋製菓の名前が掲載されている。

5　調査は楽天リサーチのサービスを用いて，ブランドの供給主体であるメーカーやサービス企業を中心に，職種情報から「マーケティング」と「宣伝」と回答したサンプルを対象に実施した（2018 年 2 月 16～22 日）。サンプル数は 600 名，そのうち有効回答数 538 名（90％）であった。

6　▲流通 BITP に関する調査は，楽天リサーチのサービスを用い，2018 年 2 月 28 日～3 月 2 日に実施した。サンプルの回収数は 400 名，そのうち有効回答数 374 名（94％）であった。有効となる調査対象者は，卸売業 156 人（42％），小売企業 218 人（58％）から構成される。

7　■コミュニケーション BITP に関する調査も，楽天リサーチのサービスを用い，2018 年 2 月 28 日～3 月 2 日に実施した。サンプルの回収数は 400 名，そのうち有効回答数 335 サンプル（83％）であった。調査対象者の業種に関して，最も多かったのが「Web マーケティング関連企業」であった。そしてそれに続くのが，

「広告代理店」や「広告制作会社」であった。
8　本調査は株式会社マーケティング・アプリケーションズのサービスを用いて実施した。スクリーニング調査および本調査の各事例のサンプルの回収数は，「加賀鳶」（スクリーニング：5,110，本調査：240），「金子眼鏡」（スクリーニング：7,020，本調査：240），「カリモク 60」（スクリーニング：6,007，本調査：239），「白い恋人」（スクリーニング：4,811，本調査：240），「ゆめぴりか」（スクリーニング：4,803，本調査：240）である。調査対象者は，当該ブランドの知識があり，消費経験がある消費主体としている。

参 考 文 献 ─────────────────────────────●

青木幸弘（2013）「『ブランド価値共創』研究の視点と枠組──S-D ロジックの観点からみたブランド研究の整理と展望（和田充夫博士記念号）」『商学論究』60(4)，85-118 頁
鈴木和宏・和田充夫・新倉貴士・西原彰宏・圓丸哲麻（2018）「時間軸と Third Party を組み込んだブランド・インキュベータ・コミュニケーション・モデルの構築と分析」第 51 次（平成 29 年度）吉田秀雄記念事業財団助成研究報告書
Keller, K.L.（2003）"Brand Synthesis：The Multidimensionality of Brand Knowledge," *Journal of Consumer Research*, Vol.29, March, pp.595-600.

第**6**章

ブランド・インキュベーション・ストーリー

▶ はじめに

　本章では，本書が提示するブランド・インキュベーション戦略（以下 BI 戦略）について，5 つのブランドの事例をもとに解説を行う。この 5 つのブランドは，それぞれの供給主体がブランド構築の当初から意図して BI 戦略を行ってきたわけではない。しかし，インキュベーションの観点からそれぞれのブランドについてブランド・インキュベーション・ストーリーを分析すると，本書が提示するブランド・インキュベーション・サードフォース（以下BIT）を活用した BI 戦略の多くを読み取ることができる。本書で提示する BI 戦略の枠組みは，これらの事例から導出されたものである。

　BI 戦略の枠組みを効果的に活用するには，プロダクト開発とブランド（コンセプト）開発を同時期から行い，中長期的な視点に立った経時的なプロセスを念頭に，BIT を組み込んだブランド価値協創を行うことが必要である。

　以下では，木製家具ブランド「カリモク 60」（第 1 節），日本酒ブランド「加賀鳶」（第 2 節），眼鏡 SPA ブランド「金子眼鏡」（第

3節），土産菓子ブランド「白い恋人」（第4節），米ブランド「ゆめぴりか」（第5節），の5つのブランドそれぞれにおいて，第3章で取り上げたブランド・インキュベーション（BI）の各プロセスに沿って，そのブランド・インキュベーション・ストーリーを詳述する。

本書で取り上げたブランドは，次の4つの基準を満たすものとした。市場において，①広く認知されていること，②高い評価を得ていること，③生活の豊かさ演出場面において消費されていること，④市場において10年以上存続していること，である。これらの基準を満たすブランドは，ブランド価値を有すると考えられるためである。さらに，これらの基準を満たしたブランドであることに加え，解説のしやすさという観点から身近なプロダクト（ブランド）であることも条件に加えた。

本書で取り上げた5つのブランドは，衣食住に関わるブランドであり，特徴的なBIを有したブランドである。それぞれ，「カリモク60」はブランド・インキュベーション・サードパーティ（以下BITP）を起点に供給主体とともに価値協創体制を構築したBI，「加賀鳶」は長期的なBITPとの人的ネットワークを活用したBI，「金子眼鏡」はBIプロセスの段階別に機能別のBITを最適活用したBI，「白い恋人」はBITの活用で孵化・成長・再起を果たしたBI，「ゆめぴりか」はプロダクト導入前から価値協創体制を構築したBIである。

それぞれの節において，5ブランドを対象に，本書で提示するBI戦略について解説する。それぞれのBIプロセスに沿って，ブランド価値がどのように形成され，そして，どのようにブランドとして孵化・育成されてきたかについて，そのBIを整理する。その際，ブランド価値に寄与する供給主体，消費主体，そして，

168

BIT のブランド価値への貢献，BI におけるブランド価値協創の体制構築についてもみていこう。

1　木製家具ブランド「カリモク 60」

☺「カリモク 60」のブランド価値構造

　「カリモク 60」（カリモクロクマル）は，カリモク家具株式会社（以下，カリモク家具）が 2002 年から発売している家具ブランドである。このブランドは，カリモク家具が 1960 年代から製造を続けているプロダクトに加え，当時の復刻品を擁し，サブ・ブランドを含めると椅子を中心にテーブルや AV ボード，デスクなどの家具の他，インテリア小物などがある。そのなかでもカリモク 60 を象徴する K チェアは，1962 年にカリモク家具が初めて製造・販売した「♯1000」，そこから派生する形で 1960 年代後半頃に製造された「WS1150」がベースとなっている（写真 6-1 および写真 6-2 参照）。「カリモク 60」というブランド・ネームには，企業名である「カリモク」に加え，ロングライフデザインであることを伝えるため「1960 年代」という意味が込められている。

　「カリモク 60」のブランド価値構造は，消費主体に対する質問調査をもとにすると，図 6-1 のようになる。この調査では，消費主体に対して「カリモク 60」から連想されるイメージを聞いている（詳細は，鈴木ほか，2018 を参照）。

☺「カリモク 60」のブランド・インキュベーション・ストーリー

　カリモク家具は，「カリモク 60」の BI を実現するにあたり，さまざまな BIT（BITF と BITP）[1]をうまく活かしてきた。そのブラ

写真6-1 Kチェア
(「カリモク60」のウェ
ブサイトより引用。
https://www.
karimoku60.com/
product/kchair-
1sheeter/standard-
black〔最終アクセス
2020年8月29日〕)

写真6-2 Kチェアの原型「#1000」と直接の前身となる「WS1150」
(「#1000」の画像は，カリモク社史編纂委員会（1986）74
頁より引用。「WS1150」の画像は，カリモク60のウェブサ
イトより引用。https://www.karimoku60.com/column/
column15/〔最終アクセス2020年8月29日〕)

図6-1 「カリモク60」のブランド価値構造

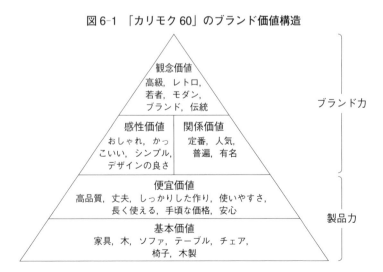

ンド価値には，モチーフとなった『ミッドセンチュリーの洋家具』が大きく寄与している。そこに普遍的なデザインとしての価値を見出だした【ナガオカケンメイ】（以下，ナガオカ）がきっかけとなり，【ナガオカ】がブランディングのディレクションを担う形で，カリモク家具と BI を行ってきた。そして，カリモク家具は【取扱店】を介した消費主体とのつながりから，直営店などを通じて消費主体と直接的な関係も築くことで，ブランド価値協創体制の構築に至り，現在もその協創体制を維持・強化し続けている。

　以下で，「カリモク 60」の BI ストーリーを順にみていこう。

(1)　**受精化期（前期）：カリモク家具の「♯1000」開発から
　　　　　　　　　　　　応接間の椅子までの時期**

　受精化期は，大きく 2 つの時期に分かれる。カリモク家具の創業後，K チェアの原型となった「♯1000」や，その後継となる「WS1150」が製造された 1960 年代，そして，販売が継続された時期（1940〜99 年頃）である。もう 1 つは，「WS1150」に価値を見出した【ナガオカ】が発端となり，カリモク家具との協働によってブランド・ネームやコンセプトが構想された時期（1999〜2002 年頃）である。

　カリモク家具は，創業者である加藤正平氏が家業の材木屋を継ぎ，1940 年に愛知県刈谷市で木工所を創業したのが始まりである。紡織機やミシン・テーブルなどの木製部分の生産下請によって木材の知識や加工技術が醸成され，輸出用家具の下請を行う機会を得て，木製家具の開発へと動機づけられていく。

　1962 年に同社初の木製家具の製造・販売を開始した際，品質基準設定，椅子張りの技術習得，生産体制の構築においてさまざ

まな BIT（BITP／BITF）を活用している。同社初の製品である「♯1000」のモチーフはミッドセンチュリーの〖輸出家具（洋家具）〗であり，量産化や買い足しやすさの観点からシンプルなデザインが選ばれ，日本人に合ったサイズ感になるように作られた。〖ミッドセンチュリー〗の歴史性やスタイルなども，現在の感覚価値や観念価値などのブランド価値の源泉となっている。

　「♯1000」に加え，1960年代後半頃に開発されたKチェアの直接の前身となる「WS1150」が，民間企業や官公庁および応接間をもつ一般家庭において使われ，「応接間の椅子」というイメージを確立した。こうした歴史がノスタルジー性やレトロなどの観念価値に結びついている。

(2)　**受精化期（後半）：BITPとの出会いから協同ブランディングまでの時期**

　1990年代後半において，カリモク家具は販売を担っていた家具店の減少という問題やコーポレート・ブランドの存続の危機といったさまざまな問題に直面していた。ブランディングに対する問題意識を抱えていたなか，カリモク家具は，【ナガオカ】と出会う。

　1999年，【ナガオカ】は，リサイクル・ストアとカフェを併設した【D&DEPARTMENT（以下，D&D)】の開店準備の際，リサイクル・ストア巡りのなかで「WS1150」と偶然出会い，そのデザインに魅力を感じたという。優れたデザインを今の時代に伝えるため，「WS1150」を現代にも通用する魅力的なプロダクトにするといった想いにより，【ナガオカ】はさまざまな提案をカリモク家具に対して行っていった。

　2001年春には，カリモク家具の社長との初めての面談の席で，

【ナガオカ】と彼が率いる【D&DEPARTMENT PROJECT】のメンバーが「カリモク60」ブランドの立ち上げを説得するためのプレゼンテーションを行った。その後、のちにブランド統括責任者となる営業推進部の山田郁二氏（以下、山田氏）を含めたカリモク家具側の3人と【ナガオカ】との間で月に1、2度のペースで議論が行われた。この過程を通じて、ロングライフデザインというコンセプトなどが決められた。

　山田氏によると、【ナガオカ】との協働により心が突き動かされ、「カリモク60」ブランド立ち上げの取り組みがカリモク家具自体を変化させる機会になるとの想いが生じたという。

(3)　孵化期：「カリモク60」が形づけられ、市場導入前後でブランド価値が受容される時期

　孵化期は、「カリモク60」が具現化および市場導入され、【取扱店】に加え、一部の消費主体にブランド価値が受容された時期である（2002〜04年頃）。

　「カリモク60」は、2002年9月に発売が開始された。ターゲット顧客は20〜30代の若い男性であり、初年度の目標は販売店30店舗、年間売上1億3000万円であった。価格は、たとえば、Kチェア（スタンダードブラック）の1シーターが前身のWS1150よりも少し高い2万5900円（2002年当時）に設定されている。

　「カリモク60」を継続的にブランドとして扱ってもらうため、さまざまな条件が設けられ、面談のうえで取扱店の選定を行った。これまでの家具店ではなく、デザイン感度の高いインテリアのセレクト・ショップなどが中心であった。【取扱店のオーナー】が「カリモク60」に惚れ込んで取引を申し込んでくることも多く、【取扱店】から賛同や共感を得たことで、【取扱店】を通じた消費

主体のファン化が誘発されることとなる。こうした取り組みにより，「カリモク 60」が供給主体はもちろん，【取扱店】，そして一部の消費主体にブランド価値が受容され，ブランド価値協創体制が構築されていく。

　一方で，広報活動にも長けた【ナガオカ】により，〖D&D〗が〖ファッション誌〗の撮影協力を行っている。〖オシャレなカフェ〗店内でKチェアを背景にして【ファッション・モデル】が写り，Kチェアとの結び付きが強まることで感性価値や観念価値の源泉となった。加えて，〖D&D〗をはじめとした〖オシャレなカフェ〗でKチェアが利用されることも，同様の効果をもたらしている。

　⑷　成体化期：「カリモク 60」の活性化から価値あるブランドとして
　　　　認められる時期

　成体化期は，サブ・ブランドの導入や商品展開，直営店の展開によってブランドが活性化され，一部の消費主体に「カリモク 60」が価値あるブランドとして認められる時期である（2004〜07年頃）。

　1960 年代から継続販売している商品と，1960 年代の商品を復刻した「カリモク 60」に，2004 年には新たなプロダクトや現代のデザインを加えた「カリモク 60＋」（カリモクロクマルプラス）が加わり，その後も続々とアイテムが導入されることで「カリモク 60」ブランドが活性された。2005 年からKチェアを中心に張地の限定バージョンの販売が開始され，2007 年には子ども向けのKチェアミニが発売されるなど，20〜30 代であった顧客が年を重ねることでカップルやファミリー層への広がりが徐々にみえはじめ，Kチェアなどを起点にテーブルや他の家具を買い足すこ

とができるようにしている。

　また，【ナガオカ】から直営店を展開することを提案され，2006 年 10 月，初のフラッグシップショップをららぽーと豊洲店に出店した。カリモク家具にとって初めてとなる直営店は，消費主体との直接的なコミュニケーションの場となるだけでなく，社内の協力体制の強化，全アイテムを扱うことによる工場のロット生産の安定化，【取扱店】からの注文に対する欠品防止など，価値協創体制の強化・維持にも貢献している。

(5)　普遍化期：確固たる地位を築くための伝承や価値協創体制の見直し・強化の時期

　「カリモク 60」の現在の BI プロセスである普遍化期は，確固たる地位を築くため，これまでの取り組みの見直しや強化，プロダクトの仕様改良，社内外に向けた「カリモク 60」の伝承，市場に対するブランドの維持と強化，そして基盤の拡張が行われる時期である（2008 年から現在）。

　2008 年には K チェアを中心にデザインはそのままで耐久性や使用感を高めるため，これまでよりも大きな製品仕様や部品の変更を行った。その後もパーツ販売を本格化させたり，張地や木部の塗装を増やしたり，期間限定品やエリア限定品の販売，そして，カスタマイズ等のキャンペーンを展開している。

　2016 年からは，「カリモク 60 マイスター」などの資格制度を設けて【取扱店】のブランド知識や組立技術を養っている。また，【取扱店】向けのポータル・サイトをスタートさせ，カリモク家具側からの情報提供，カリモク家具と【取扱店】や【取扱店】間で交流が行える掲示板などの機能をもたせるなど，協創体制を維持・強化している。

さらに，カリモク家具は「カリモク60」のブランドの価値や世界観，歴史や開発秘話や開発当時の想いなどを伝え，社内外に伝承していくために書籍や雑誌などの出版を行っている。

そして，現在の若者層の取り込みといった課題のため，ホームページの刷新やスマホ対応，ソーシャル・メディアの活用を行っている。2018年からは大手ECのアマゾンで一部の商品の販売を開始するなど，露出を増やしている。カリモク家具は，これらの取り組みによって，既存の【取扱店】と新たな消費主体がつながることを意識している。

以上が「カリモク60」のブランド・インキュベーション・ストーリーである。

⊗ BI戦略としての特徴

「カリモク60」は，BITとの価値協創において優れた事例である。その特徴を以下にまとめておこう。

(1) BITPとの協働により，供給主体（自社）と消費主体の関係を客観視して捉えることができる。

(2) ブランドのコンセプトや自分たちの想いを熱心に伝える機会や場を継続的にもつことで新たなBITPや消費主体を獲得し，協創体制を維持・強化することができる。

(3) 新たなBITPの取り込みを，既存のBITPや消費主体との関係を維持・強化する形で計画・実行することにより，ブランド価値協創の体制を維持・強化することができる。

2　日本酒ブランド「加賀鳶」

♨「加賀鳶」のブランド価値構造

　「加賀鳶」は，石川県金沢市に本社を置く，創業 1625 年から続く酒蔵，福光屋の代表的銘柄である。福光屋は，ハウス・ブランドである「福正宗」を筆頭に，愛酒家のためのこだわりのブランド「黒帯」，そして福光屋にとって初めての女性向けのブランドとして開発された「加賀鳶」などの銘柄をもつ。

　福光屋の年商は約 30 億円（2015 年 7 月〜16 年 6 月）（株式会社福光屋提供の資料より〔2017 年 8 月 10 日確認〕）と，清酒を主とする酒蔵としては全国でも上位に位置づけられる売上を樹立している。この売上の総額において，上記 3 銘柄に関わる商品が売上の約半分を占めている。そのなかでもとくに注目すべきは，酒類の売上の約 39％ を占める「福正宗」に続いて，高い売上（売上の約 32％）をもたらしている「加賀鳶」である。

　この「加賀鳶」は，河竹黙阿弥がつくった歌舞伎の演目「盲長屋梅加賀鳶」をモチーフとして，加賀藩江戸屋敷お抱えの大名火消をイメージして開発された銘柄である。「加賀鳶」は，その加賀鳶のもつ江戸時代の風土，「粋」をコンセプトに，地域を代表する銘柄として開発され，現在は純米大吟醸からスパーリングまで幅広いラインナップをもつ。

　では，その福光屋の主力ブランドである「加賀鳶」のブランド価値（図 6-2）は，どのようにインキュベーションされたのであろうか。以下ではその発展プロセスの詳細を議論する。

写真6-3 福光屋「加賀鳶」（株式会社福光屋提供）

図6-2 「加賀鳶」のブランド価値構造

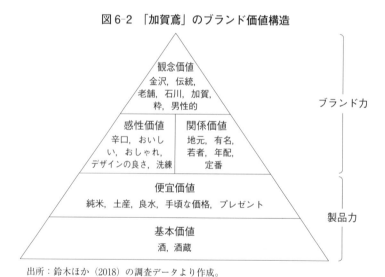

観念価値
金沢，伝統，
老舗，石川，加賀，
粋，男性的

感性価値
辛口，おいし
い，おしゃれ，
デザインの良さ，洗練

関係価値
地元，有名，
若者，年配，
定番

便宜価値
純米，土産，良水，手頃な価格，プレゼント

基本価値
酒，酒蔵

ブランド力

製品力

出所：鈴木ほか（2018）の調査データより作成。

☺「加賀鳶」のブランド・インキュベーション・ストーリー

「加賀鳶」の BI プロセスは，①受精化期，②孵化期，③成体化期，④普遍化期から成る。

⑴　受精化期：人的ネットワーク（「縁」）から導出されたコンセプトの形成

「加賀鳶」の受精化期は 1985〜92 年頃である。1985 年に福光屋では，福光屋を大きく躍進させた立役者である前当主 12 代目福光博氏から，現当主 13 代目福光松太郎氏へ代替わりすることになった。

その当時，〖地酒ブーム〗や〖本物志向〗という日本酒に対する好調な消費傾向である BITF が存在し，日本酒への関心が市場で高まっていたものの，清酒の市場規模は 1975 年以降減少傾向であった。この背景には，他の酒類，とくにビール市場が台頭してきたことや，日本酒市場を支えていた当時の中高年男性消費者たちが加齢や健康面の問題から飲酒を控えるようになったことという消費潮流の変化がある。加えて，酒蔵の多くが中小企業であり，大手数社を除いて，高利益率を確保するマス・マーケティングが行使できなかったことや，新たな若者層を獲得できなかったことなどのマーケティング課題が理由として挙げられる。

このような市場環境を受け，福光氏は，東京市場への進出，それもとくに女性客の獲得を模索するようになる。実際この当時，女性の就業率が高まり，社会進出するようになると，女性による飲酒が増加するようになった。当時の男性と女性の飲酒の違いは，男性が「価格を含め購買の容易さ」と「量」を重視するのに対し，女性は高くても「質」や「見た目」を重視する傾向にあることであった。さらに女性の特徴として，ただ酒のみを楽しむのではな

く，食事中に飲酒するほうが多かった。

　福光屋の代表的な銘柄の１つである「黒帯」の開発・製造・販売を通じて，軽くてもおいしい酒が市場で人気を博すという経験があったことを背景に，女性の飲酒傾向の特徴に注目し，福光氏は女性が食事中に飲酒するのに適した酒の開発に着手する。

　この受精化期において，その開発に寄与した BIT の担い手として，「加賀鳶」というアイディアを提供した，先代の頃より交流の深い【芸妓】や，製品の機能や品質，また消費者の動向に関して助言をした，近隣の【料亭】や【旅館】【酒屋】などが存在した。

　もともと加賀鳶とは，加賀藩江戸屋敷お抱えの「大名火消し」を指す。明治に入り，藩が解体されると，江戸から戻り，県の消防団に収容されることとなり，その結果，〘加賀〙（〘金沢〙が主）の消防団を象徴するイメージとなった。また加賀鳶は，河竹黙阿弥がつくった〘歌舞伎〙の演目としても有名である。さらに，加賀鳶をモチーフにした「加賀鳶梯子登り」の演技や「加賀鳶木遣りくずし」という唄があり，金沢の初夏の風物詩「金沢百万石まつり」の名物の１つとなっている。

　福光氏は，その加賀鳶の〘歌舞伎〙の演目から派生した日本舞踊に長けた【芸妓】のアドバイスを受け，大名火消し・加賀鳶の粋なイメージをメイン・コンセプトとする「加賀鳶」という日本酒ブランドを開発していった。

　その過程において，河竹黙阿弥の曾孫にあたる，演劇学者（主に歌舞伎）【河竹登志夫】氏と関係を築き，そして加賀鳶のパッケージの題字を依頼することで，〘歌舞伎〙に関する観念価値を強化するだけでなく，「おしゃれ」や「デザインの良さ」といった感性価値を高める試みを実施した。

　その結果,「加賀鳶」は,福光屋がそれまでに形成してきた企業ブランドに紐づけられるブランド価値のみならず,〖江戸〗や〖加賀〗,〖歌舞伎〗に連想される観念価値,そしてその価値を視覚的に表象するデザインという感性価値を包含する銘柄として市場に導入されることになった。

(2)　孵化期：BITを活用したブランド価値の強化と伝播

　「加賀鳶」の孵化期は1992〜2003年頃である。1992年に「加賀鳶」が導入され,その価値が徐々に市場に浸透するこの期において,BIに大いに寄与したのが,【酒屋】や【(金沢を中心とする)飲食店】などの流通BITP,プロモーションに参画したコミュニケーションBITPである【歌舞伎関係者】,そして製品の品質向上に寄与した生産BITPの【(米)農家】,またその品質を評価した【評価団体】の存在である。さらに,新たな顧客を導く【加賀鳶ファン】も誕生し,「加賀鳶」のBIを支えるようになった。

　都市部での展開をその製品開発の目的としていた福光屋にとって,その販路を広げる役割に貢献した,【酒屋(酒卸)】である太田商店の存在が大きい。彼らが福光屋と東京の小売店との橋渡しをすることで,都市部での販売が可能となった。またそれが他府県の小売業者への誘因となり,福光屋は自社の販路を編成することになる。そしてその結果,1997年には,「加賀鳶」と「黒帯」の特約店は全国であわせて680店を超した。

　〖歌舞伎〗のイメージを付与された「加賀鳶」のプロモーションは,【歌舞伎関係者】によるサポートを受けて実現した。福光氏は,【松竹芸能】の助けを借り,【歌舞伎関係者】と関係性を構築し,『加賀鳶』に関する演目時に「加賀鳶」の菰樽を歌舞伎座正面に飾るなどのプロモーションを実施した。このプロモーショ

ンにより，加賀鳶は〖歌舞伎〗のイメージのみならず〖加賀〗などの地域イメージ，さらに福光屋の長い歴史から形成された「老舗」や「歴史」といった観念価値を，東京の消費者へ訴求することができた。

　加えて，「加賀鳶」を含む製品の品質向上のため，【（米）農家】との契約栽培をより促進し，「品質」と「おいしさ」といった価値の強化を行った。さらに福光屋では，小瓶の酒類の需要拡大に対応すべく，瓶詰工場を新たに建設するなど，飲みやすさや購買しやすさなどの機能価値を醸成するような取り組みにも着手した。また同社は，2001 年には，すべての日本酒を純米造りとする「純米蔵宣言」を行い，そして米にこだわることで，「品質」と「おいしさ」の向上を図っている。

　これらの取り組みは，供給主体が主体的・直接的に行使するBI であるが，自社のブランドの価値を客観的に評価するようなBITP，つまり保証 BIT に関わる主体によって評価されることで，「加賀鳶」のブランド価値がさらに高まる事案も存在する。

　福光屋はさまざまな賞を自治体などから得ているが，「加賀鳶」に関して，「平成四年度石川県優良観光土産品認定審査会」にて最高賞の知事賞を受賞している。このような【自治体】による評価は，福光屋が受精化期までの過程において形成してきた「土産」や「プレゼント」といった「加賀鳶」の機能価値をさらに強化するものであった。

　この孵化期において，上記のような取り組みによって「加賀鳶」が売上を順調に伸ばしていったことや，コメ発酵液を用いた自社化粧品が消費者に受けたこと，また特約店である【酒屋】の女性スタッフからの支持もあり，福光氏は改めて日本酒市場における女性消費者に注力したマーケティングへの変換を図るように

なる。

(3)　成体化期：流通 BITP との関係性および BITF を活用したブランド
　　　価値の広域化

　「加賀鳶」の成体化期は 2003～15 年頃である。孵化期までの
BI プロセスを経て，福光屋は現在，多くの女性客に支持される
酒蔵として成長した。そのなかで「加賀鳶」は先述のように，福
光屋にとって要となるブランドとして成長した。現在では，純米
大吟醸，純米吟醸，純米という精米歩合の差のみならず，製法の
違い（山廃仕込み，無濾過，原酒，生酒，にごり酒，熟成酒）や季節
（夏純米，冷やおろし）などを基軸に，約 20 品目のラインナップを
もつ。

　この成体化期において，「加賀鳶」のブランド価値に寄与した
主な BITP には，福光屋をテナントとして採用した【玉川高島屋
S・C】【東京ミッドタウン】【松屋銀座】や，金沢の地域イメージ
を全国的に向上させることで間接的に BI に貢献した【金沢 21 世
紀美術館】が存在する。

　「加賀鳶」の孵化期にあたる 1999 年から，福光屋は直営店を東
京・銀座に出店していたが，直営店の出店が本格的になったのは，
2003 年 5 月に本社屋 1 階に展開した「SAKE SHOP 福光屋金沢店」
からである。両店は，「女性が自分のうちで飲んでいる感覚にな
る」というストア・コンセプトのもと，ニューヨークの MoMA や
Apple Store1 号店のインテリアにも参画したデザイナー【植木
莞爾】氏がデザインを手がけた。

　供給主体である福光屋の以上のような取り組みにより，さらに
製品や直営店の業界での評価は高まり，その結果【玉川高島屋
S・C】による出店打診を受けることになる。そしてその後，【東

京ミッドタウン】や【松屋銀座】といった他の商業施設から声がかかるようになった。このことにより，「加賀鳶」はよりいっそう市場での認知を高め，また東京でも富裕層やこだわりの消費者が多い地区に出店したことで，「高級」感や「おしゃれ」といった価値を高めることになる。

　また2004年に【金沢21世紀美術館】が開館したことで，地元地域である〖金沢〗が活性化するようになった。この流れによって，〖加賀〗の「歴史」を表象する「加賀鳶」は，観光客に現地で親しまれるとともに，「土産」や「プレゼント」としても購買されるようになった。

⑷　普遍化期：地元地域の活性化によるブランド価値の拡張

　「加賀鳶」の普遍化期は2015年頃以降となる。2015年に【北陸新幹線】が開通すると，さらに〖金沢〗が活性化するようになり，当該地域イメージが向上することで「加賀鳶」のもつ地域性に関わる観念価値も高まることとなった。加えて，多くの観光客との接触点が増えたことで，より市場において認知・評価されるようになった。その結果，「土産」や「プレゼント」として購買される機会もさらに増加傾向にある。

　加えて，普遍化期では，孵化期・成体化期において形成された【加賀鳶ファン】，とくに女性のファンが新たな同性の消費主体の誘因となっている。「加賀鳶」はそもそも女性をターゲットにしたブランドであったが，現在の傾向をみると，とりわけ若い女性からの人気を獲得している。

　このようにブランド価値が市場において成立したことで，「加賀鳶」は福光屋の企業ブランドを向上させるだけでなく，同社の他のブランドの開発や育成に寄与するブランドへと発展している。

🔅 BI 戦略としての特徴

「加賀鳶」は当主・福光氏のもつ人的ネットワークを基盤とした BIT を有効的に活用し，また地域イメージや老舗という観念価値を醸成する BITF を，デザインという感性価値へ転化することで成功した事例といえる。そのポイントを，以下にまとめておこう。

(1)　受精化期において，自社の主要ターゲットの消費意識を代弁する BITP との関係性を重要視し，その助言を戦略に採用した。

(2)　自社の強みとなる観念価値を表象するため，コミュニケーション BITP を活用した。

(3)　長期的な BITP との関係性が新たな MAO (Motivation, Ability, Opportunity) を醸成する。

3　眼鏡（フレーム）ブランド「金子眼鏡」

🔅「金子眼鏡」のブランド価値創造

金子眼鏡は，福井県鯖江市[2] に本社を置く，眼鏡企画・製造[3]・販売の企業である。1958 年に眼鏡二次卸として事業を開始し，1987 年に 2 代目社長・金子真也氏が「BLAZE」という自社ブランド製品を企画・販売したことを契機に，眼鏡企画販売事業から眼鏡製造小売業（SPA）へと段階的に発展してきた。

2010 年には羽田空港[4] 国際線ターミナル[5] のショッピング・フロアに，デベロッパーからの強い要請を受け，社名を掲げた直営店を出店することとなる。そしてそこで誕生したブランドこそ，

写真 6-4　金子眼鏡社「金子眼鏡」（金子眼鏡株式会社提供）

図 6-3　「金子眼鏡」のブランド価値構造

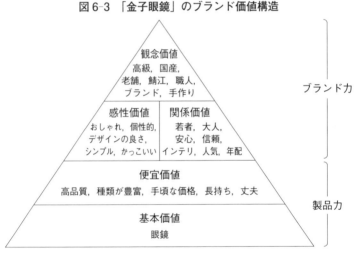

出所：鈴木ほか（2018）の調査データより作成。

「金子眼鏡」という国産高価格帯眼鏡ブランドである。

　現在の年商は 46 億（2017 年 9 月期），49 億 2000 万円（2018 年 9 月期），54 億 5000 万円（2019 年 9 月期；前年対比 110.8%）と，3 期連続増収している（金子眼鏡株式会社提供資料から〔2020 年 4 月 20 日確認〕）。そしてその売上の 65% が「金子眼鏡」ブランドから

構成され，「眼鏡職人シリーズ」を含めると 75%（約 40 億）超える売上に貢献している。

　では，そのような「金子眼鏡」のブランド価値（図 6-3）はどのように形成されてきたのか，その発展プロセスの詳細を議論する。

◑「金子眼鏡」のブランド・インキュベーション・ストーリー

　金子眼鏡の BI プロセスは，①受精化期，②孵化期，③成体化期，④普遍化期から成る。

⑴　受精化期（前期）：生産・流通に関わる BIT によって MAO を形成
　「金子眼鏡」の受精化期（前期）は，金子眼鏡社が独自の眼鏡フレームのデザインに着目し，「金子眼鏡」の前身ブランドを確立させた 1987〜2000 年頃となる。

　金子眼鏡社が創業し，そして「金子眼鏡」に関わる着想がなされるまでの受精化期において，同社はデザイン性という感性価値の形成にとくに注力してきた。

　金子眼鏡社による初めてのブランドとして，1987 年に販売が開始された「BLAZE」がある。このとき，まだ同社はデザイン部門や製造部門を保有しておらず，社長・金子真也氏自身によるデザインが開発の基点となった。

　開発の契機は，海外市場で販売されている眼鏡とは異なり，国内市場ではライセンス・ブランド[6] が席巻する一方で，その製品の多くがファッション性の乏しいものであるという，金子真也氏の気づきであった。そのきっかけから同氏は，よりデザイン性が高く都会的なブランド開発の可能性を感じ，自社のオリジナル・ブランド開発に乗り出した。

この開発段階において最も寄与したのが，原宿にある眼鏡セレクト・ショップ【オプティシァン ロイド (Opticien Loyd)】であった。

　当時，金子氏が持ち込んだ商品は店頭で扱える水準ではなかったが，その後も関係を続けること4年間，【オプティシァン ロイド】による商品の評価やアドバイスを通じて，そのデザインを向上させることとなる。そして，このBITPからの支援によりデザイン性が向上したことで，当時の感性の鋭い原宿や渋谷の若者に支持されていた【丸井】による取り扱いが，1992年に開始された。また，感性の鋭い若者だけでなく，眼鏡業界においてバイヤーの目利きに一目置かれていた【丸井】が取り扱い始めたことが，全国的な販売展開の契機となった。

　その後，「BLAZE」で培ったデザイン力を活かし，金子氏は新たなブランドとして，1997年から「SPIVVY」と「眼鏡職人シリーズ」という新しいブランドを展開する。

　⑵　受精化期（後期）：観念価値を高めるBITの活用とコンセプトの形成
　受精化期（後期）は，自社テナントを出店するようにいわれた【羽田空港国際線ターミナル】から新ブランド出店を打診された2000～10年頃となる。

　「眼鏡職人シリーズ」とは，眼鏡の作り手である【職人】の技術を特徴とするブランドである。一般的には分業体制で製造される眼鏡を，1人の【職人】が一貫して製造するという，特定の【職人】の技術力をブランドのコアとしていることがその特徴である。

　さらに，金子眼鏡社に対する海外の消費者からの支持もあり，同社は2000年には〖ニューヨーク〗に，翌年の2001年には東京

〖丸の内〗に，自社初の直営店「FACIAL INDEX NEW YORK」を出店する。そしてこれが新たな契機となり，店舗設計や運営のノウハウを蓄積するとともに，企業ブランドとして〖ニューヨーク〗や〖丸の内〗という「都会的」で「最先端」なイメージという観念価値を内包することとなった。

　比較的順調に BI を実現し続けてきた金子眼鏡であったが，2001 年に入り，眼鏡市場においても【低価格帯 SPA（3 プライス眼鏡店）】が誕生したことで，その流れは一変する。デフレ経済を背景として誕生した【低価格帯 SPA】は，低価格のみならず，そのデザイン性の高さも消費者に評価され，瞬く間に市場を席巻することとなった。

　この市場の変動を受け，金子眼鏡社の売上も大きく侵食されることとなる。そして，この状況を打破すべく，同社では基幹ブランドの 1 つであった「眼鏡職人シリーズ」を企業経営の要に据え，国産ブランドと【職人】という観念価値を中核としたブランディングに舵を切ることになった。

　その後，2006 年に設立されたのが，自社工房「BACKSTAGE」である。BACKSTAGE は，ただ自社に製造部門を内部化することだけでなく，〖鯖江〗の産業振興も目的として設立された。この自社工房の設立によりますます金子眼鏡社は，【職人】や〖鯖江〗に付随する観念価値を資産として保有・強化するようになった。

　しかし，2008 年に〖リーマンショック〗が起こり，〖デフレ経済〗にさらに拍車がかかると，価格帯の違いによる店舗展開や，それまでメイン・ターゲットとしてきた 20〜34 歳に対するマーケティングでは，売上を維持するどころかその存在自体危ぶまれる事態に直面することとなった。

　金子氏はこの状況を打破すべく，メイン・ターゲット層を 35

〜50 歳に移行するとともに，「突出したコンセプトやアイテムで広範な顧客を取り込む」戦略への転換を図った[7]。

　上記の理由から金子氏は，「BLAZE」の販売以来，今まで同社の製品を支持し購買してきた当時 20〜34 歳の消費者であった層（【従来からのファン】）を中核とし，対象年齢層を引き上げることを決定した。そして，その顧客層を基盤として，さらに広く年齢を問わない製品・サービスを提供することで広範な顧客の獲得をめざす，新たな戦略に着手する。

　しかし眼鏡の基本的な特性もあり，加齢とともに消費者が求める眼鏡の機能として，ファッション性よりも医療器具的側面が強くなるため，その需要の違いを考慮した製品・サービスの刷新を同社は求められることになる。

　このように金子眼鏡社にとって苦難の 2008〜2009 年であったが，このとき彼らを引き上げる BITP が登場することになる。その BITP こそ，現在の「金子眼鏡」というストアおよびプロダクト・ブランドが世に出るきっかけを醸成した，【羽田空港国際線ターミナル】である。

　【羽田空港国際線ターミナル】から出店を打診された経緯には，それまで同社が培ってきた「高品質」や「デザインの良さ」といった機能価値や感性価値，また〖ニューヨーク〗や〖丸の内〗に直営店を出店したことにより醸成された「都会的」で「最先端」なイメージや，その一方，中核製品ブランドである「眼鏡職人シリーズ」を通じて形成された【職人】【国産】【鯖江】といった観念価値が評価されたことがあった。加えて，同社がすでに国際的に支持されていたこと，そして【羽田空港国際線ターミナル】のショッピング・フロアのコンセプトに沿った日本を代表するブランドであると評価されたことも，打診の理由であった。

　ただ，その出店に関して同社にとって問題であったのが，【羽田空港国際線ターミナル】による要望である。彼らは，「新たなブランドであること」，そしてそのブランドとして「社名を前面に出したブランドであること」を金子眼鏡社に要求した。

　当初，金子氏は，社名をブランドとして用いることに難色を示していた。その理由は，「社名をブランドとして掲げた以上，事業の失敗が許されない」というものであった。しかし，上述のように当時の金子眼鏡社は変革する必要に迫られていたこと，また同時に戦略の変換を模索中であったということもあり，金子氏は不退転の想いを胸に，社名を用いた製品および店舗ブランドの開発に着手する。

⑶　孵化期：流通 BIT によるブランド価値の伝播

「金子眼鏡」の孵化期は 2010～14 年である。

【羽田空港国際線ターミナル】からの出店打診を契機として，新たな製品開発や出店計画を構想すること約 1 年，出店に伴い，2010 年 10 月に「金子眼鏡」が市場に誕生した。

　新たな製品ブランドである「金子眼鏡」は，金子眼鏡社の主要製品ブランドである「眼鏡職人シリーズ」を組み込む形で展開され，【職人】【国産】【鯖江】といった観念価値を基盤とし，普遍的でありながらも末永く愛されるような「デザインの良さ」と「高品質」を特徴とする。「眼鏡職人シリーズ」との違いは，「眼鏡職人シリーズ」がある特定の【職人】が一貫して眼鏡を製造するのに対し，「金子眼鏡」は自社【職人】が社内で分業し製造している点，そして販売価格の違いである。

　加えて「金子眼鏡」は，その製品ブランドに沿った店舗として，「都会的」で「最先端」なブランド・イメージを表象する，日本

的かつモダンな店舗を設計した。また店舗運営に関して，従来よりも高い水準のサービスを提供する必要があるとし，眼鏡の調整などのアフター・ケアを気軽に受けられるようにするなど，単に販売する場所としての店舗としてだけではなく，ファンを創造し維持する場となるよう運営されている。

　社名を用いたブランドの開発および出店は，先述したように，金子眼鏡社にとって大きな決断を有するものであった。金子氏の不安に反し，【羽田空港国際線ターミナル】への出店は「金子眼鏡」の拡大の契機となった。具体的には，東京駅前にある KITTE 丸の内などの主要都市の玄関口に位置する出店や，二子玉川ライズなど地域性が高く評価されている場所に位置するショッピング・センターへの出店が打診されるようになった。

⑷　成体化期：成立したブランド価値を基盤としたリブランディングの実施

　「金子眼鏡」の成体化期は 2014〜18 年頃である。

　有力な流通 BITP への出店を経験したことにより，金子眼鏡は，それまで展開していた自社のストア・ブランドを，「金子眼鏡」ブランドを中核として店舗の再編を実施する。当時，同社は，6 つのストア・ブランド[8] を保有していたが，「FACIAL INDEX NEW YORK」と「THE STAGE」を残し，「金子眼鏡」とファッション・ビルや量販店向けの「KANEKO OPTICAL」の 4 つに集約した。

　そして現在，金子眼鏡社の保有する店舗は路面店も含め国内 61 店舗，国外（パリ）1 店舗が存在する（2020 年 4 月 20 日現在）。店舗数が増加したこと，また市場における認知度も向上したことで，同社は増収傾向にある。

⑸　普遍化期：ハイ・ブランドとの協創関係による新たな BI

「金子眼鏡」の普遍化期は 2018 年以降となる。

「金子眼鏡」がブランドとして市場において成立したことで，他のファッション・ブランドとのコラボレーションの関係性も若干変化してきている。以前から OEM 生産のみならず，セレクト・ショップ等とコラボレーションをしてきた金子であったが，現在では，【ISSEY MIYAKE】といったハイ・ブランドから評価され，コラボレーション商品の開発を打診されるなど，新たな展開をみせている。

✿ BI 戦略としての特徴

「金子眼鏡」は生産・流通 BITP との関係性から必要な BIT を活用し，さらに BITF をうまく自社の戦略に巻き込んだ事例である。そのポイントをまとめておこう。

⑴　MAO が形成される受精化期において，自社の戦略に則して必要とする機能別 BIT を見定め，その獲得のための関係性を構築する。

⑵　自社が求める観念価値の形成するためには，それに関わる BITP・BITF を内部化する必要がある。

⑶　ある特定の BITP との関係性が後の取引先となる関係性を醸成する。

4　土産菓子ブランド「白い恋人」[9]

✿「白い恋人」のブランド価値構造

石屋製菓株式会社（札幌市）の「白い恋人」は，1976 年に発売

写真 6-5　石屋製菓の「白い恋人」（石屋製菓株式会社提供）

図 6-4　「白い恋人」のブランド価値構造

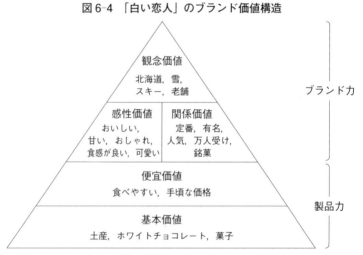

出所：鈴木ほか（2018）で行った調査より作成。

された北海道の土産菓子である。「白い恋人」はチョコレートを
ラング・ド・シャというクッキーで挟んだ洋菓子であり，基本的
には北海道内限定で販売されている。全国の認知率は85％程度
であり（マイナビニュース〔2016年6月29日〕「名物の知名度ランキ
ング，1位は北海道「白い恋人」-2位は？」https://news.mynavi.jp/
article/20160629-a453/〔最終アクセス2020年8月29日〕），われわ

れが行った調査では評価（態度）も良好であったため，「白い恋
人」はブランデッド・ブランドであると思われる。消費主体が抱
く「白い恋人」の主なブランド価値は図 6-4 のとおりである。

☉「白い恋人」のブランド・インキュベーション・ストーリー

　「白い恋人」は，受精化期や孵化期における BITP や BITF を参
考にしたコンセプトや世界観の創出，成体化期以降における
BITP との強固な関係性の構築が特徴的である。また，BIT による
ブランドの再起も特筆すべき点だろう。それでは BI プロセスを
順にみていこう。

(1)　**受精化期：BIT による動機・能力・機会の獲得とコンセプトの決定**
　「白い恋人」の受精化期は 1940 年代〜70 年頃である。ここで
は BI の動機，能力，機会がどのように形成され，ブランドのア
イディアがいかにして創られたのかを説明しよう。
　まずは動機である。「白い恋人」の BI の動機は，洋菓子市場へ
の参入に活路を求めたことに始まる。1940 年代の石屋製菓は政
府委託でん粉加工業であり，「白い恋人」を世に送り出した中心
人物は 2 代目社長となる石水勲氏（以下，勲氏）であった。1940
年代には石屋製菓は駄菓子を製造しており，1960 年代には北海
道の駄菓子市場に本州の【競合他社】が新規参入することで競争
が激化した。そこで，当時入社したばかりの勲氏が事業の方向性
を高級洋菓子路線へと転換することで，価格競争を回避しようと
したことがそもそもの「白い恋人」における BI の動機である。
　次は能力である。石屋製菓は洋菓子の製造技術と BI に関する
知見を獲得している。製造技術については，勲氏が通常業務と並
行して【洋菓子の専門学校】に通い，製菓技術を学んだ。その結

果，ラング・ド・シャの洋菓子ブランドである〖シェルター〗を開発・導入し，成功を収めている。この〖シェルター〗を通じて「白い恋人」でも使用することとなるラング・ド・シャの製造技術と経験を獲得している。また，勲氏は【百貨店】の売り場を観察することで，ブランド・ネームやパッケージ・デザインが奇抜で斬新なものが売れていることに気づき，ブランドの孵化・育成（BI）に関する知見も得ていた。

　続いて BI の機会である。機会は北海道の菓子メーカー【六花亭】がホワイトチョコレートを発売し，〖ホワイトチョコレートブーム〗が起きたことである。「白い恋人」の開発時におけるプロダクト・コンセプトは，手を汚さないで食べられるホワイトチョコレート菓子であり，勲氏はラング・ド・シャでホワイトチョコレートを挟むというアイディアを考案・採用した。

　そして，最後にブランドのアイディアの創出プロセスについて説明する。ブランド・ネームの「白い恋人」の由来は，初代社長である石水幸安氏がスキー帰りに「白い恋人が降ってきたよ」と言ったことにある。当時，「白い恋人たち」という〖映画〗と〖音楽〗がある程度認知され馴染みがあったこともあり，勲氏はブランド・ネームにこれを採用した。先に得た知見のとおり，パッケージ・デザインは斬新さとインパクトを大切にし，包装紙には藍色に〖雪〗の結晶を，箱には北海道の〖利尻富士〗を描写することにした。

　このように，受精化期では，基本価値（ホワイトチョコレート，菓子），便宜価値（食べやすい），感性価値（おいしい，甘い，おしゃれ，食感が良い，可愛い），観念価値（雪，スキー）が構想された。以上が受精化期である。

(2)　孵化期：初期の受容者の獲得と育成方針の決定

　孵化期は1976年頃〜77年頃である。孵化期は「白い恋人」が具現化し市場に導入され，札幌の人びとの土産菓子として受容者を得るまでの時期を指す。

　勲氏はラング・ド・シャや洋菓子の製造技術を背景に，試行錯誤のうえ，「白い恋人」のプロダクトを完成させた。そして1976年に札幌市内の【百貨店】で洋菓子として発売されると，製品力に加えブランドの世界観の斬新さや顕著性もあり，地域の消費主体に好評を博した。そして，販売量の増加とともに【百貨店】から販売員が求められ，勲氏が店頭に立つこととなる。そこで，勲氏は【競合他社（他の菓子店）】が販売量を抑え品切れを引き起こし，本店に消費主体を誘導していることに気づく。このことから，勲氏は限定性に成功要因があることを見出し，今後も北海道限定で販売することに決めた。

　以上のように，孵化期では，受精化期で構想されたブランド価値が具現化し，札幌市民に受容されるとともに，加えて観念価値の「北海道」が付与され始めた時期である。

(3)　**成体化期：BITPとの深い関係づくりと多数のタッチポイントの構築**

　成体化期は1977年頃〜91年頃である。北海道限定販売を決めた結果，勲氏は【北海道内の土産店】に営業をかけ始める。【百貨店】での販売実績が後押しし，取り扱いは拡大した。とくに【千歳空港の土産店】で取り扱いが始まると，「白い恋人」は「北海道の土産菓子」という位置づけがなされるようになった。

　さらに，この流れを決定づけたのは【ANA】が北海道旅行のプロモーションの機内食に採用したことであった。【ANA】に搭乗した【旅行客】によるクチコミが発生し，全国的なヒットとなった。

この採用は勲氏の飛び込み営業がきっかけである。勲氏が【ANAの受付】に掛け合ったところ，たまたま【ANAの職員】に取り次いでもらえ，5日後，石屋製菓の工場へ視察に来ることになった。当時の工場は雑然としていたため，勲氏は従業員とともに工場の天井や壁を塗装して出迎えた。その熱意も評価され，機内食への採用が決定する。勲氏と【ANAの職員】との出会いは偶然であるが，関係性の構築は完全に意図されたものであった。

　同時に，石屋製菓は「露出の最大化」をめざし，タッチポイントを構築し始める。【土産店】には専用の什器を開発・提供し，店舗内の目につきやすい位置に「白い恋人」を置いてもらった。石屋製菓の営業は現在も【千歳空港の土産店】に対して365日店舗に訪れて，日々，売場の提案をし続けており，深い関係性を維持している。また，石屋製菓は〖北海道内の観光地〗の至るところに温度計付きの屋外広告を立てている。【旅行客】の記念写真に写りこむことで，写真を通じたクチコミを誘発し続けている。

　以上により「白い恋人」は北海道の土産菓子ブランドとして成体化した。この時期に，関係価値（有名，人気，万人受け，銘菓），観念価値（北海道，スキー）が創られている。

⑷　普遍化期：地域への貢献，不祥事からの復帰，外国人旅行客への浸透
　普遍化期は1991年頃〜2009年頃である。普遍化期は3つに分けられる。地域貢献の活動，不祥事の発生とそこから再起する活動，外国人旅行客への浸透をめざす活動である。

　地域貢献については，まず1995年に「イシヤチョコレートファクトリー」（現在の「白い恋人パーク」）が竣工した。当施設は生産拠点であるとともにテーマパークも併設されており，観光資源として【旅行客】や【地域住民】に活用され，地域活性化に貢献

している。また勲氏は【地域の経済団体】の活動を通じて地域振興に多大な貢献をしており，たとえば【北海道コンサドーレ札幌】の誘致の中心メンバーとしても活躍した。

　不祥事と再帰は2007年8〜11月である。賞味期限の改ざんが発覚し「白い恋人」が販売停止となった。しかし発覚3カ月後には管理体制を刷新し再販売にこぎつけている。その背景には，【同業他社】【地域の経済団体】【地域の専門家】など，これまで石屋製菓や「白い恋人」に直接的・間接的に関わってきたBITPの経営改善に関する支援があった。また，多くの【土産店】は「白い恋人」の販売停止期間中も棚を空けて再販売を待っていた。その背景には，北海道の観光産業と「白い恋人」は時を同じくして成長しており，「白い恋人」と【土産店】は一緒に成長してきたという深く強固な関係性があった。「白い恋人」は販売が再開されると【地域住民】が買い支えた。これらのBITPが支援・応援した理由は，「白い恋人」のブランド価値が広く尊重されており，また供給主体の社会貢献が認められていたためである。これらにより，復帰後の売上は早期に回復している。さらに，復帰に向けた体制の刷新の過程において，石屋製菓は各BITPや消費主体と対話することで，「白い恋人」のブランド価値とは何であるのかを共有し，ブランドにおいて変えていい部分と変えてはいけない部分が定まったようである。

　外国人旅行客への浸透をめざす活動は2000年代中盤から活発化している。国内だけではなく海外でも普遍化をめざしている。2006年から，石屋製菓は【国際線の土産店】に限り北海道外でも「白い恋人」を販売している。【外国人旅行客】のクチコミはもちろん，2009年には【中国のヒット映画】とのタイアップした広告を全国の販売店で展開し，浸透を促進した。

⑸ **普遍期：ブランド価値の強化とコーポレート・ブランドの育成**

　普遍期は2009年頃～現在である。ブランド価値の強化のための活動と，「白い恋人」のブランド価値を活かして石屋製菓（「ISHIYA」）というコーポレート・ブランドを育てようとする活動がみられる。ブランド価値を維持するための活動としては，2011年は〖模倣品〗に対して裁判を起こし販売差し止めを請求した。また，2012年には，「白い恋人」の原材料の小麦を100%北海道産に切り替えた。さらに，2016年には海外の消費主体にも理解できるようパッケージにユニバーサル・デザインを採用し，2017年には〖国際的な品質保証規格〗を取得している。

　コーポレート・ブランドの育成に関しては，2008年にコーポレート・ブランド・ネームを「ISHIYA」に変更し強化を開始した。2017年には，銀座に直営店「ISHIYA GINZA」を構え，ラング・ド・シャでチョコレートを挟んだ商品である「Saqu」などを販売し，ISHIYAブランドの強化を行っている。その後，店舗を増やし，2020年3月時点で，北海道外のISHIYAブランドの直営店は6店舗となっている。

⊕ BI 戦略としての特徴

　「白い恋人」はBITの活用やBITPとの関係性構築において優れた事例である。そのポイントをまとめておこう。

　⑴　BITPやBITFを深く観察・考察することでBITを得ることができる。

　⑵　ともに成長することや社会貢献をすることはBITPとの良好で強固な関係性をもたらす。

　⑶　BITPとの良好で強固な関係性は，ブランドの危機において復帰を促すBITをもたらす。

5　米ブランド「ゆめぴりか」

☺「ゆめぴりか」のブランド価値構造

　「ゆめぴりか」は2009年に発売された北海道のブランド米である。ブランド・ネームの「ゆめ」は北海道における米穀関係者の悲願であった「北海道から日本一の米を育てる」という夢であり，「ぴりか」はアイヌ語で美しいという意味である。「ゆめぴりか」は食味が優れており，認知率も高く，広く受容者が存在する。

　「ゆめぴりか」は品種名であるため実はさまざまな供給主体が存在するが，本書ではBIに大きく寄与した「ホクレン農業協同組合連合会」（以下，ホクレン）と「北海道米の新たなブランド形成協議会」（以下，協議会）を供給主体として紹介する。なお，協議会は生産者やホクレンやJAなどにより構成された，ブランドの育成指針に関する協議と決定を行う組織である。一方，ホクレンは「ゆめぴりか」の販売やマーケティング活動を中心的に担っており，協議会の事務局も担当している。消費主体が抱く，「ゆめぴりか」の主なブランド価値構造は図6-5のとおりである。

☺「ゆめぴりか」のブランド・インキュベーション・ストーリー

　「ゆめぴりか」のBIの特徴は価値協創体制の構築を市場導入前から行ったことである。この体制は受精化期や孵化期に大きく起因するものであり，BIプロセスにおける初期段階が特徴的な事例である。では，各BIプロセスをみていこう。

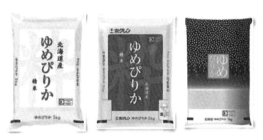

写真6-6　ホクレンの「ゆめぴりか」（北海道米のブランド・サイト「北海道米
LOVE」より引用。https://www.hokkaido-kome.gr.jp/variety/yumepirika/
〔最終アクセス2020年8月29日〕）

図6-5　「ゆめぴりか」のブランド価値構造

出所：鈴木ほか（2018）で行った調査より作成。

(1)　受精化期：共有された夢に基づくコンセプト開発と育成方針の決定

　受精化期において，BIの動機，機会，能力がどのように形成
されたのかを説明しつつ，コンセプトがどのように定まったのか
を説明しよう。一般的に，寒冷地では米の生産は難しい。かつて
の北海道米は「やっかいどうまい」とも呼ばれており，北海道は

収穫量を確保しつつ食味の良い米を作ることが難しく，米の生産地としての評価が低かった。「北海道から日本一のブランド米を作る」。これこそが北海道内の米穀関係者の間でともに抱いてきた長年の夢であり，「ゆめぴりか」における BI の動機となった。

　品種改良が進み生産技術が向上すると 1970 年代には収穫量が確保できるようになり，1980 年代からは【北海道庁】主導により，食味の良い品種の開発が推進されるようになった。しかし，1990 年代には供給過剰と品質のばらつきが生じ始め，北海道米の北海道内での消費割合は 3 割程度まで減少した。そこで，新たなブランド米の誕生が望まれるようになり，これが「ゆめぴりか」における BI の機会となった。

　この間，後の供給主体となるホクレンや【生産者】，そして品種開発を担う【上川農業試験場】[10] は，【北海道外の生産者や農業試験場】の視察やこれらとの交流を通じ，需要情報を蓄積し，生産・開発技術を向上させた。そして，2000 年代には『ふっくりんこ』と『おぼろづき』という食味の良い 2 つの品種が開発・導入された。前者は当初より高品質を維持しており，ブランド米としての評価を積み上げた。一方で後者は，急速な生産量の拡大による供給過剰と品質のばらつきに悩まされた。両者の違いは，生産量と品質管理を行う生産者組織の有無にあった。この出来事から，ホクレンは供給量と品質が統制できるブランド育成体制の構築が必要であることを知り，この経験は後の「ゆめぴりか」に活かされることになる。このように，供給主体は BI の能力として，技術に加え，ブランド育成に関する知見も獲得した。

　そして「ゆめぴりか」のもととなる稲の品種系統「上育 453号」は，ホクレンの助言を受けつつ【上川農業試験場】が 11 年をかけて開発した。ホクレンは【日本穀物検定協会】の「食味ラ

ンキング」の最上位である「特 A」がとれるような，甘みがあり粘り気のある品種に需要があることをアドバイスとして伝えており，これが食味のコンセプトとなった。

以上のように受精化期では，便宜価値（高品質，冷めてもおいしい[11]），感性価値（おいしい，食感が良い，甘みがある），観念価値（北海道）といったコンセプトが定まった。

⑵　孵化期：協議会の組成と孵化する環境をつくるコミュニケーション

孵化期は「ゆめぴりか」となる「上育 453 号」が完成した2008 年から，「ゆめぴりか」が導入され受容者を獲得した 2009年までである。

完成した「上育 453 号」は一般公募により，アイヌ語を一部用いた，「ゆめぴりか」と名づけられた。また【デザイナー】にデザイン性のあるパッケージ・デザインを依頼した。これらにより，アイヌや綺麗[12]といった，感性価値や観念価値が付与された。

同時に，ホクレンは【電通北海道】に依頼し市場導入前から「ゆめぴりか」のコミュニケーションを行い，導入前から初期受容者獲得に向けて準備を始めた。とくに【米穀関係者】に対しては，食味官能調査やたんぱく質調査等の結果を伝達したり，試食会を開催するなどのプロモーションを行い，ブランドとしての成長可能性を広く伝え，業界内の評判を形成した。

一方で消費主体にも導入前からコミュニケーションを行った。積極的なパブリシティ活動を行い，その結果【北海道のメディア】が高頻度で「ゆめぴりか」を取り上げた[13]。ホクレンと【電通北海道】はブランドとして孵化する環境を北海道内につくるために，【北海道民】の評判を獲得することをめざしていた。また，開発や生産におけるストーリー（たとえば，開発者や生産者の努力

など）について【北海道のメディア】を通じて消費主体に拡散することで，観念価値（新しい，努力）や関係価値（安心）が付与された。

　北海道内の業界や消費主体の評判がつくられた結果，北海道内の各地域に「ゆめぴりか」の生産を希望する農家が現れ，地区協議会が組成され始めた。地区協議会では地域の生産者のうちリーダーシップをとれる人物が互選により会長となった。地区協議会成立後，北海道全体の組織である協議会がホクレン主導のもとで組成された。協議会ではブランドの育成方針を協議し決定している。また，作付面積の配分や品質管理ルールの協議・決定・順守の促進を行っている。協議会には，ホクレンや地区協議会の他，【JA】などの【米穀関係者団体】も含まれている。協議会を組成することでブランド育成体制を構築し，導入後の品質と供給量の管理を徹底できる仕組みを作り上げた。このようにホクレンはプロダクトの導入前から，業界内と消費主体の評判を形成しつつ，BI の方針を決定・共有・順守する組織を組成していた。

　そして 2009 年秋に「ゆめぴりか」は導入された。しかし，最初の年は〖天候不良〗により不作であった。当初定めた品質基準を下回る米が多く，全体の 1 割程度のみが「ゆめぴりか」として販売されることとなった。しかし，販売されるとすぐに北海道内の消費主体に支持され，売り切れが続出し，北海道内での関係価値（人気，評判が良い）が構築された。生産者としては，苦労して育てた米が「ゆめぴりか」として売れないことは大変な苦境ではあったが，評判の形成が功を奏し，生産者の育成意図は保たれた。ただし，品質基準を満たす「ゆめぴりか」の供給量の確保が課題として残っていた。

(3) 成体化期：外的要因の改善と3主体間のコミュニケーションの継続

　成体化期は2010〜2011年秋であり，北海道内での安定的な供給が確保された時期である。2010年は〘天候〙がよくなり，同時に品質測定方法を改善することで，収穫されたもののうち6割程度が「ゆめぴりか」として販売可能となり，前年度比14倍の供給量を達成した。2010年は前年度が不作であったため優れた生産者の確保は大きな課題であったが，導入前から醸成してきた評判に加え，継続的なプロモーションやパブリシティを行い，生産者を確保した。

　また2011年には，前年度の実績からブランド米として収穫・販売できることが生産者に伝わり，北海道内における評判も相まって，面積拡大にともない新たに作付けする生産者も増え，【北海道内の小売店】で安定的に販売できるようになった。ここで，便宜価値（「どこでも売っている」）が完成し，「ゆめぴりか」は北海道内の消費主体というセグメントにおいて北海道米ブランドとなった。

(4) 普遍化期：全国的なブランドとなるためのコミュニケーションと保証 BITP

　普遍化期は2011年秋から2013年であり，「ゆめぴりか」が全国的なブランドとなる時期である。2011年10月時点で東京などの大都市圏における認知率は10%程度であった。そこで，ホクレンは【電通北海道】とCMを作成し放映した。その結果，2013年5月に認知率は約8割程度となった。このCMの成功要因は，①起用した有名人，②記憶に残るキャッチコピー，③パブリシティを併用し評判をつくったこと，以上3点にあった。

　また，2011年から【日本穀物検定協会】の「食味ランキング」に「ゆめぴりか」を出品し，最高位の「特A」という評価を得て

いる。これにより，北海道外の消費主体にも食味の良さを客観的に訴求することが可能となった。加えて，日本を代表する他のブランドと客観的な指標で肩を並べ続けることで，ブランド米としての地位を手に入れた。以上により，北海道のブランド米として，全国的に「有名」で「定番」という関係価値をもつブランドとなった。

(5)　普遍期：相互作用の活性化と持続性への取り組み

　普遍期は 2013 年 11 月頃から 2020 年現在までである。普遍期では，主体間の相互作用がより活発になるとともに，そのブランドへの影響の統制も行っている。米の産地間交流は，以前は北海道側から視察に向かうことが多かったようであるが，現在は【他の生産地】から視察に来ることが多くなったようである。さらに，2015 年から「ゆめぴかコンテスト」と称して地区ごとの品質コンテストを行い，生産技術を切磋琢磨しあうような生産者間の相互作用を促進している。加えて，近年は「ゆめぴりか」を活用し，他の北海道ブランド米も訴求するなど，ブランド間の相互作用も見受けられる。

　一方で，ブランド価値を持続的なものとするための統制も強化している。2013 年から協議会の「認定マーク」を訴求しブランドの特定性を高めようとしている。「ゆめぴりか」は品種であるためホクレン以外のものも存在する。これらの影響からブランドを守るためである。

⚙ BI 戦略としての特徴

　「ゆめぴりか」は価値協創体制の構築において優れた事例である。この事例から得られる BI 戦略のポイントをまとめておこう。

(1)　各主体に共有された夢（もしくは問題意識）をブランド・コ
　　　ンセプトに反映させることで，価値協創体制がつくりやすく
　　　なる。
(2)　早期からブランドを育成する方針を主体間で決定・共有し，
　　　これを順守できる仕組みをつくっておくと協創体制が管理し
　　　やすい。
(3)　プロモーションやパブリシティで業界内と特定セグメント
　　　の関係価値（評判）をつくることで価値協創体制が強化でき
　　　る。

▶ おわりに

　本章では，5つのブランドを対象に，それぞれのブランド・イ
ンキュベーション・ストーリーの解説を行った。これらのストー
リーを通じて，ブランド価値の担い手として新たに加えられた
BIT[14] が BI プロセスのすべてのプロセスにわたって存在し，なお
かつ，消費主体よりも BIT の影響力のほうが高いことが示唆され
るであろう。

　たとえば，受精化期や孵化期において，BITF はプロダクトや
ブランドおよびそのコンセプトの企画・開発時にモチーフや参考
になったり，ブランド・コンセプトや世界観に影響を与えること
で，観念価値の源泉となっている。同様に BITP は，アドバイス
や指導および供給主体との何気ない会話を通じてブランド・コン
セプトなどの参考となることや，供給主体が BI を推し進める動
機の源泉となったり，能力強化や機会提供の他，プロダクトやブ
ランド創発やその活動自体に重要な役割を有していることが散見
される。

　BI プロセス全体においても，BIT がブランド価値および BI に

対して，多大な正の影響を及ばしていることが示唆された。ブランドへ貢献する BIT との出会いは，供給主体がブランド構築に対する問題意識を有してアンテナを張り巡らせるなかで偶然に生まれることもあるが，その出会いを供給主体が BI に活かす様が 5 つのブランド・インキュベーション・ストーリーで描かれている。

　BI 戦略で重要となるのは，こうした BIT のみならず，供給主体や消費主体を含め，ブランドを中心とした関係性のなかで育まれるブランド価値協創体制である。本章で取り上げたブランドは，供給主体がそのブランド価値協創体制を築きながら，多くの主体から BI 行動を得ることで BI を実現したストーリーを有している。

　本章の冒頭でも記したが，これらのブランドは，供給主体が最初から意図して BI 戦略を行ってきたわけではない。しかしながら，BI 戦略の内実の多くを読み取ることができる。供給主体が新たにブランド・インキュベーションを実現させ，その後もブランドを末永く存続させるためには，本書で提示する BI 戦略をプロダクトおよびブランドの創発や具現化の段階から，中長期的な視点で行っていくことが重要となる。

注

1　なお，登場する BIT については，人的要素である BITP を【　】，モノ・コト・場の要素である BITF（ブランド・インキュベーション・シング＆フィールド）を〖　〗で囲む形で記載している。

2　鯖江市は，国内の約 93.1% の眼鏡フレーム（眼鏡枠）の製造している福井県のなかにおいて，その生産の中核的な役割を担っている（平成 30 年工業統計調査品目別統計表から算出〔2020 年 9 月 14 日最終アクセス〕）。

3　金子眼鏡は自社で眼鏡フレームは製造しているが，レンズは製造しておらず，他の眼鏡ブランド同様，外注となる。

4　正式名称は東京国際空港であるが，本研究では消費主体にとって一般的に認知している呼称であるとし，「羽田空港」という表記を用いる。

5　2020 年 3 月より「国際線ターミナル」から「第 3 ターミナル」へ名称変更。

6　中村ほか（2012）の研究によると，当時のライセンス・ブランドのターゲット
は主に中高年層であり，そのため若者層のニーズに適合するような，ファッショ
ン性のある眼鏡でなかった（54頁）。

7　このターゲティングの移行には，20〜34歳が【低価格帯SPA】を支持する傾向
にあることとともに，少子高齢化に伴い人口統計的にその層が減少し，将来的に
金子眼鏡の対象となる市場規模が縮小するという問題が背景にある。

8　「FACIAL INDEX NEW YORK」，ファッション・ビルを中心とする「COMPLEX」，量
販店向けの「style eyes」「URBAN SELECTION」「colors」，そして「THE STAGE」
が該当する。

9　本事例はヒアリング，各種新聞記事，石水（2017）から得たデータをもとに作
成した。

10　正式名称は「独立行政法人北海道立総合研究機構農業研究本部上川農業試験
場」である。

11　粘り気の強さはアミロースの含有率の低さによる。粘り気のある「ゆめぴり
か」はアミロースの含有率が低い。また，アミロースの含有率が低いと冷めて
も固くなりにくくなるため，冷めてもおいしいという結果とも関連する。

12　ゆめぴりかの「ぴりか」は「美しい」以外にも「綺麗」といった意味もある。
ブランド・ネームとパッケージ・デザインの両方が綺麗というイメージに作用
していると考えられる。

13　たとえば【北海道新聞】では2009年に「ゆめぴりか」という単語が176件の
記事に登場した。単純計算でおおむね2日に1度の露出となる。

14　なお，本章で用いた5事例におけるBITの機能や種別（類型）については第
5章を参照されたい。加えて，事例において取り上げられたBITは，ブランド価
値に寄与した主要なBITであり，そのすべてではなく一部である。

参 考 文 献 ─────────────────────────────●

石水創（2017）『「白い恋人」奇跡の復活物語』宝島社

カリモク社史編纂委員会編（1986）『カリモクグループのあゆみ』刈谷木材工業

鈴木和宏・和田充夫・新倉貴士・西原彰宏・圓丸哲麻（2018）「時間軸とThird
　Partyを組み込んだブランド・インキュベータ・コミュニケーション・モデルの
　構築と分析」第51次（平成29年度）吉田秀雄記念事業財団助成研究報告書

ナガオカケンメイ（2008）『60VISION ロクマルビジョン──企業の原点を売り続
　けるブランディング』美術出版社

中村圭介・佐藤香・石川耕三・建井順子（2012）『眼鏡と希望──縮小する鯖江の
　ダイナミックス』（東京大学社会科学研究所研究シリーズ）No.49，東京大学社
　会科学研究所

第**7**章

これからのブランド価値の育成とあり方

▶ はじめに

　本章では，ブランド化をめざす供給主体が，ブランド・インキュベーション戦略（BI戦略）をどのように活用するかを検討する。個別プロダクト（サービス含む）のブランドに限定し，ブランド・インキュベーションの考え方を踏まえて「プロダクトの発想・開発からブランド確立まで」の孵化・育成の実践を考える。

　第1節では活動全体に共通する要点，第2〜6節ではBI戦略の実践についてBIプロセスに沿って解説する。第7節では，ブランド・インキュベーション・コミュニケーション・モデル（Brand Incubation Communication Model：BICM；ブランドの孵化・育成プロセス，関係性と情報伝達モデル）の構造と，BI戦略の活動内容を基本形として示す。第8節では，まとめとマーケティングをめぐる変化について述べる。

　新しいブランド形成が難しくなった時代といわれているなか，ますますモノの充実した生活と消費の多様化が進み，技術進化とともに多彩なプロダクトが生まれ，市場にあふれている。このような状態にさまざまな課題が生まれ，これからのマーケティング

に，'強い競争優位性'への新しい考え方と方法が求められている。その背景には，旧来の実活動，あるいは従来のマーケティング研究や考え方では，変化に対応できていない現実がある。一方，ブランド化に至る生成・形成過程については，これまで深い議論がなされていない。加えて，第三次産業革命といわれる IT のもたらす歴史的変化などがある。

では，BI 戦略をどのように進めれば良いのだろう。「どのようなプロダクトがブランドになるのか」「どのように認められてブランドになるのか」を明確にしつつ，BI 戦略の実践をみていこう。

1　すべての BI プロセスに共通する要点

BI 戦略を進めるにあたり，すべての BI プロセス（受精化期/孵化期/成体化期/普遍化期/普遍期）の活動に共通する要点を述べておこう。

実務でのブランド化活動では，ブランド化の構想は①目標，②経営視点，③マーケティング視点，④コミュニケーション視点，⑤管理視点などの事業視点で構成されることが多い。

それらの視点の概要は，①何のために，②どのようなプロダクトの，③どのような価値を，どのような市場で，どのように構築し，どのように提供し，④どのように伝え，⑤どのような成果を獲得するために，どのように進めるかにある。

☸ ①ブランド価値づくりは，あたいする価値づくり

ブランド化活動とは，優れた特性をもつプロダクトを創り出し，販売活動を展開し，優れたブランド価値をできるだけ多くの人び

とに伝え，共有することといえる。そのブランド価値とは，プロダクトの機能性などの便宜価値，肯定的な感情を引き起こす感性価値，良好な関係・信頼を醸成する関係価値，信頼を築きブランドの世界観を共有する観念価値などである。

　つまり，供給主体のめざすプロダクトのブランド化活動とは，受容者や BITP とともにプロダクトと種々の活動で協創するブランド価値づくりである。それは，消費主体が受容者として「購入することに納得できる理由があるから買う」「信頼に値する」という"あたいする価値づくり"である。受容者に「優れた機能性の知覚，共感，信頼，期待」を醸成し，存続への期待や育成意図（意欲）を生み出す活動である。つまり，ブランド化活動とは，できるだけ多く受容者とのコミュニケーションを進め，ファン化することともいえる。

　本書のこれまでの議論で，受容者はプロダクトとブランドに，便宜価値（機能性），感性価値，関係価値，観念価値の連想をもつと，プロダクトやブランドを「応援したい」「育てたい」「参加したい」という意欲（育成意図）が促進されることが判明した。このことは，BI プロセスに共通する重要な活動の要点となる。

② コンセプトの重要性

　BI 活動には，プロダクトとブランドの孵化・育成とブランド確立をめざす活動の源になるコンセプトの作成が要となる。その「コンセプト」とは，「概念」というより「活動全体を貫く基本的な考え方・観点」であり，明確かつ明快に示されることでプロダクト開発やブランド価値の育成に共通する考え方と姿勢に活きてくる。そして，プロダクト開発やブランド価値，イメージづくりなどに一貫性が保たれ，活動全体をスムーズに導くことが可能に

なる。

　BI活動の核・基であるコンセプトの良し悪しが，すべてを決めることとなる。そこで，テーマやコンセプト作成時に，めざすブランド価値構造（第4章参照）を想定する（想定価値構造）ことを行いたい。BI戦略は「ブランド価値」を創り出す戦略ともいえるのである。

　その想定価値構造を作成することで，テーマやコンセプトがより明確な内容になり，活動の目標としてより具体的な活動を進めることが可能になる。

　BI活動がめざすブランド価値構造の完成は，ブランドが確立したとき，受容者（消費主体，BITP）との協創で相互理解された価値が構成されることによって達成される。

③各BIプロセスにおける活動目標の設定

　各BIプロセスにおける活動目標の設定によって，活動全体のどこの段階なのか/このプロセスには何をすべきなのか/実行すべき施策は何かなど，活動内容と成果の確認が可能になる。関わるすべての人たち（供給主体内外部）と活動目標を共有することが重要である。そのことで，モチベーション向上やブランド化への育成意図を高めることにもつながり，効率的なブランド育成活動を進められる。

④BIプロセスに関わるBIT（BITP/BITF）の活用

　BI活動に重要な役割を担うブランド・インキュベーション・サードフォース（BIT）の意味と，活動に関わる直接的あるいは間接的な影響などを確認しよう。

　BI戦略の核であるBITPやBITFは，供給主体と消費主体の間

で第三者的な存在であり，このBITPがもたらす力であるBITは
「プロダクトとブランド化の孵化・育成に新しく組み込むべき力」
である。そして，BITPやBITFは，供給主体と消費主体の双方に
対し客観的視点から直接的あるいは間接的に，BI活動を支援し
BIに寄与することが明らかとなり，その重要性が見出された。

　ダイアドな関係の利害関係や共創関係を超えて，供給主体・消
費主体・BITP/BITFの3者間での協創活動を構成するとともに，
活動を促進する。なお，BITP/BITFは，従来から存在する多くの
要素からなっている。

　BITP/BITFに関しては，事例研究や調査からも実践に有用な新
たな判明事項が多くある（第5章参照）。

　BITPは，専門性の高い有識者・歴史的人物・有名人・観光客
やイベント客などであり，プロダクト開発やブランド化を支援し
BIに寄与する存在である。一方，BITFは，歴史・文化・流行・
天候・地域特性・法や政策など，活動を取り巻く環境など多く存
在している。それらはブランド価値形成に，あるときは寄与し，
あるときは潜んで影響をもたらす機会を待っている存在である。

　要するに，BIT（P）を活用することによって，プロダクト開発
から生産を通しての技術支援・協力に留まらず，各BIプロセス
の活動への助言・支援者として必要となるBITをもたらすBITP
やBITFとの継続的関係を築くことが重要になる。

　すなわち，供給主体の進めるブランド化にはBITPとBITFを巻
き込み，ブランドを取り巻く個人/組織/モノ・コト・場などの活
用と，便宜価値，感性価値，関係価値の醸成に結びつく知識・協
力によって，ブランド価値や独自性創出と変化への対応力を高め
る活動が必要となる。

　図7-1について，概要を説明する。各BIプロセスに寄与する

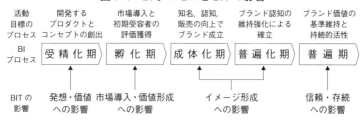

図7-1　BI プロセスと BIT の影響

活動目標のプロセス	開発するプロダクトとコンセプトの創出	市場導入と初期受容者の評価獲得	知名，認知，販売の向上でブランド成立	ブランド認知の維持強化による確立	ブランド価値の基準維持と持続的活性
BI プロセス	受精化期	孵化期	成体化期	普遍化期	普遍期
BIT の影響	発想・価値への影響	市場導入・価値形成への影響		イメージ形成への影響	信頼・存続への影響

BIT のさまざまな影響を示した関係図である。BITP はさまざまな専門的支援の力をもち，それぞれの期で寄与する。BITF はさまざまな規格/基準/客観的評価などによって，品質/時代性/イメージなどブランド価値を高める効果をもたらす。

⑤BIT（BITP/BITF）の抽出・選別・特定

供給主体が BI 戦略を効果的かつスムーズに進めるために，ブランドの孵化・育成と各 BI プロセスに必要な BIT（BITP/BITF）の抽出・選別・特定が重要な活動になる。この作業は，組織的な仕組みによって進める必要がある。なぜならば，BITP は，活動のコンセプトづくりに始まりプロダクトの具現化，市場環境・背景，市場導入から流通，販売，メディアなどを支援する能力をもつ人や組織であり，人や組織それぞれがもつ能力は異なるからである。また，BITF は，ブランド化に影響し寄与する知識，法，条例，慣習，宗教，販売地域などの広範囲に存在するからである。

具体的な抽出・選別・特定のプロセスは，①自社活動にとって必要な BIT の抽出，②必要な BIT を発生する BITP・BITF の選別と特定，③特定した BITP・BITF との関係性の構築を進めること，などである。そして，そのプロセスでは3つの視点で BIT を絞り込んでいくことが重要である。その視点とは，a. ブランドの競

争優位構築の可能性，b. ブランド化に必要な能力と必要な BIT との適合性，c. ブランドや供給主体との関連性（関わり合う程度）などがある。とくに a. の視点は①のプロセスで重要になることもあり，選出プロセスごとに相対的に重要となる視点がある。もちろん，調査による絞り込みや特定も有効である。抽出された BIT（BITP/BITF）のなかには，ブランドの孵化・育成活動の成功確率を高める主要な要素・要因（brand incubation core：BIC）が存在する可能性が高いからである。

　そして，必要な BIT を発生させる BITP に適合するコミュニケーションなどの施策を行い，一貫性ある理解を醸成し，協力・育成への意欲（育成意図）を喚起する相互作用の活性を進めることで，より効果的な BI 戦略へとつながる。

　とくに，BITP との交流を積極的に進めたい。たとえば，「消費主体（顧客・購買意向をもつ人）と，多く存在する BITP（小売など）」向けの専用交流サイトを設置し，直接接触することが難しい消費主体や BITP との接点を設け，交流を促進することを勧めたい。交流サイトでは，プロダクトやブランド化の活動への意見/提案/感想/買った理由/買わなかった理由/あってほしいモノ・コト/アイディア/批評などの意見収集や交流を行うと良いだろう。

　よくみかける‘お客様のお問い合わせ’のプロダクト関連の機能/効能/有用性/使い方への問い合わせといった，サポートやクレーム対応を主とした機能とは，上述の交流サイトは大きく目的を異にする。交流サイトでの意見の交流は，具体的なやりとりによる改善も含め，互いの関係を深めるために行いたい。

　BIT を選別，特定する活動の継続は，市場やトレンドの変化と差異を読み取り，対応する際にも欠かせない。すべてを解明することは望めないが，みえていなかった外的影響を把握すること

ブランド化に高い成果をもたらすであろう。交流サイトで交わされた情報は，直接，開発や改良に役立ち，ますます多様化・変化するニーズへの対応や，BITP との接点を広げ 3 主体の関係を深めることも可能になる。

⊕ ⑥ニーズの広がり

これからの BIT とブランド化の関係において，社会的な要望やニーズは増えていく傾向がある。社会的責任や社会的貢献への期待など，関係価値とも関連するニーズの高まりは，ブランドが社会の一員として存在しなければならない時代に変容したことを示している。

プロダクトとブランドには，環境ニーズ・社会ニーズ・需要者ニーズ・生活者ニーズ・消費者ニーズ・顧客ニーズなどの需要があり，環境，集団と個人など複合的な内容をもっている。従来からこの視点はプロダクト開発時には検討されていたが，ブランド化を目的とした視点からの究明と検討はなされてこなかった。今では，地球規模での温暖化，自然災害，汚染の拡大など環境変化への対応ニーズは高まり，持続可能な発展への環境的・社会的な適性・貢献がますます重要視され，それぞれのニーズへの適応と関係性が強く求められている。そこにも大きな影響力をもっている BIT は，BI プロセスに影響を広げている。

前述したニーズは「環境⊃社会⊃受要者⊃生活者⊃消費者⊃顧客」の構造（図 7-2）をもち，そのすべてがプロダクトの評価レベルを決め，ブランド価値を決めることに深く関係してきた。どのようなニーズとの関わりがあるのか，どのニーズにフォーカスするのかは，供給者の想い・考え方・プロダクト・業種や成長段階によって異なるが，今ではすべてのプロダクトに求められるよ

図 7-2　ニーズと活動環境

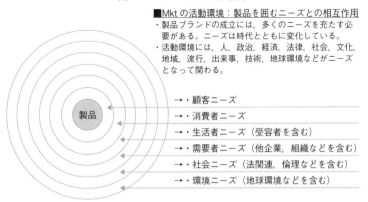

■Mkt の活動環境：製品を囲むニーズとの相互作用
・製品ブランドの成立には，多くのニーズを充たす必
　要がある。ニーズは時代とともに変化している。
・活動環境には，人，政治，経済，法律，社会，文化，
　地域，流行，出来事，技術，地球環境などがニーズ
　となって関わる。

→・顧客ニーズ

→・消費者ニーズ

→・生活者ニーズ（受容者を含む）

→・需要者ニーズ（他企業，組織などを含む）

→・社会ニーズ（法関連，倫理などを含む）

→・環境ニーズ（地球環境などを含む）

うになった社会的な適性と貢献が，ブランド化への基本的な要
素・要因となっている。

　そして，プロダクトは素材・機能や，期待・信頼・安心をもた
らし，ブランド化活動全体への肯定的反応のイメージ・信頼・安
心感が生まれ，価値の醸成とブランド価値を高める。

⑦BI プロセスの把握と判断

　BI プロセスには，次期プロセスへの進展に対する独自判断基
準/指標の設定が必要である（業種/プロダクトによる）。本書で提
唱する BI 活動においての基本は，その期の目標達成時であり，
進捗状況と一定の目的が確認された時点とする。加えて，各期の
確認事項は，コンセプト/目標/BIT 確認/進捗/施策などの適合性
や社内外との関係・育成意図の向上・環境変化（市場/競合/法）
の把握などを必要に応じて行う。

　次節以降では，BI 戦略の活用を BI プロセスに沿って，コミュ
ニケーションとブランド価値醸成の視点から，その要点を考える。

次節から第 6 節では各 BI プロセスの要点を先に述べて，その後に各期の活動概要を述べる。なお，受精化期の活動は BI 活動全体のもととなる重要な時期であることから，必要に応じて解説を加えることとする。

2 受精化期──ブランド価値の源泉創出と BI 活動の準備

新しいプロダクト創出とブランド化計画に関連する諸背景をもとに，前期では活動全体のコンセプト創出，後期では中長期育成計画の立案を行う。

なお，中長期育成計画は，基本となる①BI 全体構想，②プロダクト開発，③ブランド育成（BI プロセス）の概要作成と決定，④プロダクトの発売に向けた準備を進めることが必要である。

受精化期は，BI 活動の基礎となる多くの作業内容を進める重要な期である。受精化期の作業の要点として，BI 活動の核となる「コンセプトづくり」「プロダクトの意味・意義・価値」「BITPとの連動で，一貫性づくり」について解説を加える。

☺ コンセプトのつくり方

コンセプトは，ビジョン（事業の目的）を達成するための活動全体を貫く考え方であり，活動の一貫性をつくる。そのつくり方の基本は，背景・着想・想定価値構造とその将来像を描き，想定するターゲットのもつ問題・課題を解決するためのプロダクトや育成活動計画を複数案（仮説）作成し，そこに共通する根本的な考え方を創出することである。たとえば，BI 戦略の視点で「どのような主題で，どのような価値を，何のために提供するのか。そのために根本となる考え方は何か」などを考える方法である。

図7-3　BI活動とコンセプトの仕組み

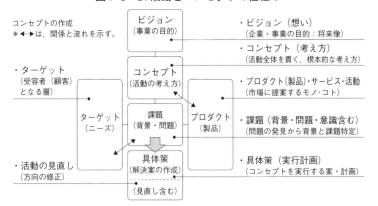

コンセプト作成時には，有識者などとの客観的な相談も有効である。コンセプトの採用判断には，進むべき方向が明快でブランド価値の実現が期待できる内容であることが必要となる。

⚙ プロダクトの意味・意義・価値

　ブランド化活動は，"プロダクトのもつ特徴とその意義"の提示に始まり，受容者の興味を誘い，関わりやつながりを創り出し深めることによって，ブランド価値構造（第4章参照）の醸成へと促していきたい。

　一般的に，プロダクトの開発は，「プロダクトの意義や価値」を考えることから始まるだろう。プロダクトの意義は「意味」と「わけ」に分けられる。「意味」とは「何のためのプロダクトであるのか」であり，「わけ」とは「使用する理由」を指し，ブランド価値へとつながる。

　つまり，BIにおけるプロダクトの開発においては，「コンセプトをもとに製品特性となる新しい機能/利便性/効用と，プロダク

トの理解と共感を増幅させる歴史/逸話や使用することで広がる効果などを盛り込むこと」が要点になる。なぜならば，それがプロダクトを市場に送りだし，需要を喚起するために伝える内容で構成される"プロダクトのストーリー"を提供し，受容者の理解と共感を醸成し，好感と購買に結び付ける機会を創り出す可能性を高めるからである。もちろん，一義的には機能の基本価値と便宜価値であるが，「優れた機能，共感，信頼，期待」などの評価は，受容者のブランドの評価軸となる便宜価値，感性価値，関係価値，観念価値へとつながるのである。

BITPとの連動で，一貫性づくり

一貫性ある活動に向けて，受精化期ではコンセプトの創出段階からBITとの協創を開始したい。具体的には下記の手順となる。

step1. 活動のテーマ/コンセプトの大枠作成後に，関連するBIT（P）の探索と選出を行う。

step2. 社内関連メンバーと選定されたBITP全員で，全体イメージの共有と改良を行う。

step3. 必要時に，研究開発者・マーケター・各関連BITPとの活動の合同打合せで，テーマ/コンセプトの共有，イメージづくりなどの相乗効果づくりを進める。

step4. コンセプト作成を行い，BIプロセスとブランド化活動の一貫性を築く。

受精化期の活動

以下，受容化期における基本活動と作業内容のチェック表を掲げよう。

【受精化期の目標】

　プロダクトとブランド化のコンセプトの決定と，①BI 全体構想，②プロダクト開発，③ブランド育成（BI プロセス）の概要作成と決定，④プロダクトの発売に向けた準備。

【供給主体の基本活動】

○ 市場の動向や背景，市場機会の把握・プロダクト開発と技術探索・関連情報収集と調査など。

○ 市場背景をもとに，コンセプトと受精化期の目標①②③④作業のアイディアや草案の創出と決定など。

○ プロダクトの生産・市場導入に向けて流通の環境把握と整備など。

○ BIT 探索・BITP の選定と関係づくり，能力と環境づくり，組織の仕組み体制構築など。

〚前期〛全体活動のもととなるコンセプトの創出と，決定の期間である。

○ 先に，着想と市場の動向や背景から，複数案の活動テーマ（BI 全体構想の要旨）の仮設定をすることも良いだろう。そして，解決の可能性の高いコンセプト作成を進める。

〚後期〛前期で決定されたコンセプトに沿った，BI 中長期育成計画，プロダクトの具体化，市場導入（新発売）の準備の時期である。プロダクトとブランド化の BI 中長期計画（複数案）を作成し，最適な選定と決定を行いたい。

- 「BI 全体構想」は，BI の活動を，どのようなブランドの，どのような価値を，何のために，どのように構築し，どのような市場で，どのような人たちに，どのように提供し，どのように伝えるのか。そして，どのような成果を獲得する事業として進めるのかなどを一文にまとめた内容になる。
- 「プロダクト開発」は，コンセプトをもとにアイディア/プロダクトの内容/形態/ネーミング/デザインなどと，具体化の技術/生産技術など独自性をもった基本価値と便宜価値に注視して進める。コンセプトの具現化に適合したプロダクトの試作を行い，コンセプトの具現化に最適化したプロダクト案の決定を進める。
- 「ブランド育成計画」は，成長段階での目標を設定し BI プロセス 5 段階を着実に進捗させる。
- 「発売に向けた準備」
  ①市場参入と展開の準備ブランド化に関連する準備と確認，流通・コミュニケーション・販売促進の戦略・戦術などの作成を進める。
  ②発売に向けてプロダクトの具体化・生産を進める。同時に，市場導入/販路/販売促進と関連する制作物などの具体化を進める。
- 前期に引き続き関連情報，プロダクトの開発・生産能力とブランド化活動能力向上・支援関連の BITP 探索と情報収集と協力体制づくりなどを進める。

【BIT の活用】

　受精化期には，それぞれの分野で必要となる直接・間接的な情報，着想への支援や助言を得る BITP との関係づくりを進め，開

発と活動の優位性とイメージ形成への能力向上が目的となる。

○『生産 BIT』：プロダクト開発（内容/設計/パッケージ）と生産関連の支援，助言など。

○『流通 BIT』：流通・販路のあり方や販売手法/店頭開発/消費者関連情報などの支援・助言など。

○『コミュニケーション BIT』：プロダクトの設計/パッケージ開発/告知・宣伝のアイディア/イメージづくりなどを中長期の視点で，コミュニケーションのあり方の支援・助言など。

○『保証 BIT』：とくに法的関連や品質基準・規格（JAS，JIS．ISOなど）認定取得などの支援など。

○『意図せざる BIT』：とくに，法令/潮流/有識者など必要に応じて確認・相談の検討が必要。

【協創体制の構築ポイント】

○ プロダクト開発と市場での活動の課題/意識を共有できる可能性が高い BITP の選定（生産/流通/コミュニケーションの BITP）

○ BITP の選定後，研究，生産，流通，コミュニケーション関連の BITP 合同会議（コンセプト関連情報の共有・改良）を進め，品質向上，生産能力向上，活動イメージ精度向上などを進める。

【マネジメントの留意点・注意点】

○ 受精化期は，BI の最重要期であり，コンセプトづくりからその具現化であるプロダクトの作成時期である。背景，めざすブランドの具体化を進める情報・技術・生産の情報収集と支援の精査と確保など全体の把握を行い，製品力（基本価値・便宜価値）づくりが要点である。

○ プロダクト創出や中長期育成計画では，便宜価値・感性価値・

関係価値・観念価値を連想できるような，デザイン/販売促進/
コミュニケーション/イメージを設定する。
○ 普及や育成に向けて，必要となる BITP を探索し，連携組織
（協議会・推進組織・評価組織等）の組成を検討する。

3 孵化期──市場導入と知名・認知向上で，初期受容者の獲得

　プロダクトの生産と市場導入（新発売）を行い，ブランドを孵
化させる育成活動の開始時期である。孵化期は，中長期育成計画
のスタートであり，プロダクトを発売し初期受容者の獲得に向け
て進める。プロダクト，ブランド価値の育成に向けて店頭展開/
販路形成/告知宣伝などの周知徹底を図り，知名・認知の創出を
進める。
　次の成体化期におけるブランド価値形成に力強くつなげる重要
な時期である。
　孵化期における活動の要点として，BI 活動の核となる「ブラ
ンド価値の協創」と「コミュニケーションの要点」について解説
を加える。

ブランド価値の協創

　本書では，ブランドの孵化におけるブランド価値の重要性や消
費主体の価値認識の変化を導き出した。その代表的な5点を挙げ
ると，次のとおりとなる。①BI 行動とブランド価値は相互に影
響し，BI 行動がブランドと価値を育て，ブランド価値のあり方
が BI 行動を促進する。②ブランド化するうえで，便宜価値（機
能性）に加えて，感性価値や関係価値の形成が基本となる。③ブ

ランド力は，感性価値，関係価値，観念価値の 3 種が中核的な価値の強さをもつ。④消費主体の評価軸は，便宜価値，感性価値，関係価値，観念価値が関わっている。⑤何気ない会話やクレームなど一般的に交換される情報にも，ブランドの孵化・育成に大きく寄与しうる BIT が多く含まれている。

　しかし，感性価値，関係価値，観念価値は供給主体が単独で創り上げることは難しく，市場の変化は速く規模も範囲も大きく広がっている状況にある（第 1 章参照）。加えて，ブランド価値が認められる状況にあっても，変化への対応力が必要になる。つまり，プロダクトも発売時のままの姿（機能・コンセプト）で生き残ることは難しい時代にある。変化への対応は，BI プロセスでも必要となり，そこではブランドの孵化・育成の機会とそこに寄与する BIT の影響力の理解が重要になる。

✤ コミュニケーションの要点

　プロダクトのブランド育成活動は，「プロダクトを，多くの人びとに伝え賛同を得る」ことから始まる。そこでは，"伝わるプロダクトの特性と形・デザイン"を備え，自ら伝え促進するメディアとなり，店頭などでは雄弁なセールスパーソンとなるようなプロダクトを創出することが重要である。そして，プロダクトの普及・販売に関連する宣伝・販促・イベントなどの活動も，同様に"伝わるコミュニケーションの作成"が肝要である。プロダクトとブランド価値を伝えるコミュニケーションの役割は，「プロダクトへの理解と納得の量と深さ（認知の質と量）を増やす活動」になる。理解と納得は，「興味，共感，多くの人が認める尊重」（感性価値/関係価値/観念価値）へと結び付いていく。とくに，新発売時の宣伝は，興味や共感を得ることに加えて，連想につながら

なければ，ポジティブな理解・認知やイメージを形成する明るい将来はみえてこない。

　つまり，「あたいする」理由が伝わり，興味・共感・尊重を得ることが，孵化期におけるコミュニケーションの要点である。"物の価値"とは，「使うに値する。買うに価する」という意味を含み，購入の迷いである"使う値うちがあり，それに見合う価格なのか"と問いかける含意のある表現である。

　加えて，メディア特性の視点からインターネット告知・宣伝の活用と工夫は，これからのブランド化活動には欠かせなくなっている。

🜨 孵化期の活動

　以下，孵化期における基本活動を書き記す。

【孵化期の目標】
　プロダクトの生産・市場導入（新発売）と知名/認知向上による，初期受容者の獲得。

【供給主体の基本活動】
1. 市場導入に向けてプロダクトの生産と，市場導入活動を進める。プロダクトの生産は，独自性・優位性・安定した品質を確保することが重要である。
   - 市場に初めて参入する際，品質の確保と生産の安定は，発売告知や店頭での展示・陳列における新鮮な印象とアピールを創り，知名と好感を創り出す販売を促すために，ブランド化（孵化）への要点となる。
   - プロダクトが新たに提案する特性（基本価値）訴求と知名/認知

の醸成に関わる販路展開・広告コミュニケーション・販売促進
キャンペーンなどを進める。

---

2. 新発売の販路形成と告知/宣伝/店頭展開などを進め，コミュ
　ニケーション活動を通じて知名/認知の形成と初期受容者の獲得
　を進める。

○ 市場導入時期のコミュニケーションは，登場感と鮮度のある発
　売告知と製品特性の訴求が中心になることが多いが，同時にプ
　ロダクトの想いや特徴のアピールも進めたい。

○ 流通・販路形成と接触機会を進めつつ，販売関係者との関係づ
　くりと育成意図の向上を進めるキャンペーンの展開も進めたい。

○ 新発売告知・宣伝は，代表的なマス広告（新聞/雑誌/ラジオ/テ
　レビ）やインターネットなどの特性を活かした施策の展開が必
　要になる。

○ コミュニケーション活動は，新発売時期には主に製品の代表的
　な特性を訴求することになるが，コンセプトを踏まえたイメー
　ジの表現や音楽で独自性を創り出すことが重要である。

○ 新発売キャンペーンとして，店舗，インターネットなどでのキ
　ャラクターの使用も有効だろう。

○ ブランド孵化のためのコミュニケーションでは，受容者（主に
　消費主体）に知名/認知の広がりを進めプロダクト・ブランドと
　して初期受容者のポジティブな評価を獲得する活動を進める。

○ 新発売時の店頭化など予定の準備を一歩先に整え，その後に新
　発売告知・宣伝・キャンペーン展開などを開始し，これらの過
　程で受容者の興味・共感・尊重を醸成する。

○ 積極的な活動でブランドの孵化・育成へとつなげ，初期受容者
　の獲得と関係づくりを進める。

○BIT選定と関係づくり，生産・流通・販売体制づくり，情報発信，環境適性検証などを行う。

【BITの活用】

　市場導入時期は，プロダクトの普及とブランドの孵化のために流通/コミュニケーションBITPと販売促進活動/コミュニケーション活動との一体感ある連携が重要になる。

○『生産BIT』：プロダクト製作・生産の品質と生産の安定管理など技術支援・助言など。

○『流通BIT』：流通・店頭・販路形成のあり方や販売手法などの支援・助言と共同企画など。

○『コミュニケーションBIT』：中長期の視点でのコミュニケーションのあり方の支援・助言など。

○『保証BIT』：活動全般の視点から，プロダクト/各種活動を保証，合法性の支援・助言など。

○『意図せざるBIT』：誇大表現・公正取引かどうかといった活動の適正・合法性の検証など。

【協創体制の構築ポイント】

　孵化期は，市場導入に伴い消費主体とBITPの参加が増えるため，プロダクトの導入・普及とブランドの孵化に対する影響が多種多様に広がり始める。

○BITを発生するイノベーター/アーリー・アダプター/インフルエンサー/オピニオン・リーダーなどの探索を進め，情報交換や関係づくりをすることが必要になる。

○プロダクトの市場導入によって，供給主体・消費主体・BITPが市場を通してトライアドな関係を形成し始める。供給主体は，

その関係性と相互作用の活用に向けて関係づくりを進めたい。

【マネジメントの留意点・注意点】
○ 徹底したプロダクトの品質/生産管理と，販売・販路形成とコミュニケーションの連携を図る。
○ メディアを検討し，受容者との接触機会の充実，情報収集・交換のための接点の充実を図る。
○ 初期購入層・需要の高まる時期の把握を進め，成体化期の販売とコミュニケーションに活かす。
○ 認定取得，客観的評価組織からの受賞，専門家の推奨などにより，信頼づくりを進める。
○ BI プロセスの活動の進捗/成果/問題の精査を行い，課題対応と次期への転化機会検討を行う。
○ 受精化期の生産 BIT，流通 BIT，コミュニケーション BIT との関係継続の必要性を検討する。

4　成体化期——ブランド価値形成とブランドの成立

　市場導入（新発売）時期の活動に続き，さらなる活動の充実・拡充を行い知名・認知・理解・共感の浸透を進め，特定セグメントにおいてブランドを成立させる期である。販路/店舗の拡充や開拓，各種キャンペーン，イベントなどの実施に加え，購入層と受容者の特性に適応した接触機会を充実させ，受容者の理解と共感を深めるブランド価値の醸成を促す活動が求められる。
　成体化期の要点として，BI 活動の「コミュニケーションの浸透と効果」と「コミュニケーション活動の選択と効果測定」につ

いて説明を加える。

✈ コミュニケーションの浸透と効果

　ブランド育成を進めるコミュニケーション活動は，知名・認知・理解を高め，興味・共感・尊重を導き，ブランド価値を醸成する重要な活動である。また，活動のこれらの効果（知名・認知・理解，興味・共感・尊重，ブランド価値）と購入実態の情報を把握することで，精度を高めるアプローチへと進めることが可能になる。つまり，コミュニケーション効果や購入実態の把握は，それぞれの BI プロセス活動の方向性や成果確認と次の段階に移行する機会の判断にも有効となる。また，効果を測定するだけではなくそのデータを利用した顧客像（プロフィール）の絞り込みが可能となり，より明確なターゲットへの訴求ができる。ブランドに応じた独自の測定の基準をもち，定期的に調査を行うことで成果の推移/変化などを把握し，これからの活動や計画に活用することで着実な展開も可能になる。

✈ コミュニケーション活動の選択と効果測定

　ブランド成立をめざすコミュニケーション活動では，購入層と受容者の特性に適応した理解と共感を深めたい。そして，ブランド価値の醸成を促す内容とメディアとの組み合わせが要点になる。それぞれのメディア特性を理解し，戦略的展開の検討を行い，随時効果を測定しながら実施したい。

　コミュニケーション活動は，マス広告，プロモーション・メディア広告（SP 広告），インターネット広告に大別されるが，広告/SP/PR/人的販売/製品/パッケージ/CI/タイアップ/DM/店舗デザインなど多種の方法と組み合わせ（コミュニケーション・ミックス）

の選択肢がある。

○マス広告（テレビ/新聞/ラジオ/雑誌など），SP広告（セールス・プロモーション/ダイレクト・メール/折込チラシ/同封広告/会員誌広告/交通広告），インターネット広告（ホームページ/ブログ/メール/アプリなど）などがある。

○キャンペーンの種類：知名/認知/購買のための宣伝・販促などがある。方法としてクローズド・キャンペーン（購入前提の購入者限定），オープン・キャンペーン（一定期間展開する販促施策）などがある。

○イベントの種類：発表会/記者会見/博覧会/フェスティバル/見本市/展示会/講演会/シンポジウム/コンベンション/式典/コンサート/学園祭/フリーマーケット/販促プロモーションなどがある。

　また，戦略的なコミュニケーション活動を展開するために，随時効果を測定することでブランド育成の進捗を把握し，場合によっては活動の修正・改良を行う必要がある。代表的なものは下記のとおりである。

○広告目的と効果測定には，認知（インプレッション効果），誘導（トラフィック効果），獲得（レスポンス効果）や，費用対効果の測定などがあり，印象/接触頻度/購入/施策の良否/クリエイティブの良否，好意度などの調査で把握することができる。

○インターネット広告の効果測定には，常に新しい方法が開発されているので，必要に応じた方法で進めたい。一般的には，ウェブでのインストリーム動画の再生数/アプリのインストール数/ウェブサイトのクリック数/ツイートへの反応/フォロワー数などの調査がある。その方法は日進月歩で進んでいることから，コミュニケーションBITPや調査会社との相談・検討を行

いつつ進めたい。

○ ブランド価値の測定には，①「インタビュー調査」，②「ウェブ定量調査」がある。①は，好意/購入/非購入/離反の理由について，心理的な構造を理解する（ブランド価値の抽出）。②は，抽出されたブランド価値の実態について，統計的な分析方法を行い，行動的効果や育成意図との関連性を検証する。加えて，受精化期の想定価値構造との比較を行い，コンセプトやプロダクトの見直しなどに活かしたい。調査会社（BITP）と相談・検討しつつ進めることも可能である。

☸ 成体化期の活動

以下，成体化期における基本活動を書き記す。

【成体化期の目標】

特定セグメントにおける知名・認知・理解の獲得とブランド価値の浸透による自立したブランドの成立。

【供給主体の基本活動】

一貫したコミュニケーション活動と販売促進活動などで，知名・認知・理解を向上させ，ブランド価値の強化・浸透を実現し，特定のセグメントの受容者にブランド価値が認められたブランドに育てる。そのために，ターゲット特性に適応した広告・宣伝・販売・販促や，流通・販路・販売店との共同企画などの協力・支援・販売手法の開発や強化を図る活動の推進が重要になる。販売の拡大とブランド価値の認知向上・醸成に向けた各種訴求活動，ブランド育成のコミュニケーションなどブランド成立に向けて徹底した活動を進める。

○ コミュニケーション活動では，広報・販売促進活動などと連動しターゲットの好感度/関与度の向上，ブランド価値の構築，育成意図の醸成をめざす。

　①プロダクトの想いや特徴について，ストーリーやアイディアを盛り込んだ表現で発信する。

　②受容者層・時期・機会に合った表現とコミュニケーション方法を複数作成し，発信する。

○ ブランド価値の認知と醸成に向けて，カテゴリーや将来イメージの訴求なども有効である。

○ この時期は受容者も増えて，需要時期・購入層の把握でターゲットの絞り込みが可能となる。

○ 販売促進活動では，対象となるターゲットの選定，流通販路の形成と，コンタクト・ポイントの拡充に加え，販売関係者との関係づくりと育成意図の向上を進め，流通・販路・販売店との共同企画を実現し，受容者への積極的な訴求活動を行う。

【BIT の活用】

○『生産 BIT』：市場視点から，プロダクト改良・バリエーションの技術支援・助言など。

○『流通 BIT』：販路展開に加え販路開拓・拡充と購入者層の傾向情報の支援・助言など。

○『コミュニケーション BIT』：前述したブランド育成を意図する共同企画や支援など。

○『保証 BIT』：各種活動の法的・保証視点での支援・助言など。

○『意図せざる BIT』：有識者などからの消費潮流の分析や客観的意見といった支援・助言など。

【協創体制の構築ポイント】

○ この時期は，ブランド成立に向けて供給主体・消費主体・BITP（流通/コミュニケーションBITP）の協力が重要となる。

○ 必要なBITの探索と対応するBITPとの関係性強化を行う。とくに生産・流通・販売体制のBITによる強化が重要である。これらについて確認，情報探索，環境適性検証などを随時行う。

【マネジメントの留意点・注意点】

○ この時期は，実働と計画との差異が生まれプロダクトの修正・拡張が必要になる場合があり，市場環境変化（受容者動向/競合品参入を含む）と，進捗状況の把握，コンセプト/プロセス/プロダクトの見直し・改良などの検証と対応が必要になる。

○ ターゲットや購買層に近い訴求対象や適応するメディアを活用し，ブランドの知名・認知・理解を広げることで，市場の拡大やブランド育成につながる。

5　普遍化期——広い受容と尊重の形成によるブランド価値の確立

　ブランド価値への広い受容と尊重が生まれ，ブランドが価値あるブランドとして確立する期である。ブランドのより広い浸透や強い存在としての確立に向けて，ラインナップの拡充なども必要となる可能性がある。必要に応じてブランド・コンセプトの調整を行い，訴求力の維持・強化を進め，市場における価値あるブランド確立に向けた強化が求められる。加えて，業界の共存・活性化や社会貢献の活動なども有効となる。

　普遍化期の要点として，「ブランドの社会的責任」について説明を加える。

☻ ブランドの社会的責任

　カテゴリー市場の活性は，自社ブランドの存続・活性に貢献するだけではない。加えて，カテゴリー市場の活性により受容者（供給主体，消費主体，BITP）の活動が安定し，より良い生活と潤いへの継続的提供などに貢献できる。たとえば，カテゴリーの統一品質基準・品評会・関連イベントなどは，カテゴリー全体の品質向上につながる活性化活動と社会的責任を同時に遂行することにもなる。

　確立したブランドとして社会的責任を果たすことでブランドの尊重にもつながる。

☻ 普遍化期の活動

　以下，普遍化期における基本活動を書き記す。

【普遍化期の目標】
　広い受容の獲得と尊重の形成によるブランド価値の確立。

【供給主体の基本活動】
　ブランド成立から確立に向けて，ブランドに対する受容者のより深くて広い認知・理解・共感を推進し，信頼や尊重を獲得することで良好な関係性を強化し，育成意図を向上させる。そのために，プロモーションやイベントなどで世界観の醸成に努める。

　たとえば，市場規模の拡大のために新規受容者の獲得，既存顧客と新規顧客の関連づけ，他地域への認知・販路拡大，チャネル

開発と仕様変更，ターゲットの絞り込みなどによるさらなるブランド価値の理解・浸透を図り強化を進めたい。

○ ブランド確立をめざす価値あるブランドをめざし，品質の維持・改良，プロダクト仕様の修正，用途開発など，多方面からの継続的研究を行う。

○ コミュニケーション活動については，通常の宣伝に加え，ユーザー向け情報誌・オーナーの会やウェブサイトの充実を進め，好感・関与を向上させることも有効な時期である。

【BIT の活用】

○『生産 BIT』：プロダクトの完成度向上に向けた，品質の保持・改良などの支援。

○『流通 BIT』：流通/販路/販売体制/販売方法の強化や BI プロセス最適化の支援・助言など。

○『コミュニケーション BIT』：コミュニケーション浸透・強化のあり方の支援・助言など。

○『生産/流通/コミュニケーション』：BITP 合同での最適化への指摘提案も有効である。

【協創体制の構築ポイント】

　普遍化期は，供給主体・消費主体・BITP の関係も充実していなければならない時期であり，供給主体は，常に活性への積極的活動を進め，さらなる関係性の持続・向上が必要となる。

【マネジメントの留意点・注意点】

○ 供給主体の活動の最適化に向けた，体制の強化や担当者の継承課題に関する見直しが必要となる。

○ 関係価値・観念価値の確立に向けて，ブランドの世界観やイメージの増幅，イメージの鮮度向上プロモーションなどを検討し実施する必要がある。

○ BITP との協働関係の継続に向けて，受容者（供給主体，消費主体，BITP）間の関係の見直しを行う。

6　普遍期——価値あるブランドとして持続的活性化

　普遍化期に確立したブランドが広く共有・支持される状態が続いている時期を意味する。普遍期に至ったブランドは，市場一般に認められた，製品カテゴリーの代表的な存在である。供給主体・消費主体・BITP 間での相互作用やブランド価値への信頼と期待を活かし，次なるプロダクトへの展開や，当該ブランドの世界観を拡張するなど，鮮度のある持続的活性化が求められる。

☺ BI 活動の鮮度向上と活性化

　この時期には，生活への広がりと浸透でブランドへの注目度が薄れる傾向も生じ"飽き，慣れ"への注意が必要になる。同時に，競合品・代替品の動向にも十分な注意が必要になる。この時期のBI 活動は，供給主体・消費主体・BITP/BITF のより強い関係性と相互作用の継続的活性化が必要となる。そのためには，BI 活動自体が鮮度を持続し，生き生きとした活性化を続けなければならない。

　つまり，さまざまなブランド化のコミュニケーションは，より広く深い知名・認知・理解・共感，さらには尊重といったブランドとの関係を力強く形成し続けることが求められる。

加えて，その鮮度向上と活性化の施策として，プロダクトのライン拡張によりバリエーションを増やすことや，ラインナップの再編成，新製品や新技術の導入などが考えられる。同時に，受容されたブランド価値やブランドへの信頼と期待などを活かし，成長戦略としてブランド拡張や次なる新たなブランドの孵化・育成を検討し，展開を進めたい。

� 普遍期の活動

以下，普遍期における基本活動を書き記す。

【普遍期の目標】
確立したブランドの継続に向けた，ブランドの基準維持とブランド価値協創の持続的活性化。

【供給主体の基本活動】
普遍化期に続き，ブランド価値の維持・強化に向けてブランド・イメージを広げ，成長戦略としてのブランド拡張，あるいは，新ブランドへの発展を進める活動や，カテゴリーの育成・活性化や基準の設置，環境保全など社会貢献などを進めることが有効となる。

- 代表的ブランドとしての存在感を維持・強化するイメージ広告/キャンペーン/関連イベントなどを行う。
- カテゴリー市場の育成・活性化と関連する社会貢献活動などを行う。具体策として，カテゴリー品質の維持・向上のための基準設定，コンテスト，認証マークなどがある。
- 持続的活性に寄与するBITの探索と関係の拡充，生産・流通・販売体制の再確認，情報収集，環境適性検証などを随時行う。

○受容されたブランド価値や信頼と期待を活かした新たなプロダクト（ブランド）の展開を検討する。

【BIT の活用】

　普遍期での BIT は，生産・流通・コミュニケーションなど BITP の連携での支援が必要になる。

○ブランドの持続的活性化に向けて，社会環境/市場/競合など動向/トレンドなどの対応に関連する BITP との定期的な検討を行う。

○独自の連想の鮮度・向上に向けた活動への支援として活用する。

【協創体制の構築ポイント】

　変化に対応するため供給主体は，消費主体・BITP との相互作用の活性と持続への取り組みを進めること。

【マネジメントの留意点・注意点】

○活性化した協創関係の維持・強化に向けて，供給主体内の体制や世界観などブランド関連情報について継承の仕組みを整備する。

○とくにこの時期は，ブランドの継続への鮮度ある活性化を意識した活動が重要になる。コンセプトの調整や適応化，新展開への活動の検討，体制の見直し強化など丁寧な検討と実施を進めたい。

　同時に，独自の連想を広げるプロモーションやイベントの開催などを行うことが必要となる。

---

7 ブランドの孵化・育成のコミュニケーション・モデルと活動内容

　本節では，BI 戦略の実践に向けて，BI プロセスに沿って活動の要素，活動目標と活動内容を示し，BI の情報伝達モデル（BICM）の構造と活動の基本形としてまとめる（図 7-5 参照）。なお，BI 活動の要素・要因などについては，第 1 章から第 6 章で詳しく述べてきたので，ここではその活動と流れをまとめた。

　BI 戦略の特徴であり新規性の 3 つの視点である，①新たに参加する第三の力（BIT）の活用，②関わる人や組織との育成意図の醸成と良好な関係づくり，③BI プロセスごとに最適な施策の実施を踏まえている。

　図 7-4「BICM 全体像」と図 7-5「BICM の基本構造と BI プロセスでの育成・関係」は，各主体の関係性とブランドの孵化・育成

図 7-4　BICM 全体像

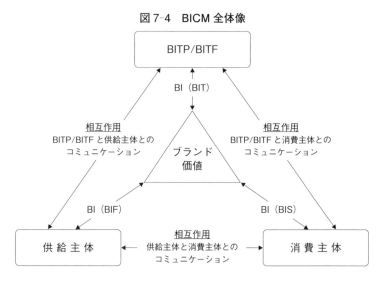

図 7-5　BICM の基本構造と BI プロセスでの育成・関係

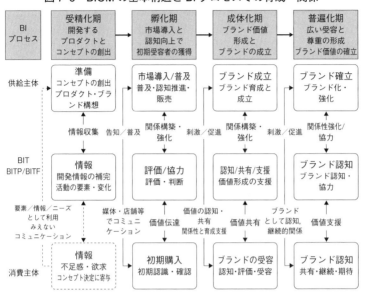

に関するコミュニケーションの流れを構造として示している。

　図 7-4 の内容について概要を説明しよう。基本は，第 1 章の図
1-2 と同様である。ここでは，コミュニケーションの視点から 3
主体の関係性とブランド価値の孵化・育成（BI）など相互間の関
係を示している。図で示す相互作用は，BI に関連する要因を生
起させ，相互協力・支援の可能性を高める。

　図 7-5 の内容について概要を説明しよう。BICM の基本構造に
BI プロセスに沿って各 BI プロセスの目標と 3 者間の活動と相互
作用を加え，BI 戦略の基本形として示している。なお，普遍期
については，普遍化期でのブランド確立の維持・持続が基本とな
ることから外している。

　次に，表 7-1 の内容について概要を説明しよう。BI プロセス

表7-1 ブランドの孵化・育成と成長機会の可能性と大きさ（供給主体視点）

	受精化期	孵化期	成体化期	普遍化期
BI プロセス	開発するプロダクトとコンセプトの創出	市場導入と知名・認知向上で初期受容者の獲得	ブランド価値形成とブランドの成立	広い受容と尊重の形成と，ブランド価値の確立
活　動	ブランド価値要素の蓄積 製品価値創出要素の創出	ブランドの育成と追求 受容者との関係の醸成	一貫した価値の強化 ブランド化と価値の成立	独自性とイメージの強化 ブランド化と価値の確立
人/人的 （BITP）	製品発想に重要な情報 ブランド価値向上と支援	ブランド価値の具現化 市場導入告知/普及支援	ブランド価値形成影響大 ブランド価値成立の支援	広い受容と尊重の形成 ブランド価値確立と拡張
価値形成機会	★★★★★	★★★★	★★	（★★）
モノ/コト （BITF）	製品価値の重要要素 技術探索/特定/向上支援	製品基本価値形成の背景 製品，価値の整合性と強化	価値，認知との適合 施策の最適化	市場での価値確立と拡充 ブランド理解の浸透
価値形成機会	★★★	★★	★	（★★）
場・集団 （BITF）	社会情報として共存 社会常識，知見の活用	普及，販売で情報の活用 販売方法の変化把握	施策充実と促進に影響 グッドウィルの拡充	関係構築の維持，継続 ブランド支援の獲得
価値形成機会	★★	★★★	★★	（★★）
法・法的 （BITF）	発想着想などの基本背景 適合性/倫理/変化の活用	具体化への裏づけ背景 活動の適合性検証	諸活動の正当性要素 合法性，正当性の確認	諸活動の適合性確保 ルール改善の提案，協力
価値形成機会	★★★★	★	★	―

注：（★★）は，ブランド拡張の可能性を示す。★が多いほどブランドの孵化・育成
　　の機会が大きくなる可能性を示す。

ごとにブランド価値の形成機会・各BITPとBITFによる支援・活用などを表している。

　供給主体の活動視点からBI活動の核となるBITPおよびBITFの役割や効果を，BIプロセスに沿ってまとめた。加えて，各期

に関係する BIT の源泉を人的・モノ/コト・場・法に分けて役割と効果を示した。さらに，「価値形成機会」として各 BI プロセスでのブランドの孵化・育成機会の可能性と大きさを★記号で示した。

　BIT は，広範囲に存在し常に参加する機会を待っていることから，広い視点と考察からそれぞれ活動の段階に沿って縦軸の BITP/BITF を協創体制に組み込むことを検討し，ブランドの孵化・育成機会を見出し活かす活動を進めたい。

　BI プロセスとブランド価値形成の機会や可能性についてまとめよう。プロダクトは，市場導入以降に受容者や BIT などによってブランド・イメージ，価値が付与される。ブランド価値構造には，受容者のブランド評価の基軸となる「便宜価値」「関係価値」「感性価値」が土台となり，そのうえに「観念価値」が醸成される。

　すなわち，BI 活動には，ブランド価値へとつながるコンセプト/プロダクトの創出が肝要となる。受精化期の活動は，孵化・育成機会を多く創り出すうえで最重要な時期である。そして，その価値形成機会が生じる可能性は，受精化期＞孵化期＞成体化期＞普遍化期＞普遍期となる傾向があるのである。

8　まとめ──マーケティングをめぐる変化

☺ これからのブランド構築

　ここまで，これからのブランド構築の検討を重ねてきて，改めて「昨日・今日・明日への大きな変化」に多く気づかされる。ブランド化をめざす供給主体がいかに変化に対応するために活動す

るべきか，そしてそのあり方をまとめてきた。

　その大きな変化の要素であり要因の1つであるITの急激な進化は，大きな波となり従来の仕組みを一掃し，新しい仕組みの必要性と可能性をもたらしている。それは科学の発展が歴史や常識を塗り替えてきたように，とくにICT（情報通信技術）は急速に人々の感性や価値観，そして活動と，人間の営みそのものを塗り替えている。すなわち，これらによるマーケティングへの影響をやり過ごすことは明日を断つことになる，というほどの歴史的変革である。

　ピーター・ドラッカーが残した名言に，「マーケティングの理想は，販売を不要にすること」があるが，それは「偶然を，必然にすること」とも考えることができる。市場には，常に新しい受容者（消費者）が生まれてくる。そして，常にプロダクトとの出会いや，機能性と経験を通して，ブランド価値の醸成が始まることを忘れてはならない。つまり，BIプロセスに合わせてプロダクトからブランドまでを一連の活動として孵化・育成すること，基本価値・便宜価値という製品力のうえに感性価値・関係価値・観念価値というブランド力を築くこと，そして何より偶然出会った外部主体や要因を必然的に価値協創に取り入れて変化に対応することが重要となる。これらは，本書が提案してきたBI戦略の要点である。

　同時に，これからのブランド・マネジメントには，今までの成果を上げるための管理・統制ではなく，ブランドの孵化・育成への創発的活動を促進するためのプロデュースとマネジメントが求められる。これからのブランド構築には他社とのコラボレーション，社会貢献，そして，関わる人・組織との良好な関係性を築き協創するためにも，BI活動の持続的活性化と変化への対応力の

ある育成のプロデュースとマネジメントの重要性が増している。

✢ BI の仕組みへの切り替え

　時代や環境の変化，多様なニーズの変化などの市場背景によって，プロダクトとブランドへの期待や価値観が変わり，ブランドの成り立ちも変わることは誰もが認めるところだろう。

　プロダクト開発や販売などの市場活動は，業種や業界に差異があっても「背景の分析，発想，研究-開発，プロダクト具現化，発売，販売，フォロー」の流れはほぼ共通している。その時代，その市場の背景を考慮しながら，ブランドの孵化・育成もまたこの流れで進められている。

　今までプロダクト開発と販売戦略の多くは，「企業と消費者の2者間の関係」の視点で，プロダクト・ライフサイクル（PLC）でみられるように，開発と販売を市場導入前後で分断して検討されてきた。

　しかし，BI では「供給主体，消費主体と BITP の3者間の関係と相互作用」の視点で，ブランドの源となる活動コンセプトの作成およびプロダクト開発から，市場導入・普及・育成のコミュニケーション活動や販売活動までを，PLC のように市場導入前後で分断せず，一連の活動としてブランドの孵化・育成を進める。

　ブランド価値形成は，企業が想定した価値を消費者に提案し，理解と共創を求める仕組みである（第2章参照）。一方，BI 戦略の「供給主体・消費主体・BITP/BITF の3者間の関係」においては，消費主体の使用経験/価値観，BITP/BITF の価値観と供給主体の提案する価値観が相互間で共有が行われながら協創が生まれる仕組みとなる。

　たとえば，社会背景や地球環境の変化などにより新しい病

（BITF）が生まれ，社会的な不安が栄養・健康に注視する生活（消費主体）をもたらし，その結果，2001年「保健機能食品制度」（BITF）が施行され，健康食品の研究や運動習慣（供給主体やBITP）などが驚くほど急速に発展している。これに対応して，多くの新領域プロダクトや関連する業態（供給主体）が生まれ，市場化している。このように，市場背景である社会的変化と法の改定に関係する要素・要因（BITF）などは新市場の誕生，ブランド化に大きく影響している。

つまり，健康意識という価値観が，供給主体・消費主体・BITP/BITFの3者間で共有されることでブランド価値を協創することが必要になるため，ますます3者間のコミュニケーションの重要性が高くなっている。

⓬ BIT を活かす重要性

第1節で述べたとおりBITは，ブランドの孵化・育成を支援し寄与する第三の力である。一方で，購入とは関係なく存在するブランドの孵化・育成に寄与する要素とこれを阻害する要素がある（図7-1参照）。近年の特徴には，2000年以降ICTの進展に伴い，パソコン・SNS・ブログなどの浸透とともにブランドを取り巻く市場背景との関連性，数々の外的な影響，需要者欲求の真意などが文字で可視化され，誰もが共有できる知識や価値観を創り出してきた。そして，ブランド化に寄与，作用する要素・要因が顕在化し，受容者の感性，心理面，経験，価値観にも大きく影響してきた。かつては，把握が困難とされノイズとされていた“聞こえなかった，見えにくかった欲求・意見・評価”までもが共有可能になった。

この「想いの可視化」は，「ニーズや評価の可視化」となって

マーケティング環境を根底的に変えてしまうほどの歴史的・革新的な進化である。ニーズや評価の可視化は市場活動に及ぼす正と負の力となり，加えてこれらの力は顕在化することで，ウェブ上のコミュニケーションは集団として大きな影響力を持ち始めたのである。このような変容をもたらすICTは，さらに5G化（第5世代移動通信システム）で高速データ通信と情報の深化が進み，AIやデジタル・トランスフォーメーション（DX；デジタル技術による人々の生活をより良いものへと変革すること）などによる社会的な影響は進展している最中である。

　すなわち，BI戦略の核になるBIT（ブランド化に影響する力）を味方にして進める重要性が増している。一方，ブランド化を阻害するようにみえるBIT（たとえばクレームや批判など）は，活動の不足・改善への指摘でもあり，前向きに捉えたい。その対応の1つとして，ブランドの孵化・育成の全過程に影響する可能性をもつ人びととの相互理解・良好な関係づくりに向けて，先に述べた「消費主体（顧客・購買意向をもつ人）と，多く存在するBITP（有識者，生産・流通BITP，インフルエンサーなど）」向けの専用交流サイトの設置，各種イベントを行い接触の難しい層・点在する層との接点の拡大を図り，より良い関係性を育む機会を充実させる活動を強く勧めたい。

㋒ 求められる供給主体の活動

　ブランドの孵化・育成とは，「受容者がプロダクトを何らかの形で知り，使用と経験から，気づき，理解し，育み，認めてブランド価値となる」ことである。ブランド化をめざす供給主体が，優れた基本機能と利便性のあるプロダクトを提供することによって，購入者（消費主体）は使用を通じて理解し連想を深めていき，

ブランド価値が醸成される。したがって，優れたプロダクトの開発に加えて，ブランド価値に結び付くコミュニケーションの徹底と継続が肝要となる。以上のように供給主体の活動には，ブランド価値の形成を促す製品づくりと，気づき・理解を促進するコミュニケーション活動が重要となる。

「Marketing as Branding」であり，これからは「Branding as Communications」といえる。

⑴　供給主体の活動は，ブランドの価値づくり

本書の分析により，受容者のブランド評価の基軸は「便宜価値」「関係価値」「感性価値」を軸として「観念価値」へと醸成されることなどが判明した（第4章参照）。これは，プロダクトとブランド開発時期から育成の期間を通して意図的に取り込むべき観点である。それらを踏まえたプロダクト開発，戦略・企画・関連イベントなどの活動に価値軸への連想を促す要素を盛り込み，より効果を上げることをめざしたい。そのためには，真の受容者理解や認識と，多様な生活者視点をもって提案，提供を続け，顧客を創造することが重要である。

⑵　BIT（BITP/BITF）を巻き込む，プロダクトづくり

供給主体のめざすブランド化活動は，ブランドの源となるプロダクト創出から始まり，市場で受容者やBIT（BITP/BITF）とともに協創するブランド価値づくりである。その活動は，プロダクトの優れた機能から，共感，信頼，期待が醸成され，受容者からの成長と存続への期待や活動への育成意図（意欲）を醸し出すことが重要となる。そして，受容者（とくに顧客）のプロダクトや活動への理解とポジティブなイメージが，ブランドの孵化・育成と

ブランド化へとつながる。BIT を発生させる BITP の支援協力と，影響する BITF の把握・交流で相互協力を充実させる必要がある。

⑶　目的別の複数コミュニケーションの実施

　ブランドの孵化・育成は BI プロセスに即したコミュニケーション・施策を実施し，ブランド価値の醸成を丁寧に積み重ねて進めたい。プロダクトに込められた"魅力"は，製品特性となる内容/形状/デザイン/機能/利便性/情報（効用/逸話/歴史）と，使用によって生まれる効果/評価などがある。それらの要素は BI 活動の進捗状況によって，目的別に複数のコミュニケーション企画作成を進め，必要となるターゲット，時期，メディア（プロダクト含む）特性を活かしてアピールし，必要なブランド価値の醸成に結び付けることが重要になる。これからは，ますます変化が進むメディアとインターネットでの告知・宣伝の積極的な活用が欠かせなくなっている。

⑷　ますます強まる，社会的ニーズへの対応

　ブランド価値として求められるニーズの広がりには，社会的な責任・貢献の認識をもって，常に環境変化に注視し関わりを見出し，ニーズの把握と理解を行ったうえで，対応を進めることが求められる。

⑸　求められる供給主体の仕組み

　ブランド化をめざす供給主体自身が，「情報共有と，スピードある判断ができる仕組み」を備えるマネジメントが重要になる。それは，プロダクト開発・ブランド価値の孵化・育成と変化対応の最大の武器となるだろう。

図 7-6　BI 戦略要素と供給主体の活動と全体像

BI の範囲	BI における孵化の範囲		BI における育成の範囲		ブランド支援
認識	プロダクト／ブランド・キャンディデイト（Brand Candidates）		ブランド		ブランデッド・ブランド
ブランド化への過程	開発するプロダクトとコンセプトの創出	市場導入と初期受容者の獲得	ブランド知名，認知の醸成，向上，成立	ブランド認知の維持・強化・確立・拡長	ブランド価値の基準維持と持続的活性
BI プロセス	受精化期	孵化期	成体化期	普遍化期	普遍期
BIT の影響	発想・価値への影響	市場参入・価値への影響	ブランド力形成への影響		信頼・存続への影響
活動内容の例	■創出と準備の期間 ・市場背景，技術探索 ・関連情報収集・調査 ・ブランド・コンセプト決定 ・製品コンセプト具体化 ・生産・流通の環境整備 ＊人材能力と環境づくり ＊組織仕組み体制構築 ＊BIT 探索と関係づくり （第 2 章受精化期活動）	■具体化，市場導入 ・製品の具体化 ・新発売の製品訴求 ・知名，認知の醸成 ・製品，機能など広告 ・新発売キャンペーン ・生産／流通／販売体制 ・情報，環境適性検証 ＊BIT 探索と関係づくり （第 3 章孵化期活動）	■販売の拡大とブランド形成の成立・確立 ・販売の広告・販売・販促でブランド化の推進 ・流通との協力・支援・販売手法の開発強化 ・ブランド価値認知醸成向上の各種訴求活動 ・ブランド育成のコミュニケーション将来像を描き進める継続的活動 ・カテゴリー市場の創出と育成 ・進捗状況の把握，修正（受容者含む） ＊BIT 探索と関係性の強化 （第 4 章成体化期活動・第 5 章普遍化期活動）		■ブランド維持・強化 ・ブランドの継続強化 ・存在感の維持 ・製品＋イメージ広告 ・カテゴリー市場育成 ＊コンセプトの適応化 ＊体制の見直し強化 ＊BIT 探索と関係強化 （第 5 章普遍期活動）
BI プロセス確認事項	■各プロセスでの確認事項＝目的・目標／BIT 確認（要素・要因）／現状活動の状況と適性／施策内容の確認と決定 ＊内外部との関係・育成意図の向上／環境変化（市場・競合・法）など				

◉ BI 戦略の全体把握と複数案の計画

　図 7-6 は，BI 戦略の「発想から，ブランドの確立まで」の全体を俯瞰した BI 活動の見取り図である。この見取り図は，ブランドの孵化・育成を考えるうえで，活動の主旨・進行に必要になる活動内容，留意点，計画，仕組みと推進段階などの把握に役立ち，全体の構想と関わる人びととも共有することでスムーズな推進が可能になる。加えて，プロダクトとブランド育成計画の全体像を複数案作成し，最適な孵化・育成活動を実行したい。

　最後に，BI 活動の実践と成功を願い，"想い・気づき・創出"の 3 点を書き加えておこう。

　供給主体の BI 活動には，想いをもって"価値あるブランド化"をめざし，コンセプトの創出に始まり，プロダクトの開発・育成

に向けて市場背景と真のニーズの深い理解と判断が必要になる。そして，そこに関わる客観的な外部の協力・支援とともに，気づき，協創し，育てる意欲（育成意図）をもった「一貫性のある仕組み」による，効果的な BI を実行する協創体制を築きあげることの重要性がますます高くなっている。

　ブランドの孵化・育成はクリエイティブな活動である。求められるプロダクトとブランディングの基本は，物と心の飢餓に対応するプロダクトとコミュニケーションを創出する活動である。

　ブランド育成の成功には，想像力を膨らませて丁寧に考えることが必要である。恋をするように「未来を楽しく，悩んで」，人びとの笑顔がこぼれるプロダクトと長く愛される価値あるブランドを創り出したい。

　わが国では，バブル景気の経験以降，人びとは“物欲から，精神的欲求へと転換”し“生活の潤いの重要性”に気づいたといえる。つまり，「生活のブランド，心のブランド」という 2 つの視点をもったと考えられる。そしてその後，経済の低迷が続きモノの価値と価格への意識が強くなる傾向が生まれ，ブランド評価にも価格要素が加わっている。

　つまり，これからのブランドに求められることは，本質的でより良い生活への利便性をもたらすプロダクトと心の充実の視点であり，「私の信じられるブランド」という評価を得ることだろう。

　このような評価は，「物としての欲求と，心の豊かさへの欲求」の双方を満たすことで得られると考えられる。そして，双方の欲求には均衡があり，それによってプロダクトを選択しているとも考えられる。

　活動の偶然を必然にするために，供給主体，消費主体，BIT（BITP/BITF）との関係・相互作用に加え，「送り手のブランド・ス

トーリー」と「受け手のブランド・ストーリー」の差異などの検討も勧めたい。そして，活動計画の全体像を可視化し共有することで，より良いプランの選択，課題，進行，注意点などが明確になり，戦略と活動の一貫性をもつことができる。共有によって活動の方向性もより明確になり，関わる人びととの共有された情報と認識によるブランドの孵化・育成計画が創出されることによって，より力強い BI 戦略とすることができるだろう。

第8章

ブランド生き物語

▶ は じ め に

本書を閉じるにあたって，ブランドの本質論や意味論，そして，ブランド開発論などについて考えてみたい。

1　ブランドの生いたち

そもそも，「ブランド」は，どのような背景をもって，そして，どのような意味をもって，この世に生まれでたのだろうか。アメリカ・マーケティング協会（AMA）の定義では，ブランドは，「自らを他と識別するための，名前，記号，デザインなど，そして『何か』」とされる。この定義でとくに注目したいのは，「他と自らを識別するもの」，そして，「それ以上の何か」という 2 つの点である。

ブランドの生い立ちを考えるにあたって，思いは，キリストの誕生するはるか以前から存在していた，中東はシナイの丘で多くの羊たちを放牧していた羊飼いたちに至るのである。彼らには，放牧する羊たちを，自ら飼育管理するものと他とを識別するとい

う仕事があった。彼らはそこで，自らの羊たちの尻に，「俺の家の名前や記号」を焼きごてしたのである。これこそがまさに，他者の羊と識別する「焼きごての俺の紋章」であり，ブランドの始まりであったように思う。このことは，近世になってアメリカ西部の荒野でカウボーイたちが放牧する牛たちに，自らの記号を焼きごてしたことに受け継がれている。カウボーイにとっては，自ら管理する牛たちの尻に示された「俺たちの紋章」が，自ら所有する牛たちと他家の牛とを識別するアイデンティティであり，おそらくこれらのことが，ブランド形成の生い立ちということになるのだろう。

　それでは，わが国にはこのようなブランドの生い立ちはあったのだろうか。振り返れば，「他者との識別」ということになれば，われわれ一人ひとりの名前がそうであろう。しかし，とくに注目したいのは，家名であり紋章である。周知のように，わが国では，明治期までは家名をもつのは，公家と武家のみであった。したがって，江戸時代までの庶民に家名はなく，トメとかクメとかハチ公とか，まるで犬や猫のような扱いをされており，家名・姓名という群像的・継承的なものはなかった。家名をもつ公家や武家には継承性が必要であったために，家名や家紋が重視され，それが群像のアイデンティティとされたのである。わが国の家名で最大のものは「藤原氏」であり，藤の付く家名がいかに多いかによってこのことが理解できる。まさに，平安時代以降，家名という「一族」のアイデンティティが問われることとなり，藤原氏によって家という群像の拡大が促進されたのである。

　公家や武家とは異なって家名を強調した庶民の典型は，小売商に顕著にみられる。たとえば，創業を平安時代にさかのぼるとされる和菓子老舗の「虎屋」が，京都店の店頭ののれんに「虎屋」

と書いたのが，わが国における広告宣伝の発祥ともいわれている。なにしろ，虎屋の発祥は平安時代であり，その威光「ブランド」は，今日でも皇室とともに，赤坂御所の前で輝いている。

　江戸時代には，多くの呉服店が江戸日本橋に店を開き，世界最大の都市といわれた江戸の需要に対応しようとした。これら呉服店の雄とされたのが「越後屋三井呉服店」，今日の三越である。越後屋は，明治期のわが国の小売市場の開拓者であり，1904年の三越の「デパートメント宣言」がわが国における近代百貨店の嚆矢とされている。そして，明治期におけるわが国の最大のブランドは，三井の「井型」と岩崎家創業財閥の三菱の「菱型」デザインである。

　以上のような，三井，三菱両家のブランド・デザインを近代日本のブランドの嚆矢とするならば，その典型が先に述べた武家の代表例の徳川家の「葵」の御紋であろう。また，江戸時代から続いている歌舞伎役者には，今日でも屋号と家紋が存在する。たとえば，尾上菊五郎に代表される尾上一門には，「音羽屋」という屋号が存在し，中村芝翫率いる中村家一門には祇園守の家紋と同時に，「成駒屋」という屋号が存在する。まさに，家紋と屋号が歌舞伎役者のブランドを表しているのである。ここで重要なことは，これらの屋号や家紋にはそれぞれの意味があるということである。

　それでは，江戸時代の大名家や公家，呉服店や歌舞伎役者の一門には，どのようなブランドの意味が付与されていたのだろうか。先にも述べたように，自らを他と識別するだけのためであれば，その印は番号でもよかった。しかし，屋号や家紋には単に他との識別能力以上のものが込められていた。成駒屋の家紋はなぜ祇園守なのだろうか。そこにはブランド発祥者の思いが込められて

いるような気がする。これこそがアメリカ・マーケティング協会（AMA）の定義にみられる「何か」があるのではないだろうか。

　日本語には，漢字を中心とする表意文字とカタカナひらがなを中心とする表音文字とが存在する。今日存在するわが国の多くのブランドにも，漢字やカタカナが存在する。カタカナのブランド名の代表例は，「ライオン」であろうし，「ブリヂストン」だろう。しかし，ここにも表意的なブランド名の香りがする。かつて，わが国のパーソナル・コンピュータ市場の雄となった NEC のブランドは「98」であった。これは，同社の単なる製造品番であったものがブランド化した珍しい例である。

　カタカナ名のブランド表示でも，表意的な意味をもつということはどういうことだろうか。典型的なものは，小林製薬の「トイレその後に」である。これはまさに，製品の機能や使い方そのものをわかりやすくカタカナを一部使ってブランド名にしたものである。「キッコーマン」しかりである。

　「ライオン」は，歯磨粉のメーカーである小林商店が採用したブランドである。その意味は，哺乳類で一番歯が強いものがライオンだったからである。「ブリヂストン」は，アメリカの大手タイヤ・メーカーの「ファイヤストーン」をもじって「ブリヂストン」，つまり，同社創業家の石橋家をもじった表意的なブランド名である。

　つまり，わが国の場合，ブランド名がカタカナやひらがなや漢字であろうと，ほとんどが表意的なのである。このことこそがアメリカ・マーケティング協会（AMA）の定義にみられる，「何か」なのである。前述のように，ブランドは単に他との識別だけでは意味がなく，他と識別し競争優位を示すためには，作り手の思いを込めた品質や特長が込められていなければならない。羊や牛を

名前や番号でブランド化するということの前提は，どの羊もどの牛もブランドなしには識別できないということである。つまり，羊や牛はブランドなしには識別不可能な「コモディティ」商品ということになる。

　ブランド名付与の発祥の背景には，羊や牛などのコモディティ商品の仕分けということがある。しかし，時代は移り変わり，ブランドは，コモディティ商品の仕分けから，他者との識別を超えた競争優位の表示へと移り行き，ブランド名の差別性の表示へと，その目的が移ってきたのである。

2　競争優位のブランド価値

❀ プロダクトの機能表明としてのブランド

　ブランドの基本的な機能が他者との識別であるならば，第2の機能は当該プロダクトの機能表明である。小林製薬のトイレ消臭剤の「トイレその後に」などはその典型であろうし，「味の素」ブランドはまさに，その製品機能を表明している。したがって，ブランドは，このプロダクト機能を表明する名前をつけることによって競争優位を確保しようとしている。しかし，ここには問題がある。なぜならば，わが国の多くの産業では，単純な競争優位はすぐ陳腐化するからである。「味の素」といったところで，すぐに「旭味」が出てしまう。ならば，競争優位のブランド価値はどのように構築したらいいのだろうか。

　小林製薬の発売している製品のほとんどは，製品の機能を表明するブランド名に終始している。「スベラーゼ」は何なのだろう。階段の段々につけてすべらないようにするテープ。それはそれで

納得する。しかし，ブランド名としてはあまりにも素っ気ない。小林製薬の発売している製品のブランド名は，ほとんどが製品機能を表明したものである。対比対象としてエステーの製品を考えてみよう。エステーの主力商品は，「消臭力」である。

　ここで，小林製薬の「トイレその後に」とエステーの「消臭力」の違いを考えてみよう。前者はブランド名によって，「製品の使い方」を示しており，後者は「製品の機能」を示している。ここで考えてみよう。小林製薬のそれには表意的な意味はほとんどなく，消臭力の品質さえも訴求していない。一方でエステーのそれは，コマーシャルに青年の歌声を乗せることで，ブランド名による製品機能の訴求とさわやかさというイメージを訴求している。つまり，消臭剤というコモディティ製品を考えれば，その性能効果の差が競争優位の差になるはずである。しかし，小林製薬はこの点について何も訴求していない。一方でエステーは，ブランド名をあえて「消臭力（リキ）」とすることによって単なる機能訴求を超えたイメージづくりを行い，清々しい青年が歌いあげることによって，消臭効果が優れた消臭を超えたトイレの清々しい空間づくりの製品であることを強調し，表意を超えたイメージづくりに成功している。

🜨 ブランドの意味論──ノーブランドと無印良品

　次に，ブランドの意味論についてさらに言及したい。ここでは，かつての量販店のダイエーが開発したノーブランドと西友が開発した「無印良品」の誕生のいきさつについて考えてみたい。

　周知のように，ダイエーのノーブランド開発の背景には，アメリカのジェネリック商品の存在がある。わが国でも今日では医薬品の分野でジェネリック化が進み，厚生労働省も医療費低減化の

一環としてジェネリック薬品を推奨しており，将来的には医薬品の大半をジェネリックにもっていきたいと考えている。しかし，アメリカでは，医薬品以外にも数多くの製品カテゴリーにおいてジェネリック商品が品揃えされており，きわめて当たり前の店頭風景になっている。これに目をつけたのが，ダイエーの創業者・中内㓛である。彼はこのアイディアを積極的にわが国に取り入れることを考えた。ダイエーの中内は，ヨーロッパからの輸入ビールのノーブランド展開をはじめとして，多品種にわたって低価格政策としてのノーブランド商品の拡大を図っていった。しかし，わが国の消費者のノーブランドへの反応はきわめて鈍く，ビールについては，相変わらずキリン，アサヒ，サッポロ，サントリー4社による商品開発競争や末端小売店頭での価格競争が展開されていった。

　当時，ダイエーと並んで量販店の雄であった西友ストアは，ダイエーのノーブランド戦略に対して遅れをとっていた。そこで西友ストアの後発としてのノーブランド戦略は，ダイエーのノーブランドに対する付加価値差別化である。そこに登場したのが「無印良品」である。もちろん，無印良品も低価格戦略を追求するものであることに変わりはない。ここで西友ストアが打ち出した戦略は，単なる安価商品ではないという訴求である。周知のごとく，無印良品は，「わけあって，安い」という訴求を行い，「3つの訳」を提示した。同時に安いことが1つのライフスタイル購買であるとして「シンプルリッチ」，そして，「愛は飾らない」という訴求を打ち出した。このことは，先進的・時代的ライフスタイルをイメージする若年層世代にアピールし，単なる安物買いの消費者ではなく，心して安価なものを訳あって購入するニュー・ライフスタイル消費者としての共感を生むこととなった。

当初は西友ストアや西武百貨店のインストア展開であった無印良品は，その後，独立立地店舗に方針を転換し，2019年には東京銀座に1000坪を超す大型店舗を展開し，国内にとどまらずイギリスをはじめとする海外にも多数店舗展開するに至っている。

　ここで注目すべきことは，無印良品は最初はダイエーのノーブランド戦略に追従するようなプロダクト開発であったものが，今日では「無印良品」というブランドとしてその価値を確立しているということである。これまで安価商品や全国ブランドの価格競争化は，ブランド形成を不可なものとし，あるいはブランド価値の低下につながるとされてきた。無印良品のブランド化はまさにこの常識を破ったものである。そして，それはユニクロしかりである。

　では，なぜ無印良品はダイエーのノーブランド商品のような運命をたどらなかったのだろうか。ここで，無印良品の開発の歴史を探ってみると，無印良品は開発の当初から，「ブランドであるノーブランド」というコンセプトを企画していたように思われる。そのことを端的に表しているのが，「わけあって，安い」「3つの訳」という2つのキャッチコピーである。つまり，無印良品は，単に仕入れをたたいたり品質を落としたから安く提供できているのではなく，良品という言葉に示されているように，品質は代表的な製品メーカーの品質に匹敵するものであり，パッケージの簡素化に代表されるような3つの訳があるから安いのだということを強調したことである。かつて，スーパーや量販店が打ち出した政策が，トレードオフという発想のもとに，「安かろう悪かろう」となっていたが，その通念とは異なったコンセプトの訴求を強調したのである。このことの表現として「シンプルリッチ（Simple Rich）」があり「ノンフリル」，つまり，不必要なフリルはつけな

いという訴求である。

　無印良品が以上のようなコンセプトを商品として実現したのには，もう 1 つの背景がある。つまり，当初の無印良品の開発商品カテゴリーはアンダーウェアであったり，文房具であったり，ほとんどのカテゴリーで強力な支配力をもつメーカーが存在しないカテゴリーだったことである。それゆえに，西友ストアが自ら強力なリーダーシップをとって，自らの商品コンセプトに基づく開発が可能になったのである。

　以上のように，ダイエーのノーブランドと西友ストアの無印良品とを比較すると，1960〜70 年代に激しく展開されてきた末端小売価格を巡っての大手ナショナル・ブランド・メーカーと大手販売店との闘いにみられる，流通パワーによる垂直競争，ダイエー中内㓛が主導した「良いものをどんどん安く」という時代は終わりを告げ，小売業のプライベート・ブランドの開発を中心とした，小売主導型のブランドの開発，ユニクロのブランド展開などもその典型であり，SPA 開発にみられるような展開に移行していったのである。今日でもメーカー間のブランド競争，あるいはそれに従って発生する価格競争は相変わらずの様相を示している。しかし，高度成長期成熟期を十分に経験してきたわが国の消費者はもはや「単なる安物買い」ではなく，品質に裏づけされた製品，付加価値づけされたブランド商品にのみに選好が向いており，それがメーカー・ブランドであろうと小売業ブランドであろうと，品質の保証されないノーブランドなどは存在しえないという時期に来ているのである。

　改めて，無印良品のブランドの開発・発売プロセスを考えてみると，ブランドは，AMA の定義する，「そして何か」こそがブランド価値を形成するもとであるということがいえるだろう。

3　ブランド形成の領域

　ブランドといってもさまざまな切り口があり，一様ではない。
1984 年発刊の『ブランド・ロイヤルティ・マネジメント』（和田，
1984）が主に取り上げたのは，加工食品や日用雑貨品の分析であ
り，いわゆる四大媒体を中心として形成されたナショナル・ブラ
ンドであった。この分析においては四大メディアへの訴求を中心
とした圧倒的なブランド力があり，高いシェアがあった。しかし，
これらのナショナル・ブランドは，ダイエーをはじめとする大手
量販店やスーパーの攻勢によって苦戦を強いられ，『流通におけ
るパワーと対立』（石井，1983）などが指摘したように，メーカー
のブランド力と量販店の大量仕入の力による価格破壊の戦争に突
入するに至った。この段階では小売業のプライベート・ブランド
はまだ誕生しておらず，もっぱら流通段階における仕入れコスト
の競争であった。その典型が，ダイエーと松下電器のパワー対立
であり，両者のいずれが勝者かは判断できないまでに展開してい
った。
　しかし，その後このような垂直的なブランド競争はまったく意
味をなさないことが両者ともに認識するようになった。その背景
にはわが国の消費者の成長・成熟がある。かつて，安売りに突入
し，なりふりかまわず特売に命をかけた小売商はもういなくなっ
た。つまり，ナショナル・ブランドといえども，加工食品や日用
雑貨品は，所詮はコモディティであることに彼らは気がついたの
である。前述したシナイの丘の羊やアメリカ西部の牛たちと同じ
ように，これらの製品はコモディティなのである。コモディティ
だから他と識別し，それも，優位に識別する必要がある。だから，

コモディティの質を向上させる。しかし，このことは今日のわが国の業界では難しい。わが国ではコモディティ・カテゴリーの品質差はあっという間になくなってしまう。だから，3K や 4K が出ようと，テレビ受像機は，日立でもパナソニックでも良いわけなのである。今や，加工食品や日常雑貨品に代表されるブランドは，ほとんどブランドの役割を果たしていない。なぜ彼らがテレビ CM を流すかといえば，それは衝動買いという行為を促進するためにすぎない。

　言い切ってしまえば，加工食品や日用雑貨品にブランドはいらない。あえて必要とするならば，それはスーパーや専門店によるストア・ブランドだろう。ただし，この議論には，スーパーや量販店が基本的な品質を保つ商品を開発できるかどうかに関わっている。もしその主導権が小売店に移るとするならば，もはやメーカーは OEM になりさがるだろう。

　仮にメーカーが小売店には越えられない技術を有するならば，再びメーカー主導のブランド開発の時代がやってくるだろう。メーカーも小売業も開発しうるブランド価値は，基本的な品質である。しかし，プロダクトをブランド化するために必要なのは「何か」なのである。『ブランド・ロイヤルティ・マネジメント』（和田，1984）で，ナショナル・ブランドの価値が無意味と示して 7 年，1991 年に D. アーカーがブランド・エクイティという概念を提示したことによって（Aaker, 1991），われわれの世界は変わったように思う。つまり，ブランドは企業にとっては資産なのである。ブランド開発者，ブランド愛好者にとって資産なのである。そして，この資産の内容を考えるならば，単なる「消臭力」ではないのである。ブランドは，われわれの生活を彩る存在であり，それは単なる「消臭力」を越えている。

自らのライフスタイル形成の助けとなるブランドによって，人びとはもっと豊かな生活を形成したいと思う。ならば，「ラグジュアリー・ブランド」を何とか自分の生活に取り入れられないか，一時の豊かさ，一時のぜいたくを，とすべての人が思っている。それを現実化してくれるのがブランドなのである。

　2019年，ルイ・ヴィトンHMVグループがアメリカ・ティファニーの買収を試みると発表した。これはルイ・ヴィトン・グループにとっては初のアメリカ・ブランドであり，必ずやという思いがあると思う。しかし，どうだろうか，ヨーロッパ・ブランドのルイ・ヴィトンとアメリカの小売専業発祥のブランド店ティファニーとは，今後ともルイ・ヴィトン・グループの一員としてうまくやっていけるのだろうか。この点については，後に詳しく議論しよう。

　さてここで，本書が唱えたブランド開発やブランド価値化には，生まれでる，生まれ育つプロセスへの開発者の思いが必須である，という事実に注視して考えてみよう。

4　受精化期のブランディングの仕分け

　製造業者あるいは流通業者は，プロダクトのブランド受精化期にあって，何を考えなければならないのだろうか。まず第1に考えるべきことは，自らが開発するプロダクトやブランドが，消費者の生活シーンのどの部分にポジションすることが適切かを判断することである。一般に，消費者のもつライフスタイルは，①生活基盤の形成部分と，②生活の豊かさ演出部分によって構成されている。古くは，マズローの欲求の4段階の上の2つの部分と下の2つの部分である。

表 8-1　受精化期における必要認識

	ライフスタイル・シーンの分類	
ライフシーン	生活基盤形成部分	生活の豊かさ演出部分
必要とされる価値	基本価値，便宜価値	感覚価値，観念価値，関係価値
訴 求 点	機　能	理念，観念
必 要 便 益	品質，コスト	感覚的・観念的様態や コミュニケーションの訴求
参 加 者	企業，開発者，顧客	企業，開発者，第三者，顧客
ブランディング	転化可能性 ──────────→	
	機能訴求型ブランディング	理念訴求型ブランディング

　人は，生存するために，モノやサービスを消費する。そして，自らの生活を理念的観念的に豊かにし，他との交流を豊かにし，自らを高め達成するためにモノやサービスを消費し表現する。したがって，プロダクトやブランドを開発するものたちは，まずその受精化期にあって，それが消費者のライフスタイルのどの部分にポジションすることが適切であるかを吟味する必要があるだろう。もっとも，開発するプロダクトやブランドが①の部分に属すると判断したとしても，そのプロダクトやブランドを当初から，あるいは成体期にあって②の部分に転化することも可能である。その典型的な例として，「食文化」という概念がある。食は，本来プロダクト・カテゴリーとしては，①に属し生存する糧となるプロダクトであろう。しかし，今日のわが国のグルメ業界の活動や消費者の反応を考えれば，「食文化する」とは，②に属するプロダクト・カテゴリーへと食を進化していくことである。

　ここまで議論してきた，プロダクトやブランドの受精化期における必要認識をまとめると，表 8-1 のようになるだろう。ここで，この表に従って，それぞれのブランディング・イメージについて

考えてみよう。

　まず機能訴求型のブランディングを考えてみよう。それは，開発者のイニシアティブによるひたすらの品質向上とコスト削減の開発行為である。ここには，販売者であるマーケターや顧客である消費者が介入する余地はまったくない。日清食品のインスタント・ラーメンは，ひたすら安藤百福のものであり，他者の入り込む余地はない。したがって，この部分にポジションされると思われるものは，まったくもって技術者開発者のものである。ゲーテが，そしてエジソンが言った「もっと光を」という言明は，エジソンという優れた技術者であり，消費者の下にこの世に生まれ出たものである。極論をいうならば，消費者のライフスタイルの①の部分にポジションされるプロダクトを考えれば，そこにはブランド化という発想は必要ではなく，ブランドも必要ない。開発者はひたすらプロダクトの品質を追求しコスト削減を追求し，それを市場に訴えれば良いだけのことである。

　そこに必要なのは，プロダクトの品質とコストに対する顧客の信頼のみである。先に示したブランドの定義に従えば，これらのプロダクトに必要なブランド価値は，永年にわたって顧客を裏切らない品質とコストの安定化によってもたらされる「信頼」という価値である。つまり，この領域におけるブランド価値は，品質とコストの継続性を保持する「ブランドへの信頼」である。したがって，プロダクト機能の訴求には，ブランド名としての機能表明が必要であり，本来，必要とされるブランド価値は信頼であるから，この部分でのブランド開発は，プロダクト機能表明のブランド名と，「信頼」を担保するための「企業ブランド」の開発育成が中心となる。

　なぜ，冷凍食品業界にはプロダクト・ブランドがなく，企業名

ブランドのみが存在するのかという現実が，このことを如実に示している。味の素の販売する冷凍ギョーザは，味の素社が品質とコストを保証するギョーザという食品であり，「クノール」とか「ハイミー」というブランド名がついたギョーザではない。

　これまで，機能訴求型のブランディングにあっては，開発主体者は企業や技術者であって，顧客や第三者（サード・パーティ）は必要がないとされてきた。裏を返せば，理念訴求型のブランディングには，顧客や第三者の介在が必要であるということになる。

5　第三者の介在による開発

　今日では，わが国のマーケティング学界にあって，関係性マーケティングという概念は有力な概念モデルとして評価されるようになっている。そもそも関係性マーケティングが唱えられるようになったのはアメリカであり，しかもその対象は，わが国の学界の枠組みでいえば，流通チャネル論の領域である。流通チャネル参加者間の関係を経済的にのみ捉えていたアメリカでは，その議論の限界を突破すべき方策として，社会的関係性に注目したのが始まりである。しかし，従来から社会的関係性に注目してきたわが国の学界では，流通論としての関係性マーケティングはほとんど注目されてこなかった。むしろ，わが国の学界で関係性マーケティングの概念が注目されたのは，消費者市場における企業と顧客との関係性である。そして，ここで注視された関係性は，企業と顧客とのダイアドの関係性である。この点について，まず前述した機能性追求型ブランディングについて考察を加えていこう。

　前述のように，機能訴求型ブランディングでは，ブランドもいらない，第二者・第三者の介在も必要ないとした。果たして現実

はそうなのだろうか。いくつかの現実をみつめながら，よりいっそう考察を深めてみよう。

　生活基盤形成部分に属するプロダクトやブランドは，基本価値と便宜価値に基づいた，「信頼」のブランド価値を有することになろう。基本価値部分は，開発者の先進的な技術力に基づいた品質とコスト競争による「信頼」というブランド価値である。ここで便宜価値の部分に注目してみよう。便宜価値の中心はもちろんコスト競争力，すなわち価格競争力であり，この点については深い技術力が前提となっている。しかし，便宜価値のさらなる部分，「使いやすさ」とか「利便性」という面で考えれば，そこには深い技術力が存在しなくても追求し，具体化できる側面が存在する。

　これまで，多くのプロダクト・カテゴリーで消費者苦情処理窓口や顧客相談センターの窓口で提唱されたアイディアがプロダクト改善に結びつけられた例がみられる。たとえば，調味料「味の素」は容器の噴出口の拡大によって「使いやすさ」が増した。洗濯用粉末洗剤の箱に取っ手が付けられた。マヨネーズの噴出口が星形になり，より幅広くマヨネーズを食品に添付することができた，などである。これらのことを考えると，この領域のプロダクトやブランドでも，顧客との接触によって便宜価値が拡大し，プロダクトの使用価値が拡大したという例が数多くみられるのである。しかし，消費者との接触によって便宜価値が向上したという事例は，関係性マーケティングの図式というよりは，顧客の側からの一方的なアイディア提供によって便宜価値が向上したという，一方向のプロダクト改良にすぎない。

　正確に関係性マーケティングの構図を捉えるならば，それは，企業と顧客との双方向コミュニケーションに基づく関係性であり，企業と顧客との双方向的な働きかけによる，相互作用に基づく共

創によるプロダクト・ブランドの開発である。しかし，このことが遂行されたプロダクト・ブランドの開発は少ない。

　無印良品すなわち良品計画のネットには，製品開発の窓がある。ムジネットのプロダクト開発の窓は，ムジと顧客の双方向のコミュニケーションの場であり，顧客の一方的なコミュニケーション・フィードバックの場ではない。ムジネットの商品開発の場では，良品計画から，「こんな商品があるんですが」と「商品の種」を投げかける。ムジネット参加者は，「えっ！　どんな商品」と投げ返す。「皆さん，灯りが欲しいと思いません？」「どんな灯りなんだろう？」。そして，ムジとネット参加者が作り上げたプロダクトが「灯り」である。ベッドの脇にでもドアの取っ手でもぶらさげられる，ムジの「灯り」の誕生である。ムジネットの商品アイディアはネット上で紹介されるとともに店舗で商品見本が示され，さらに開発のアイディアが具体化した商品である。まさに，関係性マーケティングが唱える二者間のコミュニケーション・インタラクションによって誕生したプロダクトである。しかし，ここにもブランド名は必要でもブランド概念は必要ない。

　以上をまとめると，生活基盤形成部分に属するプロダクト・カテゴリーには，ブランド価値は基本価値と便宜価値に基づく「信頼」というブランド価値であり，プロダクトの機能を示すブランド名あるいは信頼の礎となる企業ブランド名が必要となるということである。したがって，ライオンであろうと花王であろうとキリンであろうと，これらは単に他との識別を目的としたブランドにすぎず，「信頼」というブランド価値以上の何ものでもないということになる。そして，前述の事例を考えてみても，そして関係性マーケティングの基本概念に基づいても，あえて関係性といったとしても，それは所詮はダイアド（二者間）の関係性にとど

まっているのである。

6　生活の豊かさ演出とブランド形成

☁ 消費者にとってのブランドとブランド生き物語

　生活の豊かさ演出部分に属するプロダクトやブランドの形成は，これまで述べてきた生活基盤形成部分に属するプロダクトやブランドの形成とはまったく趣きが異なるものである。まさに，この部分のプロダクトやブランドにこそ，ブランド価値形成の意味が存在する。

　もう一度考えてみよう。消費者にとってブランドとは何なのだろうか。消費者は，生活し生きるためにプロダクトを購買し消費する。その際の選択基準は，品質とコストに対する信頼である。そして，「信頼」の証しとなる 7-11（セブン-イレブン）のブランドである。わが国では，1960 年代以降，消費生活を積み重ねてきた現代の消費者は，賢く，そして自己主張・自己表現をする消費者である。したがって，現代のわが国の消費者は，自らの生き様を確固たるものとし，消費を通じて自らのライフスタイルを表現する消費者である。ここに，賢い消費者が実現し表現するライフスタイルとブランド価値との融合点が存在する。プロダクトは，消費者のライフスタイルを実現し表現するブランドとなる。まさに，ここに，消費者とブランドとの，感覚価値，関係価値，そして観念価値の融合した形がブランドとして形成されるのである。ここにこそプロダクト・ブランド開発者，ブランド価値追求者，そして第三者の融合があり，サードパーティ・マーケティング構図の意味合いが浮上してくるのである。

　豊かさ演出部分に属するプロダクトの代表的なものは，ラグジュアリー・ブランドであり，そのほとんどは個人名ブランドである。ルイ・ヴィトンしかり，ティファニーしかりである。なぜ個人名がブランドとなったのだろうか。そこにはブランド創業者の，素材や品質，デザイン製法などへの強いこだわりがみられる。ラグジュアリー・ブランドを購入し愛用する消費者は，その強いこだわりに共感し共鳴するのだろう。

　ティファニーの例を考えてみよう。ティファニーといえば，トルーマン・カポーティの作品を映画化した『ティファニーで朝食を』を思い浮かべ，ニューヨーク五番街の店舗に早朝タクシーで乗りつけるオードリー・ヘップバーンの美しい姿を思い出すだろう。ティファニーの店は，もともとはステイショナリー製品を取り揃えるアメリカ最古の専門店である。フランス革命で没落したブルボン家の遺品を買い揃えたり，世界初の立て爪の指輪を開発したり，さまざまな特徴的な製品を取り揃えたりした店舗である。

　しかし，ティファニーで忘れてはならないのは，初代デザイン・マネジャーのルイ・コンフォート・ティファニーの存在である。彼は，ティファニー初のデザイン・マネジャーであると同時に，ステンドグラスのランプなどの装飾品を制作した偉大なるデザイナーでありアーティストであった。彼の多くの作品は，ニューヨークのメトロポリタン美術館で特別展示されることもあった。

　ティファニーのさらなる主張は，人びとのライフスタイルのハレとケの部分のうち，ハレの生活シーンを彩る製品の取り揃えにみられる。たとえば，ティファニーには「ブライダル・レジストリィ」という制度がある。これは，婚約した女性がティファニーの製品のなかで，結婚生活に欲しいと思うものを登録し，祝いの品を探す友人たちはそのなかから製品を選択し結婚の贈りものと

するという制度である。まさにハレの彩りをお手伝いするというサービスである。新生児への贈りものとしての，シルバー・スプーンなどが有名である。まさにティファニーが消費者の生活の豊かさ部分の形成に大いに貢献しているということがいえるだろう。

　それでは，ティファニーというブランドの開発や価値形成のプロセスにあって，第二者・第三者はどのように貢献しうるのだろうか。ここまでのラグジュアリー・ブランドの形成プロセスの議論にあっては，ブランド開発者の「こだわり」こそが主導的であり，第二者・第三者のブランド開発や形成への関わりはないようにも思える。

　以上の問題を考えるにあたって，ブランドの開発や育成のプロセスを精査することを本書は主張してきた。このこととブランド開発育成における第二者・第三者の必要性とは，どのように結び付くのだろう。周知のように，マーケティング論の定説として，新製品開発プロセス・モデルが一般的である。このモデルは，新製品開発プロセスとプロダクトの需要者間の普及モデルとを結びつけて，需要と競争の観点から新製品の成長を説明している。このモデルの評価点は，新製品開発プロセスの各段階にそれぞれ対応した戦略を打つべきだとしたことである。しかし，その対応は需要や普及と競争の展開のみに限定されたものであり，受精や開発の動機とか，ましてやブランドの開発や育成について述べるものではない。

　したがって，ブランドの受精や開発・育成に注目してきた本書では，上記の新製品開発プロセス・モデルにおける評価点を踏襲しながら，ブランドという観点に中心点を置いたうえで独自のプロセスを検討することとしたのである。これまでの章で提示したブランド開発・育成モデルでは，その各段階において，介在する

あるいは関係する変数が多岐にわたっており，需要の普及と競争の展開の分析のみでは説明しきれない。ここに，ブランドの開発・育成プロセス・モデルでは，望むと望まないとにかかわらず，第二者・第三者の検討が必要とされるのである。

　振り返ってみれば，生活基盤形成部分のプロダクトであっても，生活の豊かさ演出部分のプロダクトであっても，開発・育成のプロセスにあって一貫し共通しているものは，「開発技術者，ブランド創業者のこだわり」である。しかし，注目すべき点は，プロセス・モデルという視点を置くがゆえに明らかになる「ブランドは生きていく成長してゆく」，まさに「ブランド生き物語」という現実である。ラガービールのキリンは，1950 年代に発売された「麒麟」と今日の「キリン」とでは味もパッケージもコミュニケーション訴求もまったく異なっている。先ごろ発売発表されたメルセデス・ベンツの電気自動車やハイブリッド車を考えると，ベンツはまさしく技術的に先駆的・先進的であると同時に，常に自動車の「王道ブランド」なのである。まさに，ブランドは生きて成長してゆくプロセスにあり，「変わらぬもの」と「変わるもの」を兼ね備えて「ブランド生き物語」なのである。

⊛ ブランド開発・育成における第二者・第三者の介在

　最後に，前述の質問，「なぜブランド開発・育成プロセスの諸段階に第二者・第三者の介在が必要なのか」について考えてみよう。

　前述のように，プロダクトやブランドの開発・育成プロセスにあって，ライフ・シーンの 2 つの部分に共通している概念は，「開発者・技術者・創業者の『こだわり』」である。この限りにおいて，各段階を通して第二者・第三者の入り込む余地はない。し

かし，一貫して各段階に「こだわり」がブランドをプロダクトを包摂したとしても，プロダクトやブランドは生きものであり，顧客という第二者はもとより，さまざまな形でプロダクトやブランドは，第三者との予期せぬ出会いに遭遇することがある。たとえていうならば，偶然との遭遇である。したがって，「第三者の介入が必要」なのではなく，不意に偶発的に第三者と出会うことが多々存在しうるということなのである。

　かつて，消費者行動の包括モデルを提示した J. A. ハワードは，マーケティング主体を取り巻く環境として，需要や競争を一次環境とし，技術や法制・社会・文化を二次環境としての分析の必要性を唱えた。この視点からすると，本書が提示する BITM（ブランド・インキュベーション・サードパーティ・モデル）は，この二次環境諸要素とブランド受精化，孵化，育成プロセスとの関わりを重視するということになる。要するに，プロダクトやブランドを開発育成するためには，需要と競争のみを考えているだけでは，その目的は達成できないということである。

　ブランドと一言で言っても，さまざまな種類がある。かつての議論の中心はナショナル・ブランドであった。しかし，これらのブランドはコモディティであり，ひたすら全国普及に猛進した。だが，現代の消費者はナショナル・ブランドを求めてはいない。今日のセブン-イレブンの店舗にある商品のほとんどはセブン・ブランドである。何もいらない，品質とコストさえ保証されれば，ライオンでも花王でもなく，セブン・ブランドで良いということになる。

　コモディティ・カテゴリーの1つの極にラグジュアリー・ブランドがある。ここにはブランド創業者の「思いやこだわり」がある。そして，このことに共鳴し自らのライフスタイルをブランド

によって表現しようとする賢い消費者がいる。ここで問題となるのは，ブランド「コーチ」の動きである。ニューヨークの片隅でひたすらなめし皮の技術を追求する職人型小売店が，三越のコーポレート・ブランドに取り上げられたことによって変貌し，「コーチ」は今や皮の店ではなく，「アクセシブル・ラグジュアリー・ブランド」の布製品と化してしまった。なぜこんなことが起きてしまったのだろうか。

本来，コモディティ商品領域のナショナル・ブランドとは違って，ブランド価値を年を重ねて形成するためには，その基本戦略はニッチであるべきだろう。もともとニッチ・ブランドであったコーチは，三越のコーポレート・ブランドとなることによってニッチの扉を開けてしまった。ここに，本来的なブランド価値の危険なルートが存在しているのである。

ブランドは，本来，開発者，技術者，ブランド創業者のものであり，そこには強いこだわりがある。ブランド価値は，その関係価値から購入者のライフスタイルを投影するものなのだろう。だから，ブランドはブランデッドなのである。真のブランドは，創業者の熱き思いやこだわりと購入者の強い共感やライフスタイル表現へのつながりが本来的にあるのだろう。

本書が長年にわたる研究の成果として主張したいことは，社会のあらゆる場面やネットワークで表される，「つながり」と「こだわり」である。本書が想定する「ブランド」は，まさに，この「こだわり」と「つながり」を成すものなのである。

なぜわれわれが，新製品開発プロセスの段階ではなく，ブランドの成長化プロセスにこだわったのだろうか。それは，ナショナル・ブランドにしてもラグジュアリー・ブランドにしても，ブランドは「生きている」からである。

どんなに賢い消費者にとっても,「ブランド」は生活に不可欠である。なぜならば,ナショナル・ブランドであろうとラグジュアリー・ブランドであろうと,それはわれわれ消費者の生活を支え,生活を彩るものだからである。改めて,ブランド開発者や創業者,ブランド愛好家は,ブランドへの愛を語ってほしいと思う。

◉ ブランド価値普遍化の道

話はここで終わるわけではない。本書が示すブランド価値の普遍化プロセスは,一体どのような具体的な戦略展開や方策を実施することを示唆しているのだろうか。これまでの章では,ブランド価値普遍化に至る諸段階にあってどのような第三者が存在し,どのように活用されるべきかなどについて議論してきた。

本書を閉じるにあたって,これまでの章での議論を包括的に捉えるという観点から,いくつかの考え方を示してみたい。先に述べたように,ブランド価値普遍化の道にあって,まず必然とすべき概念は,「こだわり」と「つながり」である。ここで「こだわり」はブランド開発者創業者のものである。こだわりが開発者創業者に一貫して存在しなければ,ブランドは生きてゆかない。先述のとおり,ラグジュアリー・ブランドのほとんどは創業者名のブランドであることがこのことを示している。もっとも,ルイ・ヴィトンとティファニーでは,こだわりの対象が異なっており,前者はプロダクトそのものへのこだわりが強く,後者は「ハレの生活シーン」へのこだわりが強い。男の生き様やライフスタイルを強く主張しているジョルジオ・アルマーニの例は稀である。一方,コモディティ領域のプロダクトでも,開発者の技術へのこだわりは重要である。シャープの液晶技術へのあくなきこだわりなどが良い例である。したがって,ブランド価値普遍化に向けた道

への第一の絆は,「こだわり」の開発者・技術者・創業者が存在するということである。

　では,「つながり」はどうだろうか。本書がブランドの受精化期から普遍化期に至るまでの諸段階にあって,ブランドとさまざまな要素との間の「つながり」に注目するには,わけがある。そして,これらさまざまな要素とは,単に需要と競争における関わり以外の空間にあって存在する要素,ハワードのいう「二次環境要素」に他ならないのである。

　ブランド開発者・創業者は,その価値化プロセスにあって,このさまざまな要素と連携しながら生きてゆく。しかし,これまでの直接環境とのつながりでは得られないつながりがゆえに,このつながりを見逃してしまう。そして,ブランド化プロセスは停滞してしまう。

　本書が強調してきたのは,この異空間に存在すると思われるさまざまな要素との出会いを他のものとせず,ブランド成長の糧となるタネとして評価・検討することである。現実には,これらさまざまな要素との出会いは漠然として処理され,つながりから生まれる「ブランド成長の糧」として認識されることはない。需要と競争という狭い空間に閉じ込まず,成長プロセスにあって常に異空間との交信のネットワークを設置していれば,ブランド開発にとっての偶然が偶然ではなく,必然と捉えることになろう。そして,このことがブランドが生きてゆくための重要な糧となるのである。

　異空間におけるさまざまな要素との出会いやつながりを偶然とせず,必然としてブランド成長の糧とする。このことが生きてゆくブランドには重要なのである。ブランド生き物語のなかで,異空間に存在するさまざまな要素とのつながりを重視し,偶然を誘

発する装置を計画し，偶然を必然とする意識を強く保つこと，このことである。ここまで考えれば，ブランドは生まれ育ち普遍化する。

　ブランド生き物語は生きている。ある意味ブランドは，この世の「偶然」の産物かもしれない。しかし，ブランドは生きることによって，こだわりとつながりのなかにあって普遍化するのである。

　ブランドが普遍化する過程を精査することは，ブランドの心を慮り成長を願うことである。先にも述べたように機能訴求型のブランドは，真の意味のブランドではない。つまり，ブランド価値とは，人々の心であり，ライフスタイルや生き様を表すものである。ここにこそ，消費者のブランド購買の意味があり，真の意味のブランドが存在し，人々の生活を豊かにするのである。

参 考 文 献 ─────────────────────────●
石井淳蔵（1983）『流通におけるパワーと対立』千倉書房
和田充夫（1984）『ブランド・ロイヤルティ・マネジメント』同文舘出版
Aaker, D.A. (1991) *Managing Brand Equity: Capitalizing on the Value of a Brand Name*, The Free Press.（陶山計介・中田善啓・尾崎久仁博・小林哲訳（1994）『ブランド・エクイティ戦略──競争優位をつくり出す名前，シンボル，スローガン』ダイヤモンド社）

あとがき

　ブランドに関する議論を重ねるたびに,「最近, 新しいブランドが生まれてこないね」「長いね, なぜだろうね」などの疑問が異口同音に交わされていた。そこで, 新ブランドを孵化・育成する主な要素と要因を解き明かそうと, ナビック（Neo At Brand Incubation Core）研究会が, 和田充夫先生から, 時代変化を考えて世代を超えたメンバーへ呼びかけられて, 始まった。

　それ以来, 研究を進め, 今回, 本書『ブランド・インキュベーション戦略』の刊行の運びとなった。

　かつて,「ブランド品」とは優れた製品の象徴であった。消費者にとっては‘あこがれ’の対象であり, メーカーの人びとにとっては活動目標であった。いまでは人びとは,「ブランド」に物の価値に加えて, 心の豊かさや生活の豊かさなどの精神的価値を求める傾向がある。

　一方, 多くのブランド化に関わってきた筆者は時折, ブランドという概念自体の陳腐化を感じるような出来事に遭遇し, 驚きを隠せない。たとえば, 開発会議の開口一番に,「ブランドをお願いします」と相談・依頼されることがときどき起きて, 呆気にとられることがある。はたして, ブランドはどのような意味で浸透したのだろうか。やはり, ブランドという言葉にコモディティ化が起きて, 意味が変化してしまったのだろうか。長い間, 実務や研究において, ブランド構築のノイズ, あるいは不確定要素とされてきたブランドの成り立ちなど, ブラック・ボックスのままである要素・要因に関する解明が必要である, と改めて実感した。

視点を変えると，従来の説に依拠するだけ，あるいは頼るだけでは成功できなくなったということでもあり，製品とブランド化の活動において創造的解決が求められていることを強く感じてきた。

　ナビック研究会での議論は，「ブランドとは何か？」「どのように育つのか？」「何が変化したのか？」「どのような実例があるのか？」など，“ブランド化の本質”を求めて進められた。そして，製品の発想からブランド構築に関係する要素・要因の解明を踏まえた‘これからのブランド構築方法’の創出をめざした。研究対象とする事例は，歴史あるプロダクト，再活性化を果たしたプロダクト，地域特性を活かしたプロダクト，最近の話題のプロダクト，ブランド構築が難しいといわれる農産物などである。幅広い業種や業態に，製品誕生のきっかけからブランディング体験の実態を探るインタビューを行い，ブランドの数だけある物語と工夫の可能性に出会った。同時に，消費者やブランディングに関連する外部の企業や組織への調査も実施した。幾重にも実態調査から議論を展開し，その結論を本書に取り込んだ。
　ブランドを取り巻くブランド環境は大きく変化しており，事業活動に地球環境の維持・改善と経済の持続的成長が求められるなど，従来の利害関係に注視したブランド構築の限界が発生し，転換が求められている。また，受容者の欲求の高次元化や多様化が生じることで，さらに適合する製品づくりが求められている。その一方で，現実では同質的な製品が溢れ，価格競争が生じやすくなっている。これら課題の解決に向けて新しい考え方・方法が必要である。そこで本書では，真のブランド価値の理解者を見つけ，社内外を問わず相互作用しながらブランドを産み育てる，ブランド価値協創というブランディングの仕組みと必要性を導き出した。

ブランドの成長に合わせて相互作用を促す BI 戦略は，相互作用の持続的活性化により，環境の変化への対応力をもつブランド構築方法である。

　本書が奏でる'ブランド・インキュベーション価値協創曲'の音色，リズムとハーモニーが，ブランディングに関わる多くのプレイヤーに届いてほしい。そして，それぞれの想いを胸に，熟考を重ねて生まれる気づきと着想で，次元の違う世界を拓き，その独自性と創造性で個性を創り出し，長く愛される価値あるブランドへと成長させることを願っている。そこに広がるブランドの世界を喜び，楽しんでほしいと願って止まない。

　ノーベル賞受賞者の 8 割ほどが，受賞の理由に'ひらめき'という言葉をあげるという。そこに学べることは，研究と熟考を重ねてこそ生まれるという新しい世界ということだろう。同じように，ブランドの創出は市場での誉れであり続けてほしい。本書がその一助になれば望外の喜びである。

　本書における研究と執筆にあたり，多くの皆さんからの多大なご協力に心からの敬意と感謝を申し上げます。法政大学の新倉貴士教授からは，幾度も機微を察しての厳しくもすばらしい示唆と助言をいただき，気づきも得ることができました。カリモク家具株式会社，金子眼鏡株式会社，株式会社福光屋，石屋製菓株式会社，ホクレン農業協同組合連合会（順不同）には，製品の誕生から，ブランド化への孵化・育成などの貴重な逸話を聞かせていただき，多くを学ぶことができました。また，公益財団法人吉田秀雄記念事業財団より多大な支援をいただき，多くの調査と検証を行うことができました。そして，われわれの原稿に有意義なご意見やご指摘をいただき，編集に労を注いでいただいた有斐閣の柴

田守さん。表紙デザインに協力をいただいた officeh⁺ の原田れんたろうさんに，心よりお礼を申し上げます。おかげをもちまして，本書をより読みやすく，統一感のあるものに仕上がることができました。改めて感謝を申し上げます。

著者を代表して。学びとともに　梅 田　悦 史

　最後に，本書の共著者について語ろう。本書は筆者にとっての特別の思いを込めたものである。その思いは4人の共著者と筆者との関係を語ることによって明らかになるだろう。

　梅田悦史氏は元味の素株式会社の広告企画制作部長であり，筆者とはおそらく日本マーケティング協会を通じての長年の付き合いである。ここでおそらくと書いたのは，その付き合いのはじめの場面が鮮明な記憶としてないからである。読者も，長年の親交があるものの，その始まりのいきさつをよく記憶していないということはあるだろう。筆者も20代のころにしばし味の素社に勤務した経験があったから，そこでの付き合いが始まりと誰もが思うだろう。だが，同社での在籍時期は重なってはいない。

　筆者は，かって関西学院大学在任時代に，梅田氏に何回か授業内講演をお願いしたことがある。もちろん同氏の広告企画制作部長としての豊富な経験や実績を考えてのことである。同氏の講演は，学生を魅了する広告や新製品開発ブランド構築に関する事例に溢れるばかりでなく，同氏独自の理論体系が示されており，実践と理論が体系化されて学生の学ぶところが多大であった。本書のもととなる研究会でも梅田氏の貢献が多く，もちろん本書にも同氏の蓄積された資産が数多く埋め込まれている。とくに実践と理論との懸隔には関心するばかりであり，改めて感謝したい。

　小樽商科大学准教授の鈴木和宏君，大阪市立大学大学准教授の圓丸哲麻君，そして亜細亜大学准教授の西原彰宏君は，いずれも筆者が関西学院大学在任中の同大学大学院の修了生であり，筆者の愛弟子たちである。しかも，彼らは筆者の在任中に博士学位論文を書き上げ，筆者が指導主任教授を務めるもとでみごとに合格し，博士号を取得した逸材である。

　筆者としても，関西学院大学におけるわずか7年の在任期間に，3人もの博士を送りだすとは夢にも思っていなかったし，今や彼らをたたえ，自らをも褒めてやりたい心境である。

　彼ら3人の後期博士課程における並々ならぬ努力研さんには頭が下がる思いであるし，同時に楽しく過ごした大学院生活に改めて感謝したい。彼ら3人は今や立派に学者教師として活躍しているし，家庭ももって，公私ともに学校に学界に，そして社会に貢献している。

　5年にもわたる本書のもととなる研究会は，あたかも大学院の授業のようであり，筆者にとっては毎回の例会が楽しみ以外の何物でもなかった。3人に梅田氏，そして筆者の一番弟子の新倉貴士法政大学教授が加わった本書の成果は，親友や弟子たちとともに作り上げた筆者の学者生活の集大成とでもいうべきものである。ブランド・マネジメント，関係性マーケティングを提唱した筆者による最後の，とでもいうべき拡張関係性マーケティングに基づくブランド論を改めて読者に熟読してほしい。

和 田 充 夫

索　引

【事項索引】

【企業名・組織名・ブランド名・人名索引】

ブランド・インキュベーション戦略
——第三の力を活かしたブランド価値協創
ブランドは，こうして生まれ育っていた
Brand Incubation Strategy

2020 年 11 月 5 日　初版第 1 刷発行

		和田 充夫
		梅田 悦史
著　者		圓丸 哲麻
		鈴木 和宏
		西原 彰宏
発 行 者		江草 貞治
発 行 所	株式会社	有 斐 閣

郵便番号 101-0051
東京都千代田区神田神保町 2-17
電話 (03) 3264-1315〔編集〕
(03) 3265-6811〔営業〕
http://www.yuhikaku.co.jp/

印刷・大日本法令印刷株式会社／製本・大口製本印刷株式会社
© 2020, M. Wada, E. Umeda, T. Emmaru, K. Suzuki, and A. Nishihara. Printed in Japan
落丁・乱丁本はお取替えいたします。